MINDFULNESS
y mucho más
para INGENIEROS

RODRIGO SAMPEDRO GUTIÉRREZ

KOLIMA
BOOKS

Título original: *Mindfulness y mucho más para ingenieros*

Primera edición: Julio 2022
© 2022 Editorial Kolima, Madrid
www.editorialkolima.com

Autor: Rodrigo Sampedro Gutiérrez
Dirección editorial: Marta Prieto Asirón
Maquetación de cubierta: Mercedes Galán
Maquetación: Carolina Hernández Alarcón/Mercedes Galán

ISBN: 978-84-18811-92-0

«*Este es el momento más peligroso para nuestro planeta*».

Stephen hawking (1/12/2016)

«*Cuando decimos que todo tiempo pasado fue mejor
condenamos el futuro sin conocerlo*».

Francisco de Quevedo

ÍNDICE

PRÓLOGO

«Lo que me hace grande no es lo que me sucede, sino lo que hago con ello».

Kierkegaard

a llegado un momento de la historia en el que parece imprescindible que:

- Tomes una mayor consciencia de todo cuanto ocurre (dentro y fuera) y utilices tu ingenio para redescubrir todo tu potencial interior.
- Asumas responsabilidad (en lo que depende de ti), teniendo en cuenta tus cuatro dimensiones de salud y entendiendo que ya eres un ser completo.
- Pases a la acción, o decidas no hacer nada, pero tras un proceso de reflexión completo, riguroso y crítico, no antes.

Pero para iniciar el ciclo anterior antes has de querer hacerlo.

En ocasiones, lo que te ayudó a sobrevivir tiempo atrás ahora está limitando tu crecimiento, desarrollo y expansión. O incluso te está matando.

Y si en algún momento la aventura se pone fea, no olvides algo que nos regalaba Jon Kabat Zinn, el creador del protocolo MBSR*: «Siempre que estés respirando, hay más de positivo que de negativo en ti, pues con los problemas se puede trabajar».*

Tómate un respiro y decide seguir adelante.

«Lo que funciona no se revisa» me dijeron varias veces. Ahora revisar todo es la única opción para darse cuenta de lo realmente importante. Y desde ahí volver a un camino de mayor coherencia, integridad, salud y sentido común. Para ello, la siguiente premisa me ha ayudado estos años: *«Que no sea capaz de entenderlo, conocerlo o verificarlo hoy no quiere decir que no exista».*

Piénsalo bien. Si no investigas y revisas, ¿cómo podrás saber si ese camino te lleva a momentos de felicidad, a un callejón sin salida o a un precipicio?

Los modelos lógicos y racionales no pueden responder a preguntas que llevan miles de años con el ser humano: ¿Qué es la mente? ¿Y la consciencia? ¿Y el alma? ¿Dónde están? ¿Cómo se crean? No se ven, al igual que la electricidad o los campos electromagnéticos... pero al parecer existen. Es más, hay muchos millones de euros invertidos para descubrir más sobre todo ello.

No es sencillo aspirar a medir lo intangible. Nadie lo niega. Pero cuando uno se basa solo en un modelo es posible que se le escapen variables importantes y llegue un día en que se dé cuenta de que ahí nunca estuvo la verdad, junto con una sensación de vacío, frustración y pérdida del sentido vital.

Para resolver los retos de este siglo ya no es suficiente una mirada sesgada, unilateral e incompleta. Necesitamos equipos multidisciplinares compuestos por personas muy preparadas, con valores concretos y miradas flexibles, para las cuales tenga sentido invertir el tiempo en estos asuntos.

Es por ello por lo que lo decidí hacer una parada en el camino e investigar algunos de mis modelos, patrones y creencias, y así determinar si son oasis, jaulas o cárceles. Por ello te invito a ser un investigador en primera persona. A poner en la mesa tu parte más intuitiva, racional, lógica y científica, pero también tus corazonadas, tus tripas y tu lado más humano.

Recuerda: no puedes medir aquello que inicialmente no intuyes o sientes. Y la ciencia consiste, no en la búsqueda de verdad, sino en la reducción de la incertidumbre. ¡Cuidado con pasarte en algo que no tiene sentido para ti o que no resuelve algunos de los retos de este siglo!

Este libro ha sido para mí un gran maestro y la puerta de entrada a un mundo nuevo de posibilidades. Ahora te invito a ti a tener en cuenta lo siguiente antes de empezar a bucear en él:

- Es un manual para todas las personas. No has de ser ingeniero para sacarle partido. Todo el mundo está dotado de ingenio, curiosidad y un potencial enorme de comprender más y mejor. Sí, tú también, aunque no te lo acabes de creer todavía. Eso sí, después de leerlo y aplicarlo, que cada uno decida si es momento de profundizar o no, o con quién o cómo hacerlo. Esa será tu decisión.

- No existe un *mindfulness* para ingenieros pero, en base a mi experiencia, se puede ofrecer todo el potencial de esta técnica usando un «lenguaje» y una «estructura» con la que este público en cuestión se siente más cómodo. Como ingeniero de profesión, mi forma de ser y estar en el mundo muchas veces es capaz de conseguir objetivos retadores, pero otras se convierte en mi gran cárcel y el peor de los jueces. Esto no me permite avanzar a buen ritmo y hace que no disfrute de una parte importante de la vida. De ahí el poner el foco en los ingenieros: ellos especialmente necesitan integrar todo esto, y este mundo requiere de más personas con una mente ingenieril y un corazón humanista.

- Aquí no está todo. ¿Cómo iba a estarlo? Cada tema de este manual necesita una vida completa. Algunos de ellos llevan miles de años siendo estudiados por personas muy sabias, y otros están siendo analizados aún hoy por mentes muy brillantes. Mi intención tan solo es ofrecerte una primera aproximación de lo que yo sé y he experimentado para que tú decidas construir tu propio modelo.

En muchas ocasiones he pensado que tal vez ya esté todo dicho y escrito. El gran reto reside en que cada uno de nosotros aprenda de los mejores, y, a partir de ahí, cree su propio modelo y lo ponga en acción.

Por ello, a lo largo de este manual te invitaré en múltiples ocasiones a conocerte más y mejor. Para mí es la inversión más rentable que puedes hacer: conocerte para poder relacionarte de una forma más sana contigo y con lo que te rodea. El gran protagonista eres tú.

Ojalá seas capaz de contribuir a que los más racionales se percaten de la importancia de lo emocional, lo físico y lo espiritual; y los más emocionales descubran la importancia de lo mental, lo físico y lo espiritual.

Como veremos, los tiempos que nos ha tocado vivir requieren que reconozcas y saques al mundo todo tu potencial. No hay otra opción. Y si ya estás aquí, ¡enhorabuena! Tal vez hayas hecho lo más difícil.

El autor

INTRODUCCIÓN

«Algún día, en los años venideros, usted luchará con la gran tentación o temblará bajo el peso de la mayor tristeza de su vida. Pero la lucha real está aquí, y es ahora. Ahora se está decidiendo si, en el día de su suprema tristeza o tentación, usted fracasará miserablemente o vencerá con gloria. Solo es posible formar el carácter por medio de un proceso continuo y constante».

PHILLIPS BROOKS

Ahora quiero explicarte un poco mejor el para qué de este libro utilizando dos citas más. Han sido puntos de inflexión que marcaron un antes y un después en mi vida.

1. *«Lo que más me sorprende del hombre occidental es que pierde salud para ganar dinero, después pierde el dinero para recuperar la salud. Y por pensar apasionadamente en el futuro no disfruta el presente, por lo que no vive ni el presente ni el futuro. Y vive como si no tuviese que morir nunca. Y muere como si nunca hubiera vivido»* (Dalai Lama).

Sin salud poco es posible y el cuerpo nos pasa factura cuando lo llevamos más allá de sus límites. Esto puede verse en cada individuo, pero también en un sistema, empresa u organización. Todo ente tiene sus propios límites y superarlos le pone en riesgo.

No deja de ser curioso cómo hemos diseñado entidades que cuidan de sí mismas, mientras nos olvidamos de nuestros propios sensores. «Se está quedando sin batería», suele decirnos el portátil a la vez que se pone en modo de bajo consumo. ¿Te imaginas tener indicadores que nos alertaran la caída de nuestra vitalidad y nos avisaran debidamente? «Se ha superado la temperatura de funcionamiento», nos dice el móvil, mientras bloquea ciertas aplicaciones y funcionalidades para evitar un daño mayor. ¿Te imaginas tener un sistema que te obligara a «parar» al darse cuenta de que vas a dañar algo importante de ti?

¡Tú tienes ese sistema! De hecho, eres la mayor obra de arte e ingeniería jamás conocida. El asunto reside en decidir querer tomar consciencia de ello, conocerse mejor y profundizar en nuestro manual de instrucciones. En vez de eso, lo que hacemos normalmente es «puentear» nuestro sistema de seguridad.

¿Nos duele la cabeza? En vez de ir al problema raíz y darnos cuenta de que es un aviso para cesar una actividad y bajar el ritmo, eliminamos el síntoma con una pastilla y seguimos tirando.

¿Tenemos sueño y estamos cansados? En vez de entender y aceptar que el sueño y el descanso son tus mejores aliados, tomamos suplementos, cafeína... para forzar la máquina y seguir produciendo.

¿Estamos tristes, tenemos miedo o sentimos ira? En vez de parar a entender qué viene a contarnos esa emoción y qué necesidad busca cubrir, hacemos todo lo posible por obviarla, escaparnos de ella, mostrar algo diferente fuera e intentar cambiar de estado con sustancias y otras formas de escape.

Esto lo he visto en mí y en muchas personas.

Y luego nos quejamos o nos sorprendemos cuando el cuerpo nos frena en seco o aparece la enfermedad. Es como si decidiéramos quitar el pararrayos de casa, los fusibles y los diferenciales del cuadro eléctrico, los sensores de temperatura del motor del coche, los sensores de peso del ascensor, el detector de humo o el gas de la cocina, o incluso desconectar la toma a tierra de nuestras instalaciones eléctricas.

¿Cuándo parar y cuándo seguir? ¿Cuándo los sensores están midiendo bien y cuándo están mal calibrados? Ese es uno de tus trabajos: ir conociendo mejor tu propio funcionamiento y tus límites, entender lo que te sana, lo que te enferma, el tiempo de exposición saludable a algunos estímulos y entornos... Y lo que tiene sentido y es realmente coherente para ti.

Decide apoyarte en buenos profesionales cuando lo consideres necesario pero recuerda que ellos no pueden hacer todo el trabajo por ti.

2. *«Vive como si fueras a morir mañana. Aprende como si fueras a vivir para siempre».* (Mahatma Gandhi)

Si el tiempo es limitado e incierto, ¿debo poner más foco en vivir, disfrutar, atender mis *hobbies* y estar con mis seres queridos? ¿Qué sentido tiene seguir trabajando tanto y formándome sin descanso y dejar en segundo lugar todo lo demás?

Pero si vivo demasiado tiempo, o al menos lo suficiente, ¿cómo proveer de un futuro a mí y los míos? ¿Dónde ha de estar el equilibrio entre el disfrute y la responsabilidad?

Lo que propone Gandhi me parece una forma coherente de enfocar esta vida, sin conocer el tiempo que nos será regalado. A mí me ayudó a buscar un equilibrio entre estudiar, aprender y trabajar con vivir, disfrutar y dedicar tiempo a lo que considero también realmente importante.

Elisabeth Kübler Ross ya nos invitaba a no esperar a nuestros últimos días para arrepentirnos de lo no hecho hasta ese momento. Bronnie Ware nos ofrece algunos testimonios de enfermos terminales:

- «Habría querido tener el valor de vivir una vida siendo fiel a mí mismo y no la vida que otros esperaban de mí».
- «Habría querido trabajar menos duro».
- «Habría querido tener el valor de expresar mis sentimientos».
- «Habría querido mantener el contacto con mis amigos».
- «Habría querido permitirme ser feliz».

Por ello has de darte cuenta de qué es importante y urgente para ti. El arrepentimiento y el dolor del pasado, o la incertidumbre y la ansiedad del futuro, han de encontrar sentido en un presente coherente para ti. Y has de entender e integrar que no se trata solo de la meta o el resultado sino de la persona en la que te tienes que convertir para alcanzar esa meta.

Hace falta rigor, estructura y líderes que engranen modelos útiles, rigurosos y humanistas, adaptados a los tiempos que nos ha tocado vivir. Hace falta que cada persona asuma su responsabilidad y su papel protagonista.

- Si tienes dudas, empieza por ti. Por cuidar de tu propio jardín. Si toda persona hiciera esto parte del problema dejaría de serlo.

- Si te sientes perdido, o aún tienes preguntas sin resolver, no te preocupes. No tienes por qué poder con todo. Decide pedir ayuda.
- Tendemos a fracasar no solo por asuntos profesionales, sino por asuntos emocionales, mentales y de relación con nosotros mismos y con los demás.

Pase lo que pase, no olvides que tú eres el protagonista de tu vida y el máximo experto en ti, que no somos tan diferentes y que siempre hay motivos para levantarse una vez más si aprendes dónde buscar.

Ha llegado el momento de hablarte un poco de la estructura de este manual. Así podrás tener una vista de pájaro de lo que contiene y conocer de manera más detallada lo que te espera a lo largo de este viaje.

- En la primera parte profundizaré en asuntos importantes y urgentes. Será un espacio de reflexión y análisis. Te ofreceré conceptos y herramientas que considero imprescindibles para sobrevivir primero, y luego para vivir. Esto va de pensar bien y mucho más.

- Después veremos la importancia de unos modelos u otros y la necesidad de revisarlos a menudo. Además he sintetizado la esencia que he sido capaz de extraer de siete modelos que te invitaré a conocer e integrar en tu vida.

- Más adelante te ofreceré mi primera aproximación publicada de un modelo integral, con un enfoque ingenieril y aplicado al ser humano. Está pensado para que encuentres paralelismos y analogías entre las estructuras, las máquinas y todo tu ser. No está completo; aún me queda una vida de profundización, pero es una buena versión beta de salida. Es curioso ver cómo personas capaces de diseñar y calcular obras de ingeniería brillantes no aplican la misma lógica a su propio entendimiento y cuidado.

- A continuación te invitaré a revisar y crear tu propio modelo utilizando todo lo aprendido. Es tu momento.

- Al final te he dejado una reflexión de lo que para mí son «algunos de los retos» de este siglo, los cuales necesitan de lo mejor que cada uno de nosotros tenemos dentro, y no es solo ingenio.

- Y por último te he preparado varios anexos para que, si lo decides, avances a tu ritmo en la práctica y en conocer otros modelos muy interesantes, así como una bibliografía para que puedas seguir profundizando.

Te invito a recordar a cada instante que aquí el protagonista eres tú. Subraya, apunta, escribe, dibuja... todo lo que necesites. Y desde ahí ve contestando a las preguntas que vayan surgiendo, a tu aire.

PARA QUÉ Y POR QUÉ UN INGENIERO DEBE LEER ESTE MANUAL

> *«Aunque todas las posibles preguntas de la ciencia recibiesen respuesta, ni siquiera rozarían los verdaderos problemas de nuestra vida».*
>
> Ludwig Wittgenstein

Quiero contarte un poco de mi historia.

Un día me di cuenta de que había dedicado gran parte de mi vida a intentar entender todo lo que me rodeaba pero que no tenía ni idea de cómo funcionaba yo por dentro.

Por entonces diseñaba y calculaba cimentaciones y torres eólicas, e ideaba patentes y modelos de utilidad. Como te puedes imaginar, era tan solo un engranaje de una gran cadena (extracción del metal, acerías, conformado, logística…). Poco dependía de mí.

Más tarde, cuando empecé en el departamento de desarrollo de negocio y expansión internacional, y tras formarme en negociación y otras herramientas (*coaching*, análisis transaccional, psicología…), me sentí mucho más seguro. Eso que aprendía y utilizaba en el entorno laboral me servía también para el resto de áreas de mi vida. Eran habilidades atemporales y no tan dependientes del hecho de que el mundo cambiara de repente, a la vez que me ayudaban a conocerme más y mejor.

Desde entonces no sé si decidí conscientemente profundizar más, o si me he visto forzado a ello al no tener alternativa. El resultado es que me he ido dando cuenta de asuntos interesantes y muy importantes:

- Si no conoces cómo funcionas es sencillo romperse. Esto te lo explicaré con el caso de los salmones y las cebras más adelante.
- Si no entiendes cómo funciona el mundo será difícil sobrevivir. De aquí lo que luego te contaré sobre epigenética, paradigmas y el «pensar no es suficiente».
- Para conocerme mejor a mí y mi entorno necesito entrenar la atención, gestionar adecuadamente las amenazas y el estrés, cuidar de mi salud y conseguir un estilo de vida que me garantice cierta seguridad y bienestar. Todo esto es lo que quiero compartir contigo.

Parece obvio, y tal vez lo sea. Pero en mi caso no me fue sencillo llegar a estas conclusiones, y menos aún empezar a ponerlas en práctica. Es como si todo estuviera dicho y escrito, y tu única responsabilidad fuera ponerte en acción.

Como te he comentado en la introducción, si no tienes la profesión de ingeniero o una mente racional, este manual también es para ti[1].

Y sí, hay un enfoque ingenieril con el que algunos ingenieros se sentirán muy cómodos. Y no es casualidad. Sé por experiencia que a las personas especialmente mentales y racionales nos viene muy bien entrenar la atención, invertir tiempo en observar, ganar claridad, ser más amables y practicar el no juicio. Es momento de aprender a conocerse y cuidarse, igual que lo hacen algunos con sus máquinas y estructuras, y con ello utilizar eficientemente esa mirada singular del mundo. Una mirada muy necesaria hoy en día.

---

1   Ingeniero, del latín *ingenium* («ingenio») (RAE). Ingenio: «Habilidad para componer, inventar o hallar medios adecuados a un fin. Habilidad para obtener lo que se busca» (RAE). ¿No tenemos todos ingenio?

La ingeniería tiene mucho que aportar en estas décadas al mundo del bienestar y la salud. En muchos foros se ha empezado a hablar desde hace unos años de conceptos como resiliencia, fatiga, fisuras, colapsos, etc., que no siempre se corresponden con su definición ingenieril. Con esto no digo que estén mal, pero creo que existen muchas sinergias por explorar con los modelos y conocimiento que los ingenieros hemos ido cultivando durante años. Hoy en día, tanto en nuestras vidas como en la sociedad, hacen falta estructura y forma, cierto orden y criterio. No es muy diferente a lo que se hace en toda obra de ingeniería. Para empezar a construir algo estable y sostenible en el tiempo, uno primero ha de sanear y compactar el suelo, crear una buena cimentación para, a partir de ahí, edificar unos pilares estables sobre los que seguir edificando. Las cosas no se empiezan por el tejado ni por la fachada.

Si un buen técnico abraza su lado humanista es posible que sus cualidades se vean muy reforzadas y pueda aportar aún más valor. Esta es parte de mi historia y búsqueda: encontrar un equilibrio entre lo personal y lo profesional, lo humano y lo técnico. Y, con ello, darle el lugar que se merece a mi mente ingenieril y a mi corazón humanista, sin tener que renunciar a ninguno de los dos.

Por supuesto que algunos de estos perfiles ingenieros son duros de roer. Algunas de las cosas que han compartido conmigo son:

- «No tengo tiempo para estas cosas».
- «Yo no tengo emociones ni tampoco siento emociones».
- «Esto son chorradas y no lo he necesitado para llegar hasta aquí».
- «Rodri, ten hijos y deja de pensar en tantas tonterías».

Toda una experiencia de aprendizaje. Pero cuando profundizan lo suficiente y se dan cuenta de que el ser humano es la más completa obra de ingeniería conocida (hasta el momento), algo en ellos cambia. Lo he visto en centenas de casos hasta hoy.

Muchos a partir de ese momento se permiten exponerse, arriesgarse a no saber, utilizar todo lo aprendido en su profesión para aspirar a tener una vida más integra, con un mayor bienestar y sentido, y con ello entender mejor cómo funcionan y se relacionan entre ellos y con sus entornos.

Pero primero uno ha de llegar a un acuerdo en cuanto a que:

- No toda explicación puede venir de la mente.
- No todo lo podemos validar, medir o demostrar.
- Que no lo entendamos no quiere decir que no exista.
- Ser un gran profesional y entender la vida son cosas diferentes.
- No puedes medir aquello que inicialmente no intuyes o sientes.

En diez años en multinacional, y en estos tres años emprendiendo, me he encontrado con personas muy preparadas a nivel técnico y profesional pero con un margen de mejora espectacular en el ámbito personal, conductual, físico y de gestión de las emociones. De igual forma conocí personas con un perfil profesional humanista, pero con un gran margen de mejora en el entendimiento de procesos, sistemas, estructuras y pensamiento analítico.

- Las humanidades necesitan de estructura, razón y rigor.
- La razón necesita de humanidad y capacidad de sentir.

Al ver y estudiar las grandes obras e ingeniería, catedrales, puentes, viaductos, rascacielos, centrales generadoras de energía, máquinas médicas, sistemas de transporte... me pregunto: ¿y si utilizáramos todo ese ingenio para aplicarlo al resto de asuntos de esta sociedad?

La ingeniería no es ni más ni menos que un conjunto de modelos menos completos y acertados que el funcionamiento del ser humano o la naturaleza. Lo que creamos es una simplificación de esos constructos geniales que ya existen.

Pero son muy necesarios. ¿Te imaginas poder utilizar todo lo que sabes de tu carrera profesional al entendimiento del funcionamiento del ser humano?

SALMONES QUE MUEREN DE ESTRÉS Y CEBRAS SIN ÚLCERA

«El verdadero dolor, aquel que nos hace sufrir en lo más hondo, convierte a un ser irreflexivo en más serio y constante. Incluso los pobres de espíritu se vuelven inteligentes tras experimentar un gran dolor».

FIÓDOR DOSTOIEVSKI

La adversidad y el sufrimiento son parte de la vida, tal como lo experimentan esos salmones que deciden remontar el río superando todo contratiempo.

Pero la vida es mucho más que eso; también es plenitud, conexión y momentos de felicidad y calma. Como esas cebras que pacen en ocasiones con cierta paz y sin miedo, a pesar de las amenazas que las rodean (como tener a las leonas cerca).

Dos personas en las mismas circunstancias pueden percibir, sentir y expresar dos cosas tan diferentes como:

- Individuo 1: «La vida es dolor, sufrimiento y adversidad».
- Individuo 2: «La vida es placer, conexión y plenitud».

¿Cuál de los dos tiene razón? ¿Qué es lo que te lleva a ver el vaso medio lleno o medio vacío? ¿Viene dado o se puede aprender y entrenar? Entre otros muchos retos, el ser humano tiende a tener las siguientes asignaturas pendientes:

- Aceptar las dualidades de la vida
- Aprender a sostener opuestos
- Llegado el momento, dejar ir

A lo largo de este libro tendrás ocasión de reflexionar sobre estos asuntos, pero ahora me encantaría que pusieras foco en los salmones, que mueren de estrés, y en las cebras, que no tienen úlcera. Han sido grandes maestros para mí[2].

Durante el año 2014 había realizado varios cambios importantes en mi vida, como un traslado de ciudad, trabajo, rol, jefes a los que reportaba, varios viajes internacionales de negocios, un entorno más hostil al que estaba acostumbrado, una alta exposición a miedos, incertidumbre, e incluso el rechazo de algunas personas. Vaya, digamos que ese curso 2014-2015 fue un cóctel interesante en el que me sentí como los salmones de Sapolsky.

Los salmones, al remontar el río a contracorriente, en ocasiones mueren. Esto se debe, entre otros asuntos, a que al mantener ese estado de estrés crónico en el tiempo se producen una bajada de sus defensas y la desregulación de su sistema inmune. Así cualquier bacteria o virus lo tiene más fácil para acabar con ellos.

La siguiente gráfica me ayudó a entenderlo mejor (eje vertical: sistema inmune; eje horizontal: nivel de estrés):

---

2   Estos conceptos los escuché en 2011 en una conferencia de Emilio Duró. Me impactó tanto que esas Navidades se lo puse a toda mi familia y decidí escribirle para entender cómo podía trabajar y aprender de él. Me contestó amablemente y hace poco he tenido la suerte de conocerlo mejor. La segunda vez, a partir de la cual me puse a investigar y estudiar en profundidad, fue durante el curso 2014-2015. Ese año enfermé varias veces de infecciones de garganta y oídos, y cayó en mis manos un artículo titulado «Por qué los salmones mueren de estrés». Ahí empecé a leer a Sapolsky y entendí cómo el estrés sostenido en el tiempo es capaz de echar abajo tu sistema inmune. Esos años fui un salmón al 80 . Ver también el libro de Sapolsky: *Por qué las cebras no tienen úlcera*.

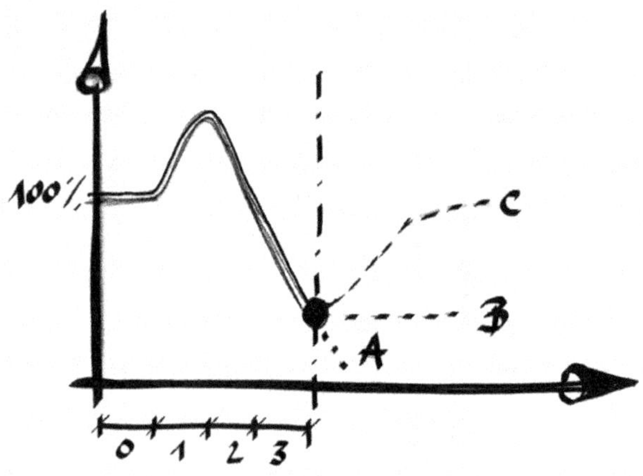

Figura 1. Sistema inmune-estrés. Sapolsky.

Y cuando tocas suelo puedes seguir bajando (A), mantenerte ahí (B), o empezar a regularte y recuperar tu óptimo de salud.

Tras un tiempo, me dije: «quiero ser como las cebras, no como los salmones».

Las cebras pacen tranquilas, rodeadas incluso de algunas de sus amenazas, como las leonas. Cuando las leonas inician la caza, las cebras comienzan a correr. Pero cuando las cebras se dan cuenta de que las leonas ya han saciado su hambre, paran y siguen paciendo tranquilamente. El activar los sistemas de alerta y evasión cuando toca, y el parar y regular de nuevo les permite hacer un buen uso de ese maravilloso recurso llamado estrés.

Pero esto al parecer no es sencillo para el ser humano. De hecho tendemos a utilizar recursos internos como el estrés de forma poco adaptativa y abusar de ellos desmesuradamente.

En esa conferencia de 2011 Emilio Duró explicaba que las personas, ante la situación que vivían las cebras, nos subiríamos a un árbol, nos ataríamos a él para no caernos y no podríamos dormir con el miedo de pensar: ¿y si las leonas se han quedado con hambre? ¿Y si son capaces de trepar?

Esa mente rumiante, y pasar un tiempo excesivo en el pasado o futuro, puede hacernos romper de múltiples formas. Pero esto tú ya lo sabes.

Cuando no hacemos las cosas bien, «el cuerpo nos acaba parando y pasando factura». No es solo un dicho popular, sino un hecho medido y validado.

- Personas que enferman los viernes por la tarde o el sábado por la mañana, dado que entre semana uno no puede permitirse parar...
- Otras enferman cuando cogen vacaciones, algunas al acabar los exámenes y otras tras un evento traumático y sostenido en el tiempo.

En mi caso he sido muchos años experto en que mi cuerpo me pare y me pase factura (infecciones de garganta y oídos, dolores de espalda, roturas de algún hueso o tejido muscular por exceso de carga...). Esto me ha ido creando una gran curiosidad por entender y escuchar más al cuerpo. Ahora comprendo que esas situaciones fueron causadas por ausencia de consciencia y conocimiento, sumadas a una pasión y motivación que en ocasiones me desborda. Al parecer la potencia sin control sirve de poco, y es peligrosa.

Y la verdad es que puedes seguir pensando que nunca es buen momento para parar. Pero a lo largo de este libro verás las consecuencias que esto tiene.

Pero hay esperanza. Podemos aprender de las cebras, de Sapolsky y de muchos otros recursos que tenemos a nuestro alcance. Uno puede transformarse de salmón a cebra. Hay asuntos que sí dependen de ti y que puedes entrenar y mejorar.

En este momento de tu vida,
- ¿Te pareces más a un salmón o a una cebra?
- ¿Eres cebra en algunas áreas de tu vida y salmón en otras?
- ¿Qué hace detonar el que actúes como una cebra o como un salmón?
- Si te frena el cuerpo, ¿cómo suele frenarte?

EPIGENÉTICA Y PARADIGMAS. ENTORNOS RETADORES E INCIERTOS

«–Desearía que esto no hubiera pasado en mi tiempo
–dijo Frodo.
–También yo– dijo Gandalf–. Y así lo desean todos los que
viven estos tiempos. Pero eso no es algo que ellos puedan
decidir. Todo lo que podemos decidir es qué hacer con el
tiempo que nos fue dado».

El Señor de los anillos (TOLKIEN)

Habitamos entornos que nos retan constantemente y que son altamente complejos. No lo niego, y tampoco creo que debamos quitar importancia al lado positivo de los retos de hoy en día, pero hemos de salir del victimismo, asumir nuestra responsabilidad, entender muy bien cuáles son y no volver a repetir patrones del pasado que no funcionan.

Y frente a esto, ¿qué podemos hacer? Entre otras cosas, algo contraintuitivo a los tiempos que corren: «Cuando más caos y volatilidad fuera, más calma has de ser capaz de crear y encontrar dentro».

Hoy una buena opción tal vez sea cuestionarse todo. Porque si no cuestionamos y revisamos las teorías vigentes, ¿cómo saber si los paradigmas[3] que nos gobiernan siguen

---

3   La RAE define paradigma como: «Teoría o conjunto de teorías cuyo núcleo central se acepta sin cuestionar y que suministra la base y el modelo

siendo de utilidad? O, ¿cómo descubrir si nos están llevando a un precipicio o a un callejón sin salida?

Stephen Covey ofrece un concepto que me parece importante, al que llama «Paradigm shifter»[4]: toda persona puede decidir parar un paradigma heredado que considera que no le hace bien para no trasmitirlo a su descendencia o a su entorno.

Tal vez esta sea la única forma de seguir sobreviviendo como especie. Recordar todo lo que nos precedió, revisar lo que hay, entender lo que funciona y eliminar aquellos paradigmas que ya no aportan valor.

Las reglas han cambiado. Ya no es solo «cómo juegas las cartas que te tocan al nacer», sino también dónde, cuándo y con quién las juegas[5].

Esto alimenta otros debates, como el si un líder nace, se hace o se entrena, un gran avance para reforzar la importancia de entender mejor quién eres y analizar los entornos que habitas. Esto incluye también el reflexionar sobre tus relaciones con las personas con las que compartes tus días[6].

---

para resolver problemas y avanzar en el conocimiento».

4   Sería algo así como el «cambiador de paradigmas».

5   No solo eres tus genes o ADN, sino que también estás altamente influenciado por tu entorno y cómo este impacta en ti, hasta el punto de que hay investigaciones abiertas que intentan demostrar que «los hijos pueden llegar a heredar los traumas de los padres». De hecho, algunos estudios dicen que somos un 20 % genética y un 80 % entorno; otros, que somos 50-50 %.

6   Para ilustrar lo anterior me gustaría ofrecerte una simplificación de un modelo creado por Aaron Antonovsky y que aprendí de Nazareth Castellanos. Esta persona creó el concepto de «salutogénesis» en los años 70, como forma de generar salud. En este modelo destacan tres variables que han de tener cierto equilibrio entre sí: 1. Genética: «La tendencia de origen hereditario o adquirida en el desarrollo embrionario». Las cartas con las que naces. 2. Entorno: «Niveles de contaminación, cercanía a lugares naturales, y clima, así como las relaciones sociales y la cultura dónde nos desarrollamos». Lugares que habitas y personas con las que te relacionas. 3. Estilo de vida: «Aquello que podemos hacer de forma de forma diaria para cultivar una buena salud (ejercicio físico, la alimentación, la regulación psicológica, la actitud o la calidad del sueño)», una de las grandes claves, que analizaré en

Uno puede estar medicándose para combatir un problema de salud, pero que si no cambia de entorno o estilo de vida (siendo estos factores de gran impacto), tal vez no sea posible una mejoría y con ello acabe necesitando medicación crónica.

Un debate interesante es el de la disyuntiva entre reducir o aminorar síntomas (ir achicando agua como puedas del barco), o buscar y solventar el problema de raíz (para luego poner foco en la prevención). Te invito a reflexionar sobre ello.

También concluyo que no tiene sentido pedir a la mente que se ocupe de todo sin utilizar tus capacidades físicas, emocionales y espirituales para convivir y sobrevivir en esta vida. ¿Cómo no se van a romper la mente o el cuerpo cuando les pedimos que se encarguen de solucionar un problema para el que no fueron diseñados? Y fíjate hasta qué punto el entorno es importante[7].

De todo este debate surge mi obsesión de construir un modelo integral que nos permita vivir una vida más saludable y plena. Para ello, entre otras cosas te invitaré a entender lo que te rodea, las reglas del juego, y desde ahí, prepararte para tomar las mejores decisiones posibles.

- Deberás poner foco en ti y en tu autoconocimiento. Dicen que ser muy bueno hoy ya no es suficiente; uno ha de ser excelente. Tendrás que aprender a cuidar tus estructuras, minimizar tu reactividad,

---

el apartado de modelos. Antonovsky ya lo sabía y nos invita a recordar que la salud ha de tener un enfoque más amplio, integral y completo.

7   Hay una película, titulada *Lucy*, en la que Morgan Freeman debate sobre la importancia del entorno: 1. Entornos hostiles a los que uno solo puede sobrevivir (y sobrevivir ya es matrícula de honor). Y esa supervivencia se busca a cualquier precio. 2. Entornos más amables en los que las especies tienden a procrear y perpetuar la especie. Cuando una especie se ve amenazada, al parecer deja de llevar a cabo algunas acciones, priorizando la supervivencia. Y entre ellas detiene la función reproductiva.

permitirte descansar y regular y poner foco en tu autocuidado.

- Deberás rodearte de personas válidas y con ética para formar equipos de alto rendimiento. El entorno que habitas necesita que entiendas las premisas del alto rendimiento deportivo y de negocio. Y qué entornos están hechos para ti y cuáles no.

No te agobies. Decide ir paso a paso, pero sin olvidar que, si sigues respirando, ya has hecho muchas cosas bien y has vencido muchas batallas.

TODO CAMBIA.
LA IMPERMANENCIA Y EL PAPEL
DE LA RESILIENCIA

«El mundo destroza a los individuos. Algunos, se vuelven más fuertes en el lugar de la fractura».

ERNEST HEMINGWAY

El ser humano es posible que necesite cierta certidumbre.

A veces la encuentra en un trabajo fijo para toda la vida; en otras ocasiones en una pareja, familia o grupo de amigos; a veces en la acumulación de activos.

Pero la realidad es que la vida en esencia es incierta. Y, como nos invitan a recordarlo personas muy sabias, la seguridad tal vez solo la podamos encontrar dentro de nosotros.

La «no» permanencia, si reflexionas sobre ello, está presente en todo. En la naturaleza, los animales, las personas, las relaciones, en tu cuerpo, tu respiración, tus pensamientos, en el clima, las hojas de los árboles, las mareas... Todo cambia, momento a momento[8].

---

8   Esta realidad también la trasladaba *El club de los poetas muertos* de una forma magistral cuando recitaban el poema de Robert Herrick: «Coged las rosas mientras podáis/veloz el tiempo vuela/La misma flor que hoy admiráis/mañana estará muerta». Es el *Carpe Diem* y el *Tempus Fugit*, frase que yo, ingenuo de mí, decidí tatuarme esperando no olvidar la importancia de la vida y del tiempo. Ahora entiendo que es algo de lo que uno ha de acordarse a menudo.

El término japonés *wabi-sabi* describe un tipo de visión basada en la belleza de la imperfección: «Nada dura, nada está completo y nada es perfecto»[9].

Y al ser humano lo anterior no le gusta. Como dice un buen amigo mío, «lo normal no es la certeza, sino la incertidumbre y los imprevistos no planificados». Esto no nos deja otra opción que aprender a relacionarnos mejor con el cambio.

Necesitamos entrenarnos en convivir y sobrevivir en entornos inciertos, entendiendo y aceptando la fragilidad y lo efímero de la vida, y decidiendo abrazar lo desagradable y lo que esté por llegar, lo cual es una asignatura pendiente para muchos de nosotros. Seguimos queriendo que la vida sea lo que nosotros deseamos y no queremos mirar a la muerte. ¿No son la negación y la evitación una fuente de sufrimiento en sí mismas?

Y el problema no es solo este, sino darse cuenta demasiado tarde de que la vida no es eterna. Piénsalo por un momento: ¿cómo va a ser la vida como tú quieres?

Para reforzar lo anterior, me gustaría compartir contigo un fragmento de un artículo en el que estuve trabajando en 2021 sobre resiliencia y naturaleza, que es parte del enfoque de mi modelo integral. Puedes descargártelo con ayuda de este código QR:

---

9   De hecho, he escuchado estos años que «tu felicidad es proporcional a la cantidad de incertidumbre que puedas soportar y manejar». Estoy totalmente de acuerdo. Eso sí, sin olvidar que ese concepto de felicidad ha de ser individual y que requiere de más ingredientes. Te hablaré de ello más adelante.

Sarah Bond y Gillian Shapiro, en uno de sus experimentos, encontraron que el entorno de trabajo y los compañeros eran la fuente de mayor consumo de resiliencia[10]:

- Al gestionar relaciones difíciles en el trabajo: 75 % aproximadamente.
- Cuando el volumen o ritmo de trabajo me lleva a mis límites: 65 % aproximadamente.
- Cuando siento que estoy siendo criticado: 60 % aproximadamente.

En esta publicación nos hacen un regalo adicional enumerando las fuentes de las que adquirimos resiliencia en base a las encuestas que llevaron a cabo:

- De mí mismo: 90 %
- De mis relaciones: 50 %
- Del trabajo que realizo: 20 %
- De mi organización: 10 %

Para acabar ofreciéndonos las tres características que destaca Diane Coutu en su libro *How Resilience Works* sobre las características de las personas resilientes:

- Una firme aceptación de la realidad.
- Una profunda creencia, a menudo apuntalada por valores sostenidos, de que la vida es significativa.
- Una misteriosa capacidad de improvisación.

Es muy importante saber lo que sí depende de ti y que existen argumentos para tener esperanza. Además, Silvia Fernández, en una formación de Nirakara, nos explicaba cómo cultivar la resiliencia trabajando las siguientes variables:

---

10   En una publicación de Harvard (Ovans, A.; 2015) definían la resiliencia como «la habilidad de recuperarse de un contratiempo, adaptarse al cambio y continuar ante las adversidades que surgen».

- Ecuanimidad ante el sufrimiento y la impermanencia.
- Autocompasión: amabilidad y apertura (autoestima, flexibilidad cognitiva).
- Optimismo: esperanza y coraje (afrontamiento y no evitación).
- Búsqueda de sentido.
- Conexión social (comunicación, empatía, relaciones saludables).

También te invito a revisar el libro *Kintsugi, el arte de la resiliencia* (Santini, C.; 2019), que habla del proceso de curación una vez sufrida la rotura (la recuperación de su capacidad resiliente): «Aunque se rompa, puede seguir siendo funcional; y no solo eso, sino que puede seguir sintiéndose orgulloso de sus heridas de guerra» (pintadas de oro).

Por último, te ofrezco una reflexión sobre lo sucedido con el temporal Filomena (01/2021). Ese evento (junto al COVID-19) nos ha ofrecido la oportunidad para una reflexión muy profunda sobre cómo las condiciones externas e internas cambian. A veces sin avisar.

Algunos medios han afirmado que hay que remontarse a 1904 para encontrar una nevada como la que vivimos en Madrid ese 2021. Este hecho insólito pilló por sorpresa incluso a la misma madre naturaleza.

- Los árboles de edad inferior a 117 años nunca habían vivido esos fenómenos y cargas antes, y por ello no se habían podido preparar para combatirlos y sobrevivir. Uno se va adaptando al medio en el que vive optimizando energía y esfuerzo para combatir las condiciones externas conocidas, y tiende en un momento dado a dejar de expandirse y relajarse una vez percibe que hay un equilibrio entre su capacidad interna y las fuerzas externas a las que está sometido.

- Pero ¿qué sucede cuando esas condiciones externas cambian? Algunos siguen como si nada, otros notan cierto malestar y el resto acaban rompiéndose, parcial o totalmente, tal y como pudo apreciarse en los miles de ramas, canalones y otras estructuras que colapsaron al no haber podido soportar la carga de nieve depositada sobre ellos.

¿Cómo prepararse para todo lo que está por venir? En ingeniería siempre se hace hincapié en la necesidad de optimizar. Para optimizar se necesitan unas cargas de salida, unas propiedades de material definidas y una estructura que aporte forma (y que sea diseñada y calculada para bajar la carga al suelo). Pero, ¿qué sucede cuando esas cargas cambian o el material o la estructura se han visto debilitadas?

Si hablamos de negocio es lo mismo. En los últimos quince años hemos necesitado revisar la estrategia y el plan de empresa casi a diario.

Si lo hacemos constantemente con nuestros proyectos técnicos e ingenieriles, ¿cómo no hacerlo con nosotros mismos?

De aquí surge mi intención de relacionar lo humano con lo aprendido en resistencia de materiales y cálculo de estructuras. Creo que las sinergias entre ambos campos son enormes y pueden llegar a aportar mucho valor a otros modelos actuales. La ingeniería puede ayudar a dar forma a un modelo de la persona y de los entornos más completo e integral.

Mientras sigo profundizando e investigando, te invito a pensar que esas ramas rotas darán lugar a otras nuevas. Esos canalones fracturados serán reparados o sustituidos. Que las estructuras colapsadas serán renovadas y levantadas de nuevo. Todo ello brindándonos una oportunidad de aprendizaje y de darnos cuenta de que el tiempo sigue corriendo y la vida continúa su curso.

Como ves, la resiliencia ya la tienes y puede ser entrenada. Pero para ello hace falta comprenderse mejor.

¿Cómo si no enfocar el problema?

Va a ser que no somos tan diferentes de aquello que hemos creado a partir del intelecto. Pero, si no nos hemos creado, ¿seremos algún día capaces de comprendernos totalmente?

El tiempo dirá hasta dónde somos capaces de profundizar en nosotros mismos y entendernos.

La vida, entre otras cosas, tiene mucho que ver con las relaciones entre personas. Por ello has de entender cómo funcionas, cómo lo hacen los demás, qué motivaciones tienen, qué necesidades están intentando cubrir, cuál es su forma de ver el mundo... Darme cuenta de esto marcó un antes y un después para mí.

Permíteme que te cuente un par de historias personales.

- Hace varios años conseguí (junto a un equipo de trabajo) un hito que suponía un ahorro importante en varias divisiones. Todo el equipo estaba muy contento e incluso recibimos felicitaciones de la alta dirección. Paradójicamente, mientras esto pasaba un director de área me llamó para decirme que «éramos unos sinvergüenzas que nos habíamos metido en su trabajo». Yo no entendía qué estaba pasando. El equipo era multidisciplinar y había sido aprobado por la empresa. ¿Por qué esa persona actuaba así? Cuando tuve la ocasión de conversar con él en un ambiente más distendido me di cuenta de que no veía nuestro éxito; veía una amenaza de perder un trabajo que alimentaba su estilo de vida y cubría sus necesidades. Esto no es solo sobre el entorno y «tus» necesidades, sino también sobre las personas que lo habitan y «sus» necesidades. Para tu supervivencia y salud necesitas entender esto y tenerlo en cuenta.

• A mediados de 2014 tomé la decisión de dejar un trabajo muy bueno, con compañeros maravillosos, buen salario, proyección y en una maravillosa ciudad... por amor y porque sentía que necesitaba un cambio. Prácticamente nadie entendió mi decisión, por lo que en ese proceso llegué a perder la fe en mi mirada y en mi forma de comprender el mundo. Hubo duda y sufrimiento, pero la vida me trajo dos regalos. Uno fue Josu Sanz, un compañero de trabajo que pasó a ser compañero de piso y que ha sido uno de mis mejores amigos desde entonces. Los dos nos entendíamos. El otro vino el mismo día de la mudanza a Madrid. Me llamaron del BBVA y me dijeron que había quedado finalista al premio de talento joven de Aedipe Centro... Recuerdo que me pregunté: «Entonces, ¿mi visión del líder del futuro le interesa a alguien?». Ahí aprendí que no estaba solo y que el mensaje puede ser el correcto, y que lo único erróneo puede ser el lugar donde estás.

El entorno nos moldea y las personas que habitan en él ejercen una influencia importante sobre nosotros.

Para finalizar este apartado te ofrezco otras búsquedas que llevan desde siempre con el ser humano. Recuerda que la búsqueda dota de cierto sentido a nuestra existencia, aunque no todas son acertadas para todas las personas, ni tampoco recomendables en todas las etapas de su vida.

El tiempo, la vida y la muerte

«Quién sabe si morir no será vivir y lo que los mortales llaman vida será la muerte».

EURÍPEDES

Te guste o no, el tiempo pasa por todas las personas y es un bien escaso que no vuelve. Y, paradójicamente, en algunas etapas de nuestras vidas incluso llegamos a pensar que viviremos para siempre.

Llevamos años investigando cómo revertir el envejecimiento, cómo detener la enfermedad, o incluso especulando acerca de cómo conseguir que nuestra consciencia pueda ser transferida a otro dispositivo.

Estas son algunas de las cosas que escucho a menudo:
- «Daría todo lo que tengo y sé por tener tu edad».
- «Si pudiera volver al pasado cambiaría eso... no haría lo otro...».

Muchas películas, series, canciones y novelas ahondan en el anhelo del ser humano de volver al pasado para cambiar algo que no funcionó, que nos hizo sufrir o que creó mucho dolor. Esto, si te das cuenta, consume mucha de nuestra vitalidad diariamente. ¿No es más fácil aceptar lo que sucedió y poner todo el foco en lo que puedes conseguir mientras sigues respirando?

Y es que, a veces, entre tanta búsqueda se nos olvida vivir el momento presente, que en definitiva es lo que tenemos y el único lugar donde podemos actuar.

Tal vez sea una buena idea aprender a relacionarnos mejor con la vida, entendiendo que si hay vida ha de haber muerte. Un inicio y un fin. Jung nos regalaba esta reflexión: *«Existen tantas noches como días, y cada una dura lo mismo que el día que viene después. Hasta la vida más feliz no se puede medir sin unos momentos de oscuridad, y la palabra feliz perdería todo sentido si no estuviese equilibrada por la tristeza».*

El yin y el yang; la vida y la muerte; la salud y la enfermedad; lo agradable y lo desagradable; la luz y la oscuridad; amor y miedo; triunfo y fracaso. Cuidado con aferrarte solo a lo que tú quieres.

No puedes elegir solo una cara de la moneda. El hecho de no querer aceptar ambas caras, resistirte o intentar evitarlo, ya es en sí fuente de sufrimiento.

Sigo aprendiendo día a día y he puesto el foco en vivir plenamente cada etapa de mi vida, entendiendo que la fecha de caducidad no anunciada no se conoce hasta que es demasiado tarde. Creo que tiene sentido empezar a poner vida a los años y buscar poner años a la vida. Lo primero depende directamente de ti, lo segundo no tanto.

¿Conclusión? Cuidado con desear cambiar el pasado o pasar demasiado tiempo en él rodeado de dolor, culpa, tristeza o añorando tiempos mejores. Ese tiempo invertido ahí es tiempo no invertido en el presente, de forma proactiva y siendo responsable de tu papel protagonista. Es tu decisión. Decide sabiamente.

Para finalizar, en el libro *Zen en el arte de tiro con arco* (Herrigel, E.; 2016) puedes leer: «*Había comprendido, pues, que no hay, ni puede haber, otro camino hacia la mística que el de la propia vivencia y el del propio sufrimiento. Si faltan estas premisas, todo cuanto se diga es huero palabrerío*».

La bola de cristal y el ansia por conocer el futuro

«Suelta la vida que planeaste para dejar entrar la que te está esperando».

JOSEPH CAMPBELL

La mente quiere que sobrevivas, y para ello aspira a conocer el futuro. De ahí que no se lleve muy bien con lo no conocido: «Más vale lo malo conocido que lo bueno por conocer». Siempre me he preguntado sobre este dicho, ¿cómo va a ser eso? Ahora creo entender que se debe a que lo malo, aun siendo malo, es conocido. Y, en ocasiones, la incertidumbre que surge en la búsqueda de algo potencialmente mejor supone mayor dolor que quedarte como estás.

Esa búsqueda de anticipación nos lleva a estados de preocupación constante que, en dosis elevadas, pueden hacerte enfermar. De ahí que nos digan: menos preocupación (futuro) y más ocupación (presente).

Te invito a reflexionar sobre tus intentos de anticipación y control. Ambos buscan hacerte sentir cierta certidumbre. ¿Dónde está tu equilibrio entre controlar y dejar fluir las cosas tal y como son? Intentar controlar todo te acabará descontrolando.

TME (Tu Mundo Extraordinario)

«En la escuela me preguntaron qué quería ser de mayor. Yo respondí: feliz. Me dijeron que no entendía la pregunta, y yo les respondí que ellos no entendían la vida».

JOHN LENNON

Necesito varias vidas para profundizar sobre este tema. Lo que sí me gustaría preguntarte, llegado a este punto, es:

- ¿Qué es para ti la felicidad? ¿Dónde la estás buscando?
- ¿Y dónde, con quién o con qué, consigues sentirte feliz?[11]

---

11   Tan solo hay que leer en el diccionario la RAE de 2001 sobre «felicidad» para comprobar que toca resetear algunas definiciones y creencias:
- 1. f. Estado del ánimo que se complace en la posesión de un bien.
- 2. f. Satisfacción, gusto, contento. Las felicidades del mundo.
- 3. f. Suerte feliz. Viajar con felicidad.

Si vas a ir en busca de algo en concreto, antes define lo que es para ti esa búsqueda. Cuidado con embarcarte en un viaje que desconoces, en pos de asuntos que tal vez nunca existieron de esa forma que tú quieres y rodeado de compañías no recomendables.

Reflexiona sobre lo siguiente:

- Cuidado con esperar a que personas y cosas externas te hagan feliz. ¿Y si la felicidad primero hubiera de poder encontrarse dentro de uno mismo?
- Cuidado con esperar a ser feliz cuando no haya retos, problemas o tropiezos. ¿Y si los problemas fueran parte de la vida?

El problema no es solo de quien lo define y quien crea el modelo sino de quien decide seguirlo y utilizarlo en su vida. Has de ser responsable de ti mismo y reflexionar sobre los motores y modelos que quieres que gobiernen tu existencia.

En mi caso, la felicidad está muy relacionada con:

- La calma, la serenidad y la paz interior. Poder sentir, pensar, decir y hacer lo mismo. Eso es coherencia e integridad, y eso lleva a la paz interior.
- Buenas dosis de amor. Se dice que lo contrario al miedo es el amor. Un exceso de miedo está relacionado con una ausencia de plenitud, calma y momentos de felicidad, hacia mí y hacia los demás.

Por fortuna algún académico se ha dado cuenta y la definición ha sido modificada parcialmente en la última búsqueda que llevé a cabo:
- 1. f. Estado de grata satisfacción espiritual y física.
- 2. f. Persona, situación, objeto o conjunto de ellos que contribuyen a hacer feliz. Mi familia es mi felicidad.
- 3. f. Ausencia de inconvenientes o tropiezos. Viajar con felicidad.

Aunque, como puedes leer, hay mucho por mejorar. Si pones foco en la segunda o la tercera no serás feliz nunca (locus de control externo). O al menos eso es lo que yo creo, dado que no depende de ti.

- Poder compartirla. No es solo ser feliz, sino poder compartir esa felicidad con alguien importante para ti.[12]

Casi todo lo realmente importante no es rápido ni sencillo. Así que sé cauto con la búsqueda del éxito, la felicidad y la libertad, porque pueden acabar siendo también tu peor cárcel, hasta el punto de que no deja de ser paradójico el hecho de tener todo para ser feliz y seguir sin serlo. Necesitar perderlo todo para empezar a valorarlo. O al final darte cuenta de que esa felicidad siempre estuvo dentro o cerca de ti. Ahora creo entender mejor que si no soy feliz con lo que tengo y soy hoy, difícilmente lo seré mañana con cosas diferentes.

Pero vamos tan rápido que no nos permitimos parar a observar y recordar. Y por el camino buscamos formas alternativas de resolver las grandes preguntas que nos acompañan desde hace años.

¿QUÉ PARADIGMA Y REALIDAD ESTÁS VIVIENDO TÚ? PASADO, PRESENTE Y FUTURO

«No es pobre el que tiene poco, sino el que mucho desea».

SÉNECA

¿De dónde vienes, dónde estás y hacia dónde te diriges?

Lo que crees no es la verdad; tu verdad no es la única verdad, y no es solo lo que vives (y recuerdas), sino cómo lo

---

12   Fue una de las cosas que me encantaron de la película *Into the Wild* (Hacia lo salvaje).

percibes, cómo lo interpretas, cómo lo codificas y luego cómo lo recuperas. Esto lo veremos en el modelo de percepción.

Y, por si fuera poco, la memoria se va alterando con el tiempo y algunos de tus recuerdos son «falsos», sobre todo cuando fueron codificados en momentos de alto estrés y ansiedad.

Y al parecer tampoco es lo que pasó, sino cómo lo viviste.

No hemos de recurrir a la ciencia para darnos cuenta de esto. Piensa en una reunión que tuviste hace unas semanas; reúne a las personas de la misma y pregúntales qué recuerdan y cómo la vivieron. Es posible que haya muchas diferencias e interpretaciones. Suena raro, pero es así.

¿Crees que estás perdiendo la memoria? No suele ser así. Lo que sucede es que hay una gran dispersión en tu atención, a lo que se suma una temporada muy agitada emocionalmente con multitud de potenciales amenazas y multitarea. Y esto tampoco ayuda a mejorar tu percepción de la realidad y tu capacidad de almacenamiento.

Aunque te cueste creerlo, las personas, aun en las mismas circunstancias, viven los acontecimientos de manera muy diferente. Conozco a personas que durante estos más de dos años de pandemia han seguido viajando y viviendo como si nada; y otras, ante lo mismo, que no han salido de casa y a las que el miedo y la sobreinformación les ha pasado factura. Y por supuesto existen casos intermedios a los anteriores.

Aquí me gustaría que reflexionaras sobre dónde pones el foco, cómo te informas y con quién te relacionas. Como ya sabes estas variables cambian por completo tu experiencia. Unas preguntas que suelen circular al respecto son:

- ¿Vives desde el amor o desde el miedo? ¿Desde la responsabilidad o el victimismo? ¿Desde la respuesta o la reacción?

- ¿Tiendes a huir o a afrontar? ¿Ves problemas o retos? ¿Ves el vaso medio lleno o medio vacío? ¿Vives desde la abundancia (valorando lo que tienes) y el agradecimiento, o desde la escasez y el reproche?

En función de lo que contestes, tu vida (a igualdad de circunstancias externas) será muy diferente.

Por ello te invito a reflexionar sobre ello: ¿qué paradigma y realidad estás viviendo tú?

Para describir tu realidad actual puedes inspirarte en todo lo que venimos tratando y completarlo más adelante con el resto de asuntos que iremos analizando.

A lo anterior me gustaría que le añadieras otra reflexión. Haz un recorrido de tu vida utilizando los tres espacios temporales:

- ¿De dónde partiste y qué has conseguido? (Sobre tu pasado).
- ¿Dónde estás? (Sobre tu presente).
- ¿Hacia dónde te diriges? (Sobre tu futuro).

A veces, entre tanto ruido, caos y movimiento se nos olvida el camino recorrido y de dónde venimos. La mente solo pone foco en lo que falta y lo que falla. Y con ello caemos en pozos de desconfianza, insuficiencia e injusticia hacia nosotros y hacia otras personas.

Hoy es el mejor momento para compararte justamente, valorar que si sigues vivo ya has cosechado muchos triunfos y ya tienes lo más importante. Hoy es un buen día para reflexionar y entender si el mapa que sigues, la brújula que te guía y el faro que te orienta siguen funcionando y aún tienen sentido para ti.

Recuerda que la realidad supera la ficción y que lo que crees no es la verdad. Tu verdad no es la única verdad, y no es solo lo que vives (y recuerdas), sino cómo lo percibes, cómo lo interpretas, cómo lo codificas y luego cómo lo recuperas. Este es un asunto clave en el proceso de atención, percepción, estrés, hábitos, compasión, comunicación... Así que te invito a ir tomando nota.

Cuando te detengas a observar y escuchar te darás cuenta de que muchas personas te dirán que estés el máximo tiempo posible en el presente... Parece razonable. Pero no se trata de eliminar el pasado y el futuro, sino de aprender a gestionarlos y entender todo lo que nos pueden ofrecer. Aprovéchalos como aliciente y como un trampolín que te ayude a vivir aún más plenamente el momento presente.

¿LOCURA O NORMALIDAD? ZONA DE CONFORT Y DE PÁNICO

«La tristeza, aunque esté siempre justificada, muchas veces solo es pereza. Nada necesita menos esfuerzo que estar triste».

Séneca

La psicología positiva y otras tendencias y foros se empezaron a preguntar qué hacen las personas alegres, sanas y felices para estar así.

Y en este proceso creo que nos hemos olvidado de reflexionar sobre el sentido de la reciprocidad y la dualidad, y la necesidad de sostener opuestos. Ahora quiero ofrecerte un espacio de reflexión sobre este tema. Uno, como un péndulo, ha de encontrar su propio equilibrio entre un extremo y otro[13].

---

13   Te invito a leer estas citas escritas por personas con bastante cri-

Es evidente que se ha considerado locas a algunas personas que acabaron siendo genios[14].

En mi caso es posible que prefiera aceptar la etiqueta de loco, entendiendo la «anormalidad» o la «locura» como aquello que se aleja de la norma. Permítete pensar qué es locura o normalidad para ti y no te dejes influenciar por lo primero que veas o escuches.

Hagas lo que hagas has de sentir cierta coherencia y calma en ti. Si no consigues aceptar tu parte de «locura» o de «sombra» es probable que tires la toalla y vuelvas al cauce del que venías. Seguimos buscando aceptación y ser parte del grupo, en ocasiones renunciando a nuestra genialidad y adoptando otras formas de locura que en el fondo no compartimos.

Creo que es importante que tengas tu propio criterio para elegir cuándo seguirlo o cuándo renunciar a él por otro motivo. Pero recuerda que, hagas lo que hagas y digas lo que digas, es posible que seas atacado (o ignorado) de una u otra forma por unas u otras personas.

A mí me dijeron que el fútbol no me serviría para nada (acabé jugando en una cantera de un equipo de Primera división), que no terminaría Industriales en tiempo (acabé en cinco años, y en el top 3), que no conseguiría publicar (con este llevo ya seis libros), o que no triunfaría con mi emprendimiento (desde el primer año me acerqué mucho al salario de multinacional). ¿Soy yo el loco o los que están locos son

---

terio:«Mi locura es sagrada, no la toquen» (Salvador Dalí); «Siempre hay algo de locura en el amor» (Friedrich Nietzsche); «Ninguna gran mente ha existido nunca sin un toque de locura» (Aristóteles); «Locura es pensar en demasiadas cosas en serie demasiado rápido, o de una sola cosa demasiado exclusivamente. (Voltaire); «¿Qué es la vida? Una locura» (Pedro Calderón de la Barca).

14   Busca un cuento que se llama «¿Buena suerte, mala suerte? ¡quién sabe!», y léelo y aplícalo en tu vida.

los demás? Una buena pregunta sobre la que puedes reflexionar.

Uno ha de expandirse y para ello ha de enfrentarse a lo desconocido. ¿Es eso locura o normalidad? Pues al parecer depende de los ojos que lo observen[15]. Te invito a pensar que la vida no es normal.

Tampoco lo son los procesos; no tienden a ser lineales, ni responder a comportamientos de causa-efecto.

Esto lo puedes ver en la siguiente figura:

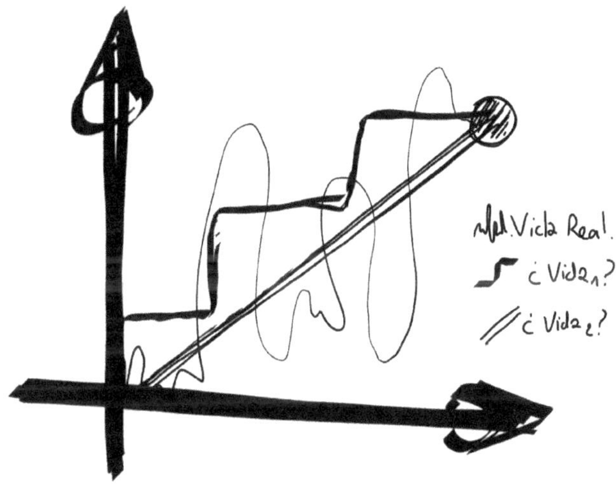

Figura 2. ¿Cómo es la vida? ¿Locura o normalidad?

---

15   La cita de Marcel Proust describe de una forma bella lo mismo: «Para que una semilla alcance todo su esplendor, primero se tiene que deshacer por completo. La cáscara se agrieta, asoma su interior y todo cambia. Para alguien que no comprende el crecimiento podría parecer la destrucción total»..

¿Cómo poder predecir ese proceso y las posibles tendencias?[16] Tal vez no sea posible anticiparse, pero sí decidir vivir conforme a lo que tú consideras correcto. Aunque esto te lleve por caminos poco frecuentados[17].

SUPERVIVENCIA ATEMPORAL Y ALTO RENDIMIENTO

«La relación entre ver y saber es más compleja de lo que comúnmente asumimos».

BEATRICE DE GELDER

Pensar y reflexionar es necesario, pero no suficiente.

Unos, aunque han nacido y vivido con el «pienso, luego existo» de Descartes, que ondean cual bandera, siguen sin pensar ni reflexionar a menudo. Otros se dedican a pensar mucho y hacer poco. ¿Dónde están el equilibrio y la virtud?

---

16   Allá por 2014, en Pamplona, mi amigo Josu me enseñó un vídeo: «¿Te atreves a soñar? Desafía tu zona de confort» de Matti Hemmi. Me ayudó a entender lo que era la zona de confort (conocida), y a reflexionar acerca de cómo llamar al área grisácea aún no conocida: zona de pánico o zona de aprendizaje y descubrimiento. En función de tu elección estarás determinando si es una zona «normal» o una zona de «locura». Y con ello te permitirás adentrarte en ella de una manera u otra.

17   Esto lo sabe bien Robert Frost, que dijo: «Dos caminos se abrían en un bosque amarillo, y triste por no poder caminar por los dos, y por ser un viajero tan solo, un largo rato me detuve y puse la vista en uno de ellos hasta donde al torcer se perdía en la maleza. Después pasé al siguiente, tan bueno como el otro, posiblemente la elección más adecuada pues lo cubría la hierba y pedía ser usado; aunque hasta allí lo mismo a cada uno los había gastado el pasar de la gente, y a ambos por igual los cubría esa mañana una capa de hojas que nadie había pisado. ¡Ah! ¡El primero dejé mejor para otro día! Aunque tal y como un paso aventura el siguiente, dudé si alguna vez volvería a aquel lugar. Seguramente esto lo diré entre suspiros en algún momento dentro de años y años dos caminos se abrían en un bosque, elegí... elegí el menos transitado de ambos. Y eso supuso toda la diferencia».

No te recomiendo estar mucho tiempo en alguno de esos extremos. En su lugar te invito a buscar un equilibrio entre el pensar y el hacer, y también el sentir.

Algunos de estos casos los he visto en personas, pero también en equipos y empresas. Por ejemplo, en departamentos de ingeniería a veces se heredan hojas de cálculo estructural o financiero. Con esto hay dos formas de proceder:

- Los que ponen los valores de entrada y dan por hecho el resultado. Es a lo que uno de mis mejores profesores llamaba el «ingeniero del botón».
- Los que se introducen en el código, junto con la normativa de aplicación, para entender en base a qué se ha programado la Excel.

Uno ha de elegir. Y esto marca por completo su vida.

Un ejemplo sucedió en una reunión en la que estuve con el CEO de la primera empresa para la que trabajé. Había surgido un problema con un prototipo y estaba pidiendo explicaciones a uno de los jefes allí presentes diciéndole:

«Imagina que tu tarea es limpiar la cubierta del barco y a lo lejos ves el potencial impacto con un iceberg. ¿Qué haces? ¿Bajas la cabeza y sigues con tu tarea, o avisas de ese posible impacto? Tú eres de los que bajan la cabeza, y esto no puede ser. Si nos golpeamos, el barco se hunde. Tú, yo y todos. No tiene sentido que no avises de ese hecho. Tú te quedas sin cubierta que limpiar, y el resto de nosotros sin barco ni trabajo. O incluso sin vida. Ya está bien de mirarnos el ombligo y no mirar más allá».

Este sálvese quien pueda, junto con la pasividad y falta de responsabilidad (y pasión) por lo que uno hace, es uno de los grandes males de esta sociedad.

Creo que ya no hay excusas. Aunque nos hayan educado en un sistema concreto no tiene sentido seguirlo sin más. No es bueno ni rentable para nadie.

Has de decidir cómo estar en el mundo. Y no decidir también es decidir.

Y si lo anterior no te encaja, piensa en tu trabajo o salario. Mi profesor Javier Torres nos preguntaba cuánto cobra un ingeniero hoy. Y nos explicaba la situación del «ingeniero del botón». Una persona cuyo trabajo se limita a eso, a pulsar un botón y que acabará cobrando en base a lo que vale esa tarea de pulsar un botón: pocos euros al mes.

Así eres más fácilmente sustituible; no hay lugar para la certidumbre y el control, y además es posible que acabes entristeciéndote. ¿Qué sentido tiene invertir tu tiempo de vida así?

Te invito a reflexionar sobre tu caso. Entonces, ¿dónde está el equilibrio entre el ser, el pensar y el hacer? Para finalizar, me gustaría dejarte unas reflexiones adicionales.

Simplificar, profundizar y ampliar

«Dicen que ofrecemos respuestas simples a problemas complejos. Bien, quizás hay una respuesta simple, no una respuesta fácil, sino simple».

RONALD REAGAN

A veces pensamos de forma incompleta.

§   Simplificamos tanto el problema que desaparece. No por haber sido resuelto, sino porque nos hemos quedado sin problema que resolver al haberlo simplificado todo demasiado.

§ Dividimos el problema en problemas más abordables, pero nos olvidamos de volver al problema raíz. Por el camino perdemos la foto global y se nos olvida volver para verificar si el asunto raíz ha sido resuelto.

§ En ocasiones olvidamos que estamos ante problemas complejos con variables interrelacionadas entre sí, como el mensaje de Excel que te avisa de las referencias circulares y variables dependientes.

El conocimiento es necesario, pero no suficiente. Y menos aún en los tiempos que corren. El mundo necesita que volvamos a pensar, pero de una manera más amplia y global: conectando con las emociones, los sentimientos y las sensaciones, que son los grandes maestros y sensores. Esto nos lleva a reconocer la necesidad de :

• Profundidad. Súper especializarnos, como parte de un equipo global. Si ese equipo funciona, se actualiza y renueva; es la mejor forma de supervivencia. Las relaciones y la gestión de personas tal vez sea lo más difícil que existe. Si uno no es capaz de liderarse y ser crítico consigo mismo, ¡cómo va a liderar a otros! Si te hiper-especializas y el sentido crítico desaparece te harán falta elevadas dosis de curiosidad y actitud para reinventarte. ¡Cuidado con ser un ingeniero del botón!

• Amplitud. Ser capaz de abrazar una perspectiva global. Ampliar a lo ancho y lo alto, no solo en lo profundo. En mi caso esto ha supuesto la necesidad de soltar ciertas dosis de perfeccionismo y rigor. Me sucedió primero en mi transición de la ingeniería al desarrollo de negocio y comercial. Y ahora está presente en mi día a día, como una forma de adaptación y supervivencia.

El asunto estriba en que para sobrevivir necesitas tanto profundidad como amplitud. ¿Cómo conseguirlo? De esto hablaremos en el apartado de personas y equipos de alto rendimiento.

Para terminar quiero dejarte un esbozo, inspirado en un autor desconocido, que es un buen ejemplo de que «pensar no es suficiente». (Figura 3)

¿Experto? Sí, pero también generalista. En una asignatura del grado de Psicología de la UOC, Dolores Saiz Roca nos ofreció la siguiente conclusión a un experimento que dice: *«La ventaja que tienen los expertos, frente a los inexpertos, es la capacidad para percibir el tablero de ajedrez como un conjunto organizado en lugar de una colección de piezas individuales. Es decir, el experto es capaz de organizar el material según un modelo significativo y sujeto a leyes».*

Pues eso. Busca tu equilibrio y decide ir en busca de profundidad y amplitud.

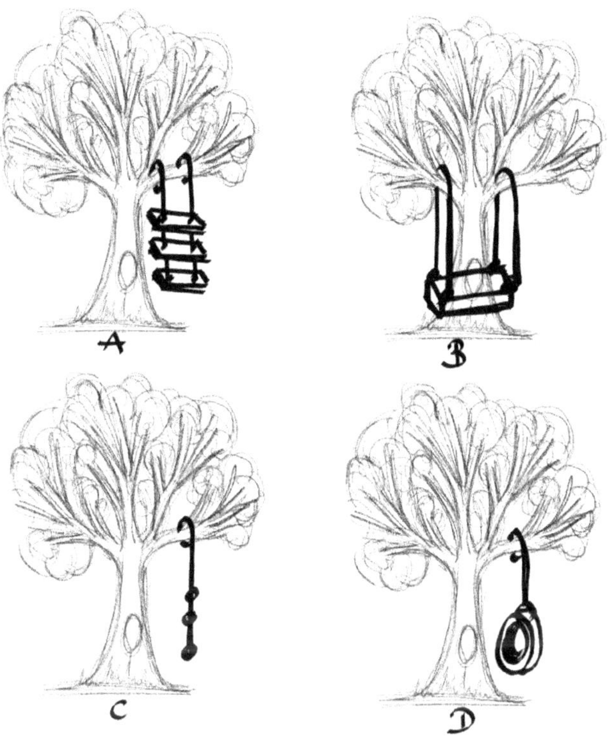

Figura 3. Diferentes formas de entender lo mismo. A=Cómo lo explicó el cliente. B=Cómo lo entendió el jefe de proyectos. C=Cómo lo colocó el director de operaciones. D=Lo que necesitaba el cliente.

Sobre el error de Descartes. ¿Pensar o sentir?

«Nuestro intelecto ha hecho conquistas tremendas, pero al mismo tiempo nuestra casa espiritual se ha desmoronado».

CARL GUSTAV JUNG

El «pienso, luego existo» de Descartes ha de ser actualizado. De hecho se habla de un fallo de traducción, siendo su pensamiento original algo más cercano a «siento, luego existo». Uno ha de atender a las intuiciones, las corazonadas y las tripas: quedarse solo en la mente no garantiza tu supervivencia y puede hacerte enfermar[18].

¿Somos pollos sin cabeza arrastrados por la reactividad, el consumismo y unos ideales de felicidad erróneos?

- Hay que replantearse todo y no dar nada por hecho. Hay que seguir pensando, pero pensando bien.
- Hay que aprender a mirar de otra forma. Esto ya lo decía mi profesor de estructuras: «Has de aprender dónde y cómo mirar. Y no mires el dedo que apunta, sino a dónde apunta»
- También mi profesor Gustavo nos decía que *«a veces, en algunos viajes a uno no le sirven las herramientas que le sirvieron en otros».* No es lo mismo interactuar en el jardín que adentrarte en el bosque o la selva. Y eso necesita de un proceso de reflexión y pensamiento.

---

18   Recuerda las ocho inteligencias múltiples de Howard Gardner (1983), que luego han sido ampliadas a doce: 1. Lingüístico-verbal; 2. Lógico-matemática; 3. Espacial; 4. Musical; 5. Corporal cinestésica; 6. Intrapersonal; 7. Interpersonal; 8. Naturalista; 9. Existencial; 10. Creativa; 11. Emocional; 12. Colaborativa.

- No le pidas a la mente más de lo que pueda darte. En el siguiente apartado te hablaré de las cuatro dimensiones de salud (o cuatro inteligencias). Has de conocerlas, escucharlas y cuidarlas como se merecen.

En definitiva, eres mucho más que tu pensamiento. Te invito a preguntarte más a menudo qué te dicen tu intuición, tus corazonadas y tus tripas. La ciencia intenta demostrar algunas cosas que tú ya sabes, y que incluso el refranero ya contempla. No esperes a la demostración para empezar a sentirlas y vivirlas en ti.

De hecho, si la ciencia consiste, no en la búsqueda de verdad, sino en la reducción de incertidumbre, ¡cuidado con pasarte la vida reduciendo la incertidumbre a algo que no tiene sentido ni siquiera de partida!

Resolución de problemas complejos con Polya (1945)

«La sabiduría de la vida consiste en la eliminación de lo no esencial. En reducir los problemas de la filosofía a unos pocos solamente: el goce del hogar, de la vida, de la naturaleza, de la cultura».

YUTANG LIN

Vivimos en la era de la inmediatez. Pocos quieren invertir tiempo en entender y profundizar en el asunto. Y, lamentablemente, sin entender el problema al completo y localizar el fallo raíz no puedes optar a encontrar una solución eficaz, eficiente y sostenible en el tiempo[19].

---

19 Esto puedes investigarlo en el libro *Introducción al pensamiento complejo* (Morin E.; 1990).

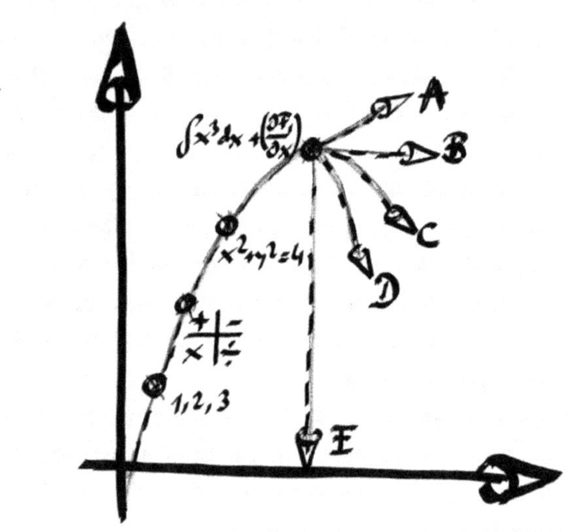

Figura 4. Sobre el uso del conocimiento y las herramientas aprendidas.

Tras haber terminado los estudios, algunas personas no vuelven a utilizar lo aprendido (E), algunas lo utilizan menos (D y C), otras se mantienen en ese nivel de resolución (B), y unas pocas siguen adquiriendo conocimiento elevado.

Esto requiere de tiempo, experiencia, estudio y destreza. Todo lo demás es cortoplacista. Es más, una decisión no acertada, fruto de la inmediatez o la reactividad, podrá convertir el problema de salida en algo peor.

Pero todo esto ya lo sabes. No es algo nuevo. Los problemas y las crisis siempre han sido parte de nuestra vida y la resolución de los uno más uno de nuestros motores. Por ello te invito a profundizar en los métodos necesarios y entrenarte en una mentalidad que te ayude en la resolución de problemas cotidianos.

Si eres capaz de discernir lo importante y lo urgente de lo superfluo, y eres capaz de acelerar la resolución de un problema, estarás ahorrándote dolores de cabeza y un tiempo muy valioso que puedes utilizar en lo que quieras[20].

Cuando algo no se sabe hacer de una forma intuitiva, automática y rápida posiblemente es que necesita de buenas dosis de reflexión y pensamiento crítico. Polya ya nos ofrecía el siguiente proceso: 1. Comprende el problema; 2. Crea un plan para resolverlo; 3. Pon en práctica el plan; 4. Comprueba los resultados.

Pero antes de nada necesitas aceptar que tienes un problema. Este proceso es muy similar a lo que proponen los procesos *lean:* Fase 1. Ideas e hipótesis; Fase 2. Crea y lanza un producto o servicio mínimo viable; Fase 3. Mide y analiza resultados; Fase 4. Aprende. Itera, pivota o abandona[21].

Tal vez la vida sea uno de los grandes misterios y retos: un puzle enorme, complejo y en el que todo está conectado. Tal vez debamos aspirar a ser capaces de comprender y resolver algunas de sus piezas, sin olvidar que nos estamos enfrentando a alguno de los misterios más antiguos y perseguidos.

Eso sí, después de resolver los problemas sencillos vuelve al problema de base para entender si ha sido resuelto al completo. Gustavo G. Diez y Carmelo Vázquez abordan la importancia de la reflexión y la búsqueda de un sentido en

---

20   Fíjate en lo que dice G.H. Wheathey sobre la resolución de problemas: «La resolución de problemas es lo que haces cuando no sabes qué hacer». Es una frase que cuando la leo me saca una sonrisa.

21   *Lean Startup* ya contempla lo anterior, ofreciéndonos una forma más ágil y veloz de adaptación que puede competir con los entornos actuales. Polya también decía lo siguiente: «Si no puedes resolver este problema, entonces existe un problema más sencillo que sí podrás resolver. Encuéntralo» algo muy similar a lo que ya en 2007 nos explicaba mi profesor Javier Torres en 4º de Industriales (Teoría de Estructuras): «Yo no resuelvo problemas difíciles. Los descompongo en problemas más sencillos hasta que el problema deja de ser un problema y desaparece».

la vida[22] en uno de los contenidos de nuestras formaciones (Nirakara Lab), diseñadas para empresas y organizaciones.

- G: ¿Sabemos reflexionar? ¿Estamos educados para reflexionar acerca de estas cuestiones? ¿Damos importancia a estos asuntos?.
- C: Hay pocos espacios para la reflexión. El mundo en el que estamos nos lleva a correr cada vez más deprisa, como si estuviéramos en una cinta de correr... Tenemos la ilusión de que estamos corriendo, pero no avanzamos nada... Una respuesta al para qué estamos haciendo esto nos ayudaría a desacelerar y apartarnos de esa cinta de correr, al igual que intentar formularnos esa pregunta de cómo contribuimos con nuestras acciones al bien social y al propio.

Si ya pensamos poco, y en ocasiones mal, ¿cómo quitar herramientas que fomentan el pensamiento? ¿Cómo pensar acerca de la vida sin tener espacios para ello o sin conocer cómo han reflexionado otros sobre lo mismo?

No puedes romper unas reglas que no conoces, recuérdalo.

---

22   Estas semanas leía sobre algunas decisiones de algunos de nuestros líderes de quitar la asignatura de Filosofía de las aulas. Me parece tremendo y me lleva a pensar que quien decide esto o no piensa, o no le interesa que otros piensen.

LA IMPORTANCIA DE CUIDAR TUS CUATRO DIMENSIONES DE SALUD

> *«La mayor de las locuras es sacrificar la salud por cualquier otro tipo de felicidad».*
>
> ARTHUR SCHOPENHAUER

Sin salud poco es posible.

En el 2020 y el 2021 vivimos muy cerca lo que es la fragilidad y la importancia de la salud. Tal vez ha sido una evidencia más del peligro de dar por hecho que es perenne e infinita. Y esto te invita a asumir responsabilidad de lo que depende de ti: valorar tu salud y cuidar de ella como se merece[23].

Es importante que entiendas que el concepto de salud es amplio y que hemos de vigilar diferentes dimensiones. Cuando empecé a reflexionar sobre mi salud, la dividí en cuatro dimensiones: la mente (intuiciones), el corazón (corazonadas), el cuerpo (sensaciones y tripas) y la parte espiritual (consciencia), sin olvidar que todas ellas también han de ser coherentes entre sí y estar conectadas.

Una máquina requiere de todas sus partes bien engrasadas, funcionando en sintonía, de manera sinérgica y en rango de operación normal, para poder llevar a cabo su función. Y mira si nuestro sistema es duro y fiable que sigue funcio-

---

23   Pero, ¿qué entendemos por salud? «La salud es un estado de completo bienestar físico, mental y social, y no solamente la ausencia de afecciones o enfermedades» (OMS). «La salud como buen funcionamiento y flexibilidad metabólica, sicológica, cognitiva e inmunológica que me permita ofrecer respuestas adaptativas ante los estímulos externos y que me permitan recuperar estados de equilibrio». (Sari Arponen)

nando a pesar de las faenas que le hacemos y lo abandonado que lo dejamos a menudo.

Pase lo que pase has de cuidar de ti y respetar tus límites. Si no lo haces es posible que otros utilicen tu salud para cumplir sus propios retos y objetivos y que tú puedas romperte por el camino.

Allá por el 2002, yo, junto a mi equipo de fútbol, estábamos haciendo dobles sesiones en el Sardinero, las instalaciones y Liencres. Un día, tras una jornada muy intensa, le dije a uno de mis entrenadores:

–Si seguimos así no llegamos a viejos.

A lo que él me contestó:

–Rodri, mi objetivo no es que llegues a viejo, sino sacar lo mejor de ti esta temporada.

A esto me refiero.

Y más cuando yo siempre he buscado la aceptación de todos y el estar a la altura de cualquier circunstancia. En ocasiones a cualquier precio.

Mi actitud y posición existencial me han dado muchas alegrías, pero también algún disgusto. En 2004, por ejemplo, me llevaría a romper fibras a mitad de temporada (estaba entrenando y jugando con división de honor, entrenando y viajando con 2°B, y algún domingo entrenando con los no convocados del primer equipo). Esta lesión supuso frenar mi proyección de ese año, quedarme sin la Selección cántabra (algo no muy común para los porteros del Racing de Santander), y un supuesto entrenamiento con la Selección española (en base a los rumores que había por entonces entre los reclutadores y algún entrenador).

Todo por una pasión y un esfuerzo desmedidos y sin control.

Por esto te digo que cuides tú de tus límites. Los demás, aunque quieran y tengan la intención positiva de respetarte y cuidar de ti, no tienen ni idea del estado en que te encuentras. Solo tú sabes cuándo puedes dar más y cuándo es mejor replegar velas, coger aire, descansar y recuperarte.

Decide cuidar de ti y ponerte límites no negociables que te protejan de ti y de lo que hay ahí afuera.

A lo largo de este apartado te invitaré a investigar cómo el autoconocimiento lleva al autocuidado, y cómo ambos conducen a la autorregulación. Haré hincapié también en que es importante no limitarnos a reparar, sino que hay que mantener y predecir.

Somos buenos conquistando, pero no tanto consolidando y manteniendo.

Además te invitaré a investigar cómo incrementar y mantener tu vitalidad en el tiempo, dado que en función de ella percibirás cambios interesantes en tu conducta, salud, productividad, claridad y motivación, entre otros factores.

Y no solo eso. Te darás cuenta de cómo entender tu estado mental, emocional, físico e intelectual cada día, lo que te permitirá tomar mejores decisiones y elegir las tareas que más se adecuen, cuando sea posible, a ese momento y a tu estado.

Hemos de parar, sentir y volver a pensar. Hay mucho margen de mejora.

El no conocer (saber) que no conoces (sabes) es muy peligroso. Sobre todo si tus decisiones implican cierto riesgo y tienen un posible impacto en otros. Por eso, no testes el nivel del río con los dos pies, tal como nos recomienda Warren Buffet.

Si tú no estás bien, fuera será más complicado encontrar el bienestar o la paz ansiada. Si tú estás mal, nada o poco es posible.

EL CEREBRO, SUS CONEXIONES Y EL COCIENTE INTELECTUAL

«Hace falta muy poco para tener una vida feliz; está todo dentro de ti en tu forma de pensar».

Marco Aurelio

Has de darte cuenta de dónde pones el foco, cómo lo percibes, cómo lo interpretas y, desde ahí, cómo decides actuar. Lo veremos en el modelo de percepción. Mientras tanto te invito a investigar:

¿Cómo está tu salud mental? ¿Qué historias te cuentas y qué narrativa interna tienes? ¿Tu mente salta de un tema a otro, apenas logras concentrarte, has perdido la memoria o necesitas rodearte de ruido?

Un tema interesante es el de la mente de mono y la mente dualista, que te lleva al futuro a preocuparte y al pasado a lamentarte. Por ello has de aprender a tenerla de tu lado, a relacionarte bien con ella, a alimentarla correctamente y a entender qué puedes pedirle. No te limites a aplaudir a Rafa Nadal y a otras personas que logran grandes hazañas y aprende de cómo trabajan ellos y entrenan su mente.

Ese programa interno condiciona tu realidad. Y, como ya sabes, la mente no distingue entre realidad y ficción, lo cual pone el asunto aún más interesante.

Ahora sabemos que dos personas que están a pocos metros están interactuando, sincronizan corazones y cerebros; o que, en los procesos de demencia y Alzheimer, la conexión cerebro-corazón baja en intensidad y frecuencia, cuando recordar significa volver a pasar por el corazón.

Cada vez se habla más abiertamente de la salud mental, pero aún hay mucho que hacer. Sigue siendo un tema tabú que nos cuesta reconocer. ¿Por qué es sencillo hablar de una lesión física y no de un estado mental no funcional?[24]

Deja de sufrir por lo que no puedes cambiar o por lo que aún no ha llegado. Y aprende cómo el pensamiento, el cuerpo y la emoción están íntimamente relacionados. Entrena tu flexibilidad cognitiva y tu apertura.

EL CORAZÓN Y SUS CORAZONADAS. SENTIMIENTOS Y EMOCIONES. INTELIGENCIA EMOCIONAL

«Las mejores y más bellas cosas del mundo no se pueden ver ni tocar. Deben sentirse con el corazón».

Dorothy Thomas

Según la OMS, el bienestar emocional es el «estado de ánimo en el que la persona se da cuenta de sus propias aptitudes, puede afrontar las presiones humanas de la vida, trabajar productivamente y contribuir a la comunidad».

El corazón ha de tener su lugar (es un cerebro y una inteligencia clave) y es capaz de emitir un campo electromagnético de varios metros de alcance. Si la mayoría de las decisiones (en torno al 70 %) están influenciadas por las emociones, entonces, ¿no deberíamos preguntarnos más a menudo qué nos dicen nuestras corazonadas?

Aprende a escuchar a tu batidora de emociones y sentimientos, dales el lugar que merecen y profundiza en el motivo que los trajo. ¿Qué necesidad vienen a cubrir?

---

24   Te invito a buscar la triple terapia de Fernando Maestú para profundizar en cómo la mente se ejercita y sana también desde el cuerpo. Y, llegado el caso, te invito a buscar un buen profesional para que te acompañe durante una etapa de tu vida.

El corazón ya sabe en qué entornos y con qué personas te compensa estar. Y esto es un ingrediente clave para tu bienestar, estado de ánimo y vitalidad.

Decide ser exquisito a la hora de elegir con qué alimentar a tu corazón. ¿Qué escuchas o lees? ¿De qué personas te rodeas?[25]

Por último te invito a estudiar a Antonio Damasio. Este nos dice que:

- «Las emociones y los sentimientos no son una lujuria; son la manera de comunicar nuestros estados mentales a las demás personas. Pero también son una guía para poder tomar decisiones».

- «El sentimiento es la experiencia mental de todos esos cambios que suceden corporalmente. Son informadores, te dan información de manera natural sobre si las cosas están funcionando bien o no».

- «Las emociones son programas de acción razonablemente complejos [...], detonados por un objeto identificable o un evento, un estímulo emocionalmente competente. Si tú tienes una emoción, por ejemplo, de miedo, sufrirás un conjunto de cambios faciales en tu piel, corazón, intestinos... Se trata de acciones que les ocurren hasta a las bacterias. Aparecen evolutivamente como una condición de supervivencia, para el bienestar y equilibrio homeostático de las especies».

---

25   Bárbara de Angelis ya decía que «cuanta más ira hacia el pasado llevas en tu corazón, menos capaz eres de amar el presente». Elige sonreír y tomarte las cosas con cierta perspectiva. Y Luis Rojas Marcos añade que «el sentido del humor es un protector de la felicidad».

EL CUERPO Y SUS SENSACIONES. TUS TRIPAS Y TU INTELIGENCIA CORPORAL KINESTÉSICA

«Darse cuenta de que este mismo cuerpo, con sus dolores y placeres, es exactamente lo que necesitamos para ser plenamente humanos, estar completamente despiertos y completamente vivos».

PEMA CHODRON

Escucha a tu cuerpo; es mucho más que un medio de transporte. Y no pierdas la forma; como verás es un mecanismo clave a la hora de soportar la carga y bajarla al suelo.

Lamentablemente tendemos a llevarlo constantemente a sus límites. Y ahí es cuando no le dejamos otra opción que pararnos en seco, y eso nos pasa factura[26].

¿Qué comes? ¿A qué eres adicto? ¿Qué hábitos tienes? ¿Cómo te regulas? Dicen que somos lo que comemos y bebemos. Te invito a profundizar en la neurociencia del cuerpo[27].

De ahí la importancia de desarrollar sensibilidad acerca del estado del cuerpo y su relación con el tono afectivo,

---

26   Jim Rohn dice que «has de cuidar tu cuerpo, dado que es el único lugar donde vas a vivir». Thich Nhat Hanh nos ofrece una valiosa reflexión adicional: «mantener tu cuerpo sano es una expresión de gratitud a todo el cosmos: los árboles, las nubes, todo». Y Craig nos regala esta magnífica frase: «El cuerpo es la puerta de entrada al conocimiento de uno mismo; las sensaciones son la base de sentimientos complejos». (Craig, A. D. B. 2009). Por su parte, Antonio Damasio (que utiliza el término marcador somático) habla de la consciencia interoceptiva («la capacidad para identificar las propias emociones y sensaciones») y su papel en la toma de decisiones.

27   De la mano de una publicación de Nazareth Castellanos puedes profundizar acerca de cómo las siguientes variables están relacionadas: 1. Intestino. Aprendizaje, ánimo, emociones. 2. Postura. Memoria, identidad, emociones. 3. Corazón. Percepción, emociones, identidad. 4. Respiración. Atención, memoria, emociones.

tenerlo en cuenta, cuidarlo y alternar el movimiento con momentos de quietud.

Entrena la propiocepción (el sentido que nos permite percibir la ubicación, el movimiento y la acción de las partes del cuerpo). Alíate con tu respiración y el cuerpo; son fuentes de información y regulación[28].

LA CONSCIENCIA Y EL ESPÍRITU. TU ALMA Y LA INTELIGENCIA ESPIRITUAL

«La conciencia es la mayor alquimia que hay. Solo sigue haciéndote más y más consciente, y encontrarás que tu vida cambia para mejor en todas las dimensiones posibles. Te traerá una gran satisfacción».

OSHO

Creo que está llegando un momento crucial en el que hemos de darnos cuenta del potencial de nuestra consciencia[29]. Y ya no hablo de aspirar a tener momentos de cierta felicidad y plenitud; hablo de supervivencia. Necesitas todo tu potencial, y todo tu ser, para adaptarte y sobrevivir a los tiempos que nos ha tocado vivir[30].

---

28   Hay un libro muy interesante que se titula *El cuerpo lleva la cuenta. Cerebro, mente y cuerpo en la superación del trauma*. Te invito a leerlo cuando te sea posible para profundizar en la importancia de tu cuerpo. Y, como hacían en Grecia, no separes la biblioteca del gimnasio; ambos son necesarios.

29   Según la RAE, consciencia es la «capacidad del ser humano de reconocer la realidad circundante y de relacionarse con ella». «Conocimiento inmediato o espontáneo que el sujeto tiene de sí mismo, de sus actos y reflexiones»; «conocimiento reflexivo de las cosas».

30   Hace poco me topé con un artículo muy interesante. Destacaba cómo «el coeficiente emocional y el espiritual se están convirtiendo en métri-

Uno no puede conseguir todo a través de la inteligencia espiritual, sino que necesita también de la inteligencia de la mente, el cuerpo y el corazón.

Creo que una buena forma de invertir el tiempo que tenemos de vida es seguir investigando sobre estos conceptos, profundizar en toda la sabiduría que nos precede, ahondar en el entendimiento de esos 21 gramos que perdemos al morir, en los niveles de la conciencia humana (Hawkins) y en otras obras como la de Giulio Tononi y su búsqueda de la conciencia en el cerebro. Ahora te invito a preguntarte:

- ¿Y si este tema fuera uno de los más importantes de este siglo?
- ¿Y si esa investigación pudiera resolver muchos problemas de salud?
- ¿Se puede vivir sin atender a la consciencia o vendiendo el alma?

Entramos en asuntos delicados e intangibles pero que creo que son de suma importancia. De hecho, ¿es posible y es sano vivir de manera inconsciente?

Adicionalmente te invito a pensar sobre:

- Tu sentido vital y tu propósito en la vida. ¿Para qué haces lo que haces? ¿Tiene sentido para ti invertir así tu tiempo de vida? Tal vez sea una de las grandes claves de supervivencia. Explora y nútrete: la auto-

---

cas cada vez más importantes» (Grupo Humannova; 2022). Dicen que, para comprenderlo, hemos de remontarnos a años atrás: Danah Zohar (1997) introdujo el término inteligencia espiritual en su libro *Rewiring the Corporate Brain*. Ian Marshall, en 2000, publicó *SQ: Spiritual Intelligence*. Según ambos autores, la inteligencia espiritual es la «capacidad de ser flexible, poseer un alto nivel de conciencia de sí mismo, capacidad de afrontar y trascender el dolor y el sufrimiento, la capacidad de ser inspirado por visiones y valores, reluctancia a causar daños innecesarios, tendencia a ver las relaciones entre las cosas (holismo), marcada tendencia a preguntar ¿por qué? o ¿y si? y a pretender respuestas fundamentales y facilidad para estar contra las convenciones».

rrealización, la capacidad de aceptar la dualidad, el permitirte dejar ir, la compasión, la empatía, la generosidad, el agradecimiento, el sentirte coherente e íntegro, todo ello tiene que ver con una vida plena.

- Lo que te mueve y cómo cubres tus necesidades. ¿Amas lo que haces? ¿Tienes cubiertas tus necesidades de conexión y contribución?
- Tu paz interior. ¿Puedes estar en paz contigo y en silencio? Te invito a investigar cómo y con quiénes sientes paz interior y conexión.
- Sobre lo que crees y lo que no. Tu fe, tus intuiciones, corazonadas y tripas: ¿y si con la forma que tiene la conciencia de hablarte? Aumenta tu consciencia y afina tu mirada. Ahora solo percibes una parte del todo, pero hay mucho más ahí fuera esperándote.

Sobre esto se ha hablado y escrito desde hace miles de años. La noche oscura, la mística, las religiones… ¿Por qué el afán de algunos de perseguirlas? Si vas al origen, como poco han sido manuales de vida y convivencia. Al rechazar todo estás rechazando también esos aprendizajes y sabiduría ancestral. A mí me merecen todo el respeto. Son búsquedas que tú has de decidir atender como se merecen, desde el lugar que tú decidas apropiado.

LAS UNIONES ENTRE LAS DIMENSIONES DE SALUD

«Si sufres es por ti, si te sientes feliz es por ti, si te sientes dichoso es por ti. Nadie más es responsable de cómo te sientes, sólo tú y nadie más que tú. Tú eres el infierno y el cielo también».

OSHO

Como ves, no es solo «mind-set», sino «body-set», «heart-set» and «soul-set». Es el conjunto de todas las dimensiones. Además, recuerda que algunas culturas no diferencian entre mente y corazón, pues utilizan la misma palabra para ambos.

Por ello has de entender cómo se unen y entrelazan. De ahí las investigaciones actuales sobre los ejes cerebro-intestino y cerebro-corazón[31].

Aunque esta información no sea novedosa para otras culturas, desde el punto de vista científico es una revolución. Conocer la influencia del organismo en el cerebro y la conducta humana es aprender a respetar nuestra casa, nuestro cuerpo. Nunca debimos abandonar la visión integral del cuerpo humano. No se puede separar lo que está relacionado.

Seguimos buscando comprender cómo todo está unido cuando ni siquiera alcanzamos a entender el funcionamiento, por ejemplo, del cerebro. Creo que en Occidente ha llegado el momento de parar y revisar todo lo que se ha hecho hasta el momento.

- ¿Te imaginas que para sanar un órgano te ofrecieran una medicación que dañara otra parte de ti?
- ¿Te imaginas a un ingeniero de caminos calculando una unión con solicitación dinámica muy exigente sin ser consciente de ello?

------

31   Hace unos días leía cómo Nazareth Castellanos explicaba de manera magistral la importancia de no separar lo que está relacionado: «Hoy sabemos que lo que sucede en el intestino es clave para el aprendizaje, las emociones y el estado de ánimo. También se ha visto que la respiración influye en la atención, la memoria y la respuesta a las emociones. Que el corazón está fuertemente implicado en la percepción, las emociones y sobre todo la idea que tenemos de nosotros mismos. Al igual que la postura corporal, que marca la referencia desde la que vemos el mundo».

- ¿Te imaginas que se diagnosticara y se medicara una depresión cuando el problema real está en el intestino?
- ¿Te imaginas que un líder, a la cabeza de un grupo numeroso de personas, tomara decisiones a cara o cruz y sin integridad?
- ¿Te imaginas que te llevaran medicando un año con antibióticos para después darse cuenta de que la fuente de infección era una acumulación de metales pesados debida a unos empastes?

Parece ficción, pero es una realidad. Seamos cautos a la hora de acallar el síntoma sin tratar el problema raíz. Y esto aplica a cualquier área de tu vida.

Tu estado (y con ello tu percepción y conducta) cambiará varias veces a lo largo del día. Por ello es clave que pares más a menudo (paradas estratégicas) para darte cuenta de cómo te encuentras a nivel mental, emocional, físico y espiritual.

Cuando detectes obstáculos o anomalías, para y pregúntate: ¿qué me quieren decir? Desde ahí intenta comprender el asunto en profundidad y date cuenta del «para qué» de esa emoción, de ese estado mental o corporal. Esto te ayudará a tomar mejores decisiones y comprender tus reacciones y respuestas.

Decide revisar tus dimensiones de salud a menudo y haz lo que puedas para que tu vaso no se desborde a menudo:

- ¿Estás teniendo las cuatro dimensiones en cuenta? Intuición, corazonadas y tripas... ¿Dedicas tiempo en cantidad y de calidad a cada una de ellas? Ten en cuenta que no siempre se pueden cuidar las cuatro dimensiones de salud a la vez, pero sí depende de ti el pivotar, sanar y no esperar a que una dimensión reviente para decidir parar o prestarle atención. No

aguardes a romperte para empezar a cambiar ciertos hábitos y convertirte en tu «ministro de salud».
- ¿Qué te dicen ahora en base a como estás? ¿Qué te roba y aporta vitalidad? ¿Tienes estados y comportamientos de crecimiento, conexión, aprendizaje, foco, expansión… o más bien estados fijos e inmutables de victimismo, amenaza, dolor o ira?
- Si contienes tus emociones, si las bloqueas y no las dejas salir es posible que influyan en tu pensamiento y tus sensaciones.
- Si te encarcelan pensamientos negativos o destructivos, eso afectará también negativamente a tus emociones, percepciones y sensaciones.

Como si cada dimensión de salud influyera en el resto de dimensiones.

Además, recuerda que cuanta más salud tengas más calidad tendrá tu tiempo y mayor productividad. Es como si un alto grado de salud te ofreciera más tiempo de vida.
- Si tú no estás bien, no puedes ayudar o servir con todo tu potencial a nadie.
- Si tú no estás bien, otros sentirán la llamada de ayudarte, olvidando sus propias necesidades o aplazando sus asuntos. Y eso no es justo.
- Nadie puede cuidar de ti si tú no te cuidas. Sé responsable de ti y de los demás. Si tú te cuidas todos ganan.

Es más, esa ansiada paz interior[32] para mí tiene que ver con cuidar las cuatro dimensiones y está relacionada con la capacidad de poder pensar-sentir-decir-hacer lo mismo. De manera íntegra y coherente.

____

32   La «ataraxia» de Epicuro del 270 a. C.

¿Y si la mente, el cuerpo, el corazón y el espíritu estuvieran alineados y buscaran lo mismo? Me parece una pregunta maravillosa en la que seguir profundizando toda una vida. Llámalo alto rendimiento o como quieras, pero has de tener en cuenta un modelo integral de salud para ti que incluya todo lo anterior.

LA IMPORTANCIA DEL DESCANSO, EL SUEÑO Y EL COMBUSTIBLE

> *«Vacíate de preocupaciones. Piensa en quién creó el pensamiento. ¿Por qué sigues en prisión? Cuando la puerta está tan abierta. Muévete fuera de la maraña del pensamiento del miedo. Vive en silencio. Fluye más y más abajo, en los siempre ensanchándose anillos de ser».*
>
> RUMI

Para finalizar estos mini apuntes sobre salud he decidido ofrecerte estas pinceladas finales.

Creo que estamos de acuerdo con que es interesante aspirar a vivir una vida más sana y más plena. Algunas líneas de investigación que yo llevo a cabo están relacionadas con el descanso y de qué alimento todos mis sentidos.

• A más salud, mayor vitalidad. Como con cualquier máquina es muy importante elegir un buen combustible. ¿De qué te alimentas y qué información consumes? Fumas, consumes alcohol, fármacos, analgésicos, alimentos procesados, exceso de azúcar, exceso de estimulación digital, exposición constante a noticias, entornos pesimistas...? Todo ello está relacionado con tu salud y edad biológica. Al igual que tus estados. Por ello, si un día decides hacer dieta, recuerda considerar cómo afectará a cada una de tus dimensiones de salud.

• ¿Estoy descansando y durmiendo lo suficiente? No recuerdo dónde lo escuché, pero me lo digo a menudo: «Si no sabes qué hacer, duerme y deja hacer al cuerpo, la mente y el corazón lo que ya saben hacer y llevan haciendo toda tu vida: regularte y sanarte». Tenemos la tendencia de intentar llegar a todo quitándonos horas de sueño[33]. Por ello haz del sueño algo no negociable. Durante el sueño se produce regulación física, emocional, reparación de tejidos, regulación cognitiva y limpieza del cerebro (sistema glinfático). No dormir favorece el que estés irritado, que fallen la memoria y la concentración, y que incluso te aísles socialmente. También he escuchado decir que el cuerpo tiene el potencial de sanarse solo, pero has de ponérselo algo más fácil.

Y llegado un punto en el que yo no puedo hacer más, me pregunto:

• ¿Quién puede ayudarme con esta situación? Una vez detectado el asunto entiende quién pasó por ahí con cierto éxito o quién puede ayudarte. Eso acelerará tu aprendizaje y bienestar. Y de elegir, elige a gigantes de verdad, no a gigantes con pies de barro… Lo que está en juego es tu salud, por lo que no la pongas en mano de cualquiera[34].

---

33 John Ernst Steinbeck ya decía que «el arte del descanso es una parte del arte de trabajar».

34 Si quieres profundizar sobre el sueño, te invito a visitar Nirakara. Encontrarás, entre otros muchos asuntos interesantes, un lugar donde empezar a investigar sobre tu relación con el sueño. Se trata de algo crítico en nuestra sociedad.

Según la Sociedad Española del Sueño, más de un tercio de la población sufre en alguna medida de dificultades para dormir (insomnio). Desde el 2010 se han multiplicado por cinco los casos de trastornos del sueño en España.

En España se consumen un 78 % más de ansiolíticos que la media Europea y dormimos casi una hora menos que la media Europea.

Los trastornos del sueño están relacionados con el envejecimiento y la edad biológica y cronológica.

¿Por dónde empezar? Harvard y otros estudios nos invitan a:

- No ver pantallas 90 minutos antes de irse a dormir.
- Intentar no echarse siestas. Y, si lo haces, que sean inferiores a 25 minutos.
- Bajar el consumo de alcohol y cafeína, y evitar su ingesta desde las 15.00 h.
- Tener una rutina, una hora de acostarte y una de levantarte.
- Llevar a cabo entre 20 y 30 minutos de ejercicio diario.

De hecho, como dice uno de mis compañeros, es curioso el que seamos la única especie que programa su tiempo de sueño.

Investiga sobre tu vitalidad y tus combustibles. Tal vez estén relacionados con la «alegría de vivir» de la que habla la canción de Ray Heredia.

En 2016, cuando estaba preparando una ponencia para un congreso en Ciudad de México sobre la «reducción del costo de energía a través de la tecnología», no podía evitar que se me pasara por la cabeza la idea de cómo optimizar mi energía.

- Cada mañana nos levantamos con una batería más o menos cargada. Como si tuviéramos una vitalidad a ser dosificada durante el día.
- Markus Raikel (que descubrió la red por defecto en 1994) nos dice que el cerebro, con un 2 % del peso corporal, consume en torno al 20 % de la energía. Imagínate una mente rumiante, errante, que constantemente está en el pasado o el futuro...; el desgaste ha de ser brutal. Piensa en lo que le sucede al depósito del coche si conduces a 5.000 revoluciones.
- La ausencia de vitalidad puede facilitar el que aparezcan síntomas de depresión, estrés, pánico o ansiedad, y eso afecta a tu conducta.

De ahí la importancia de poner foco en una buena gestión de tu energía, y en la conservación y el cuidado de tu vitalidad. Dentro de ti, y en tus entornos, pregúntate, ¿cuáles son los ladrones de mi energía?

Mi amigo Iñaki me decía un día que el cuerpo es la mayor farmacia, y tiene toda la razón. Infórmate por ejemplo sobre ese cuarteto formado por endorfinas, serotonina, dopamina y oxitocina, y sobre el efecto de la luz solar, el contacto con la naturaleza y el resto de variables que venimos comentando.

Decide poner amortiguadores en tu vida (meditación, ejercicio, descanso) para absorber picos de estrés agudos y no entrar en zona de estrés crónico (o si ya está ahí, poder ser capaz de salir de ella), y, hagas lo que hagas, no te olvides del «sueño de los justos». Estar en paz contigo mismo tal vez sea una de las formas más eficaces de preservar la salud y tener dulces sueños.

EN BUSCA DEL EQUILIBRIO (DINÁMICO) Y LA IMPORTANCIA DE RECORDAR A MENUDO

> *«Siempre, pase lo que pase, en todos los puntos de una estructura, cualquier fuerza debe ser equilibrada y contrarrestado por otra igual y opuesta. Esto es cierto para cualquier tipo de estructura, sea simple y sencilla o grande y complicada. Es cierto no solo para forjados y catedrales, sino para puentes y aeroplanos y para globos, muebles, leones, tigres, berzas y gusanos de tierra».*

J.E. Gordon

Ya hemos hablado de la importancia de cuidar de todas tus dimensiones de salud. Y una de las claves es mantenerlas unidas y en equilibrio. Recuerda: no es solo conquistar, sino mantenerlas equilibradas en el tiempo, de manera sostenible.

A modo de resumen te invito a investigar sobre la necesidad de tener equilibrio en las siguientes variables y mantenerlas reguladas en el tiempo:

- Tus cuatro dimensiones de salud (mental, emocional, física y espiritual).
- Los tres tiempos: pasado, futuro y presente.
- Tu relación contigo, con los entornos y las personas que los habitan.

Como ya sabes, los entornos actuales nos obligan a recalcular a menudo, dado que las cargas externas cambian constantemente, a veces de forma impredecible. Por ello es más correcto hablar de un equilibrio dinámico. Un equilibrio que hemos de buscar momento a momento. Esto ayudará a evitar algunas roturas e incrementar la sensación de bienestar.

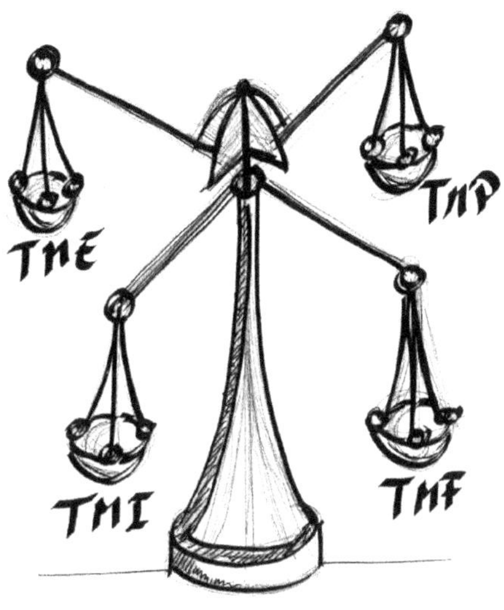

Figura 5. Equilibrio en tus cuatro pilares (basado en el modelo RESETEA).

¿Podemos predecir cuándo nos azotará la próxima tormenta?

Muchas veces no. Pero lo que sí depende de nosotros es mantener un estado de salud lo más óptimo posible en el tiempo, y un punto de equilibrio que nos permita encajar y amortiguar lo que esté por venir.

Si entiendes el funcionamiento de una estructura (o de una máquina) y tienes cierta certeza acerca de las solicitaciones (cargas) a las que estará expuesta, será más o menos sencillo intuir los mecanismos de colapso, cuellos de botella y formas de fallo. Con un ser humano la cosa se complica.

Echa un vistazo a los siguientes conceptos por si te ayudan en tu análisis.

Equilibrio estático y dinámico

Cuando hablamos de personas se suelen nombrar dos tipos de equilibrio:

- Homeostasis o equilibrio estático. Permanecer en el mismo estado.
- Alostasis o equilibrio en movimiento. Permanecer equilibrado en un estado cambiante o la bici de Einstein.

Tu sistema necesita estar regulado dentro de unos rangos y parámetros. Para ello está constantemente buscando nuevos puntos de equilibrio. Y desde ahí el organismo se prepara para enfrentar el desafío o perturbación que esté por llegar desde el exterior. Algunos de estos parámetros los puedes medir con:

- Una analítica de sangre o un estudio en una clínica del sueño.
- La medida de un termómetro.
- El resultado de la báscula, pliegues IMC o análisis de heces.
- Un estudio de postura (un estudio de pisada, para ver dónde está tu centro de gravedad) para ver si tu cuerpo está equilibrado o con ciertas tensiones residuales.

Son diferentes formas de analizar tu estado actual de una manera un tanto superficial. Pero es lo que hay. Y no es solo medir, sino saber interpretar y desde ahí trazar estrategias y acciones a llevar a cabo.

Equilibrio estable e inestable

Te invito a pensar en los tipos de equilibrios básicos que utilizamos en asignaturas como Mecánica.

Figura 6. Diferentes tipos de equilibrio.

Esto también lo puedes llevar al caso de entender qué tipo de equilibrio tienes en cada uno de tus estados. Tal vez estés con cierto equilibrio, pero, ¿es estable, inestable o indiferente?

Aquí vuelve a cobrar importancia el «regularte momento a momento» y comprender que el equilibrio es dinámico y depende de muchos factores.

En las cimentaciones tendemos a hacer varias comprobaciones de estabilidad. Al igual que una embarcación, se estudian el centro de gravedad, el centro de carena y el empuje. ¡Cuidado con desequilibrarte a menudo!

Sobre la importancia de recordar

Para terminar te hablaré de nuevo sobre la importancia de recordar.

Ya te he comentado que «recordar» es volver a pasar por el corazón y te he hablado de sus implicaciones en demencias y otras enfermedades. También te he recordado que hay una tendencia a que se sincronicen los cerebros y corazones cuando estamos con otra persona. Y de cómo las corazonadas han de tenerse en cuenta.

¿Por qué te repito esto? Porque es clave en el proceso de regulación y equilibrio. ¿Se puede estar en calma y equilibrado cuando el corazón está temblando, cuando está fisurado o cuando se ha roto?

Por ello has de escuchar y considerar tu parte emocional, representada por el corazón, mucho más a menudo.

Desde ahí será más sencillo conectar con la compasión, la empatía y poder sentirse agradecido por seguir respirando.

De hecho, muchas personas nos dicen que, de haber verdad, esa es lo que sientes en este momento. Escucha a tu corazón, a tu cuerpo, a tu espíritu, a tu mente y a tus cinco sentidos. ¿Qué te cuentan? En algo como un olor, o una melodía particular, puede haber unos recuerdos capaces de alegrarte el día.

Es por ello que te invito a reflexionar sobre cómo y dónde necesitas cierto equilibrio y seguridad para permanecer estable. ¿Qué es clave para ti que sea estable? Como esa silla de cuatro patas de la que me hablaba mi amigo David en Apia, formada por los cuatro asuntos más importantes para ti. Si una pata falla, de alguna manera podrás permanecer estable con las otras tres mientras reparas la cuarta. Has de tener alternativas para mantener el equilibrio de forma que, si pierdes estabilidad en un área de tu vida, el resto puedan mantenerte a flote. ¡Cuidado con decidir mover a la vez dos o tres patas de esa silla!

Decide recordar a menudo. Recordar es volver a pasar por el corazón, y desde ahí vivir regulado momento a momento.

SÉ EL CEO DE TU VIDA

«Yo no soy lo que me sucedió. Yo soy lo que elegí ser».

Carl Jung

Obstinación en alemán es *Eigensinn*, palabra compuesta que significa «propio sentido». ¿Te suena familiar? Muchas personas nos han regalado este mensaje durante siglos y nos dicen que hemos de ser fieles a nosotros mismos.

Pero también has de asumir responsabilidad, cuidar de tu jardín y no limitarte a tirar balones fuera[35]. No me cansaré de repetir que es tal vez la única forma de inspirar a otros y enfrentar algunos de los retos de este siglo.

Deja de mirar afuera, de quejarte y compararte (en muchas ocasiones de forma injusta), y decide mirar adentro y poner foco en lo que sí depende de ti. Y desde ahí crear espacios de reflexión contigo mismo.

Te invito a abrazar tu papel protagonista, asumir el rol de CEO de tu vida y liderar tu vida. Observa la figura inferior:

- ¿Qué es de tu responsabilidad? ¿Qué depende 100 % de ti? Locus de control interno.
- ¿Qué está dentro de tu área de influencia? Depende de ti.
- ¿Qué está fuera de tu control? No depende de ti. Locus de control externo.

Puedes apoyarte en la figura inferior para contestar a las preguntas.

---

35 Ya nos lo decía Gandhi: «Conviértete en el cambio que quieres ver en el mundo».

Figura 7. Los círculos de influencia. Stephen Covey.

Lo anterior está muy relacionado con lo que hemos hablado de salud, productividad, vitalidad y de aprovechar tu tiempo de vida sabiamente.

Lo primero que depende de ti es conocerte y entender qué es de tu responsabilidad, qué está dentro de tu influencia y qué fuera de tu control. Debes localizar, entre otras cosas, tus fortalezas y debilidades, tus miedos y motivaciones para desde ahí buscar entornos adecuados para ti.

Esto es lo que hace un CEO, entre muchas otras cosas. Observar, reflexionar, evaluar, analizar, apoyarse en otros expertos... y desde ahí trazar una estrategia y un plan de acción[36].

---

36   Sobre esto ya tuve la ocasión de reflexionar en un texto sobre el «líder del futuro», que quedó finalista en el premio de joven talento de Aedipe Centro en 2014. Y aún sigo profundizando en ello. No es muy diferente a lo que podrás encontrar de autores como Álex Rovira y su «buena suerte», Peter Drucker y «Managing yourself», o Tony Robbins con sus múltiples

Recuerda que si quieres liderar un cambio externo, que atañe a tu familia o equipos, ha de empezar por ti mismo. ¿Cómo liderar algo externo si no eres capaz de liderarte a ti? A continuación te ofrezco otros ejemplos que me ayudaron mucho a reflexionar en su día y que utilizo con mis clientes a diario.

Einstein, los peces y los monos

Me encanta observar una imagen que se ha hecho viral muchas veces en la que se ve un pájaro, un pez, un mono… y que suele venir acompañada de una frase que atribuyen a Einstein: «Todo el mundo es un genio, pero si juzgas a un pez por su habilidad de trepar a los árboles, vivirá toda su vida creyendo que es un inútil». Seguro que sabes de qué te hablo. Si no búscala en Google.

¿Te sientes o has sentido alguna vez así? En mi caso ha sido una constante.

En muchas ocasiones, lejos de poner foco en el tipo de animal que soy, he intentado convertirme en algo diferente. En otros casos, otros han tratado de convertirme en otro animal: el que les venía bien a ellos o el que pensaban que era el mejor para mí. Hasta que uno empieza a abrazar lo que es en verdad.

Afortunadamente, poco a poco comienzan a surgir espacios educativos y empresas que se empiezan a tomar en serio lo anterior y a poner foco en los talentos de cada persona. El sistema educativo que se preparó para el sistema industrial estuvo muy bien en su momento y fue muy necesario, pero también es cierto que lleva años dejando de funcionar.

---

programas. Todos te invitan a coger las riendas de tu vida y conocerte a ti mismo.

Sobre la suerte, la buena suerte y tu valor como persona

A continuación te dejo un par de fórmulas (cuyos autores las han adaptado a partir de un conocimiento ancestral), que tienen mucho sentido para mí:

La buena suerte= Preparación + Oportunidad + [Negociación]

Estos tres componentes son clave para construir tu buena suerte:
- Prepararte masivamente, con inteligencia y buenos profesionales.
- Aprender a negociar (venderte y comunicar bien tu oferta de valor).
- Salir al mundo, perseverar y buscar oportunidades. Y estar atento a la vez de las que ya tienes a tu alcance.

Víctor Küppers, en alguna de sus conferencias nos ofrece la siguiente fórmula:

VALOR (como persona) = [Conocimiento + Habilidad] x Actitud

Sobre esto reitera que los conocimientos y las habilidades son necesarios (suma), pero la actitud es la que multiplica.

Y sí, lo anterior depende de ti. Te invito a buscar tu buena suerte.

¿Solo o acompañado? Ese es otro asunto. Ya sabes que vives en sociedad, que somos seres sociales, y que para sobrevivir uno ha de formar equipos o agruparse en tribus. Por supuesto sin olvidar saber manejar muy bien los tiempos «en soledad» y los tiempos en grupo. De esto hablaremos en el apartado de alto rendimiento.

Para cerrar este apartado quiero compartir contigo un listado algo más extenso de iniciativas por si te dan alguna idea o son capaces de inspirarte. Decide creer y expandirte, a tu ritmo, paso a paso, sin prisa pero sin pausa. Puedes descargártelas con ayuda de este código QR:

¿A QUÉ DEDICAR TU TIEMPO DE VIDA? EL SENTIDO, LOS NO NEGOCIABLES Y LA PRIORIZACIÓN

«Que cada hombre construya su propia catedral. ¿Para qué vivir de obras de arte ajenas y antiguas?».

JORGE LUIS BORGES

Dos de las grandes búsquedas ancestrales giran en torno a la vida y al factor tiempo. Antes o después uno acaba dándose cuenta de que lo más importante es el tiempo del que uno dispone y la calidad del mismo.

- Mucho oro sin tiempo, ¿de qué sirve? El tiempo es el verdadero oro.
- Mucho tiempo sin salud, ¿de qué sirve? La salud es la que dota de calidad al tiempo.
- Pero no es solo el tiempo, sino cómo lo utilizas.

- ¿Cómo, en qué y con quién decidir invertir tu tiempo de vida?

Y he aquí uno de los grandes debates que compartía en el apartado «sobre aprender, vivir y morir». Uno desconoce su tiempo de vida. Por ello te invito desde ya a empezar a invertir tu tiempo en asuntos que tengan sentido para ti[37].

Y hay que pensar y hacer, pero también invertir en ser. «Ser o no ser, esa es la cuestión», como decía William Shakespeare. Qué bonito (coherente y eficaz) cuando la acción (elegida para invertir tu tiempo de vida), en el entorno y la forma adecuada hacen tándem con lo que ya eres. Ahí las sinergias están aseguradas y tal vez una vida plena. Por ello, en este apartado te voy a ofrecer tres conceptos o herramientas para que puedas reflexionar sobre ello.

IKIGAI. LA RAZÓN POR LA QUE VIVIR

«Los dos días más importantes de tu vida son el día en que naces, y el día en que descubres por qué».

MARK TWAIN

Estamos en un momento de la historia en la que empieza a haber un acuerdo en todos los frentes sobre la importancia del sentido, hasta el punto de que varios estudios la corre-

---

37 Michio Kaku, ante la pregunta: ¿cuál es para usted el significado de la vida?, dentro del programa «Aprendemos juntos» del BBVA, respondió lo siguiente: «No hay una ecuación para entender el sentido de la vida. Porque yo creo que tenemos que crear nuestro propio sentido. El sentido de la vida es el autodescubrimiento, luchar contra ciertas cosas y superar obstáculos. Entender quién eres y cómo encajas en el mundo, en la vida».

lacionan positivamente con una alta motivación, productividad y adherencia. De hecho, el sentido vital desde 2019 es un marcador de salud social en Inglaterra[38].

Has de encontrar un «para qué» lo suficientemente fuerte y sostenible que te ayude a levantarte tras cada caída y no tirar la toalla antes de tiempo. Y más en un mundo que no es sencillo y en el que es muy sencillo perderse por el camino.

El concepto *Ikigai*[39] ayuda a reflexionar sobre esto, integrando cuatro factores clave:

- Que seas bueno en ello. Esto hará que competir sea más sencillo, dado que uno ha de diferenciarse, entre otras cosas por la excelencia.
- Que lo ames. La pasión para mí es clave. Ayudará a no tirar la toalla antes de tiempo y a no juzgar el éxito solo por el resultado tangible. Esto facilitará el ser un aprendiz eterno y el ser curioso.
- Que te paguen por ello. Has de poder alimentar no solo el alma, sino también el estómago. Por ello a veces tocará tener varios trabajos de los que obtener cosas diferentes y necesarias.
- Que el mundo lo necesite. Ha de tener sentido y utilidad para el mundo y las personas que lo habitan. Ha de dar una solución a un reto, que tenga sentido para ti y para la humanidad.

---

38   El libro que me acercó a este concepto, allá por 2015, fue *El hombre en busca de sentido*, de Víctor Frankl. Intenté empezarlo mucho antes... pero no fue hasta un viaje a Tailandia cuando pude leerlo de una sentada. Paradójicamente, durante ese viaje diferentes personas de diferentes culturas hablaron de que su vida, o su trabajo, no les aportaba sentido. Y que estaban en su busca.

39   *Iki*=vida; *gai*=valor o mérito. Según algunos estudios, el origen de la palabra se remonta al período Heian (794-1185): «*Gai* viene de la palabra *kai* («conchas» en japonés, que eran consideradas muy valiosas) y de ahí derivó *Ikigai*, como una palabra que significa «valor en la vida».

Pero ten en cuenta que...

- No tiene que ver solo con trabajo e ingresos, sino con un propósito de vida en la vida cotidiana. «La suma de pequeñas alegrías del día a día totalizan una gran alegría, o momento de felicidad, al cabo del día».
- También contiene dentro de su filosofía el valor de hacer y de trabajar, y el sentido vital que hay detrás de ello. ¿Qué sentido tiene para ti lo que haces? No niega un presente actual duro o complejo para ti, sino que proyecta un futuro con sentido en lo que inviertes tu tiempo.

En la intersección de esos cuatro conceptos está tu *Ikigai*. En definitiva: hagas lo que hagas, que tenga sentido para ti hoy.

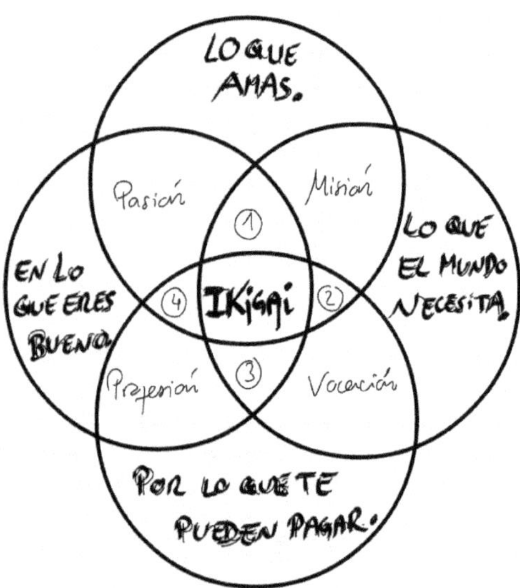

Figura 8. El modelo Ikigai. Cultura japonesa.

Cuidado con buscar algo (o alguien) que te aporte esos cuatro puntos a la vez. A veces habrás de cubrir esas necesidades de formas diferentes, en trabajos diferentes y con personas diferentes.

- Una persona trabaja ocho horas de cajero y dice que esas ocho horas medita, entrena la compasión y sonríe, para luego, al llegar a casa, hacer lo que más le apasiona: tocar la guitarra, escribir y pintar, sin obtener ingresos de ello.
- Hay personas que aprenden a amar su trabajo. He incluso otras que buscan y encuentran un trabajo que aman y completa su *Ikigai*.

De esta reflexión surgió hace años mi proyecto de Academia Alto Rendimiento. Es un proyecto de vida que ofrece sentido y coherencia a mi forma de ser, sentir y estar. «Si quieres hacerlo a tu manera, deberás crear tu empresa, Rodri», me dijo uno de mis directores en una ocasión.

Por ello creo que cada uno ha de tener al menos un proyecto que dependa de él. Que, aparte de darle sentido, construya un legado sobre el que otros puedan seguir profundizando a futuro. Un proyecto que manifieste tu *Ikigai*.

EL ELEMENTO

«Hacer con soltura lo que es difícil a los demás: he ahí la señal del talento; hacer lo que es imposible al talento: he ahí el signo del genio».

Henry F. Amiel

Sir Ken Robinson[40] nos dejó hace casi dos años. Se dedicó, entre otras cosas, a divulgar (mediante libros y conferencia) sobre educación, creatividad, la calidad de la enseñanza, la innovación y los recursos humanos. E incluso a asesorar a gobiernos sobre ello. Es un ejemplo de legado y de cómo todo su trabajo y lo que nos ha dejado pueden ser un pilar sobre el que seguir construyendo.

Hace poco leía cómo Robert Kiyosaki, del que te hablaré en el siguiente apartado, decía que la pasión está sobrevalorada, sobre todo en los inicios. Él argumenta que uno ha de dedicarse a aquello por lo que «le puedan pagar», no a lo que le apasiona, y que este es uno de los problemas de los emprendedores de hoy.

Has de escuchar a todos, sostener opuestos y sacar tus propias conclusiones. Pero en cierto modo Kiyosaki también tiene su punto de razón: cuidado con alimentar el alma, o buscar autorrealizarte, sin tener comida en el estómago.

Volviendo a Ken Robinson, te invito a reflexionar sobre tu «elemento»: ¿Qué es lo que te apasiona? No sé si son los mejores los que llegan a tener éxito o los más perseverantes. Pero la pasión, la actitud y la motivación son ingredientes clave. Y por ello creo muy conveniente que cada persona reflexione sobre ello.[41]

---

40   Yo lo conocí a través de dos vídeos: uno en YouTube sobre «El elemento». Este es uno de sus libros y dice en la portada que «descubrir tu pasión lo cambia todo». Otro, en una charla TEDx que te invito a ver, titulada: «¿Matan los colegios la creatividad?».

41   Por casualidades (o causalidades) de la vida acabo de encontrar un correo de 2011 en el que escribía a un mentor (mi profesor de Estructuras Javier Torres). En el texto le decía que debíamos de profundizar en:
- La importancia de encontrar nuestro hueco.
- La importancia de saber cuál es nuestro papel y dónde estamos.
- Lo más importante, ¿qué filosofía de vida tenemos?

¿No es esto de lo que estamos hablando? La importancia de encontrar tu elemento y dedicar tu vida a ello, sin olvidarte de que somos más que una sola cosa, permitiéndonos dejar la puerta abierta a múltiples propósitos y pasiones que pueden ir surgiendo a lo largo de nuestra vida.

LOS CUATRO CUADRANTES DE ROBERT KIYOSAKI

«Tú no necesitas estar dentro de los primeros tres mejores estudiantes de tu clase; estar en el promedio está bien siempre y cuando tus calificaciones no sean malas. Solo este tipo de estudiantes tienen suficiente tiempo libre para aprender otras habilidades».

JACK MA

Ya te he hablado un poco de Kiyosaki en el apartado anterior.

Lo conocí hace más de quince años a través del libro *Padre rico, padre pobre*. Hoy en día ese libro sigue siendo una fuente de inspiración para muchas personas. Y no solo eso, sino que los «cuadrantes del flujo del dinero» son una herramienta en la que seguir profundizando toda una vida.

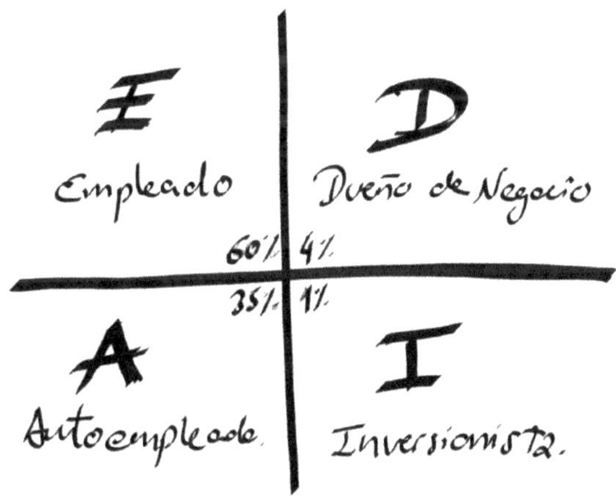

Figura 9. Los cuatro cuadrantes de Robert Kiyosaki.

Robert Kiyosaki diferencia entre:

- Parte izquierda. Ahí se trabaja por dinero y para buscar seguridad. Aquí está el 95 % de la población.
- Parte derecha. El dinero trabaja para ti y buscas libertad. Ahí está solo el 5 % de la población.

Te invito a profundizar en cada uno de los cuadrantes para entender los matices de cada uno. Para mí son un ejercicio muy rico y útil.

En cada etapa o momento de tu vida hay distintas condiciones. Y creo que los cuadrantes anteriores pueden ayudarte a pensar qué quieres ahora en tu vida y si estás dispuesto a pagar el precio. Steve Jobs ya nos recordaba la importancia de arriesgar para los jóvenes e intentar plasmar esa mirada singular en el mundo.

Ahora comprendo que ciertas inversiones y riesgos es más sencillo hacerlas en condiciones de poca carga y baja responsabilidad.

Los cuadrantes anteriores no solo hablan de formas de generar dinero, sino de un estilo de vida marcado en cada opción. Cada uno también tiene sus pros y contras en cuanto a libertad geográfica, recursos económicos, nivel de estrés, capacidad de gestión, preparación, disposición de tiempo... ¿Tendrá esto algo que ver con la gran renuncia que llevamos viviendo los últimos meses?

Me gustaría que pensaras en esos cuadrantes relacionándolos con el hecho de que la vida no es estática:

- Cuidado con tener una mente y unas habilidades rígidas y estáticas.
- Cuidado con no estar abierto a nuevos proyectos. He escuchado a muchas personas decir: «Si no trabajo de lo mío, no trabajo» o «yo de eso no trabajo». El trabajo, además de dignificar, ofrece dinero para vivir.

- Cuidado con pensar que tienes todo hecho. Además de que seguramente tendremos que trabajar en varias cosas a lo largo de nuestra vida, hay personas que nunca trabajarán en algo relacionado con sus estudios principales. Y las reglas cambian.
- Cuidado con tener un alto nivel de gastos. Cualquier golpe, con gastos limitados y un colchón financiero, tiene un impacto menor. En este punto sí se aprende del cerdito de los ladrillos o de la hormiga.

Además, hay profesiones que son una forma de vivir. John Kabat Zinn dice a los facilitadores de MBSR que «si no te apasiona es mejor que no lo hagas». Yo te invito a dedicar tu vida a asuntos que tengan sentido para ti.

- Cuidado con limitarte a alimentar el estómago y olvidar tus propósitos y pasiones. Es posible que tu luz se vaya apagando.
- Cuidado con limitarte a alimentar el alma y no ingresar. Dicen que cuando el dinero se va por la puerta, el amor escapa por la ventana.

Y recuerda que una cosa es a qué dedicar tu tiempo de vida y otra cómo hacerlo. Puedes trabajar en algo que amas o aprender a amar algo de tu trabajo[42].

Por último te dejo con un concepto: *Kamiwaza*. Fernando Botella explica que «significa 'divinidad del ser humano'. Una divinidad que se traduce en la capacidad de hacer en cada momento aquello que debe hacerse, incluso

---

42   Observa los cuatro principios de Carlos Kasuga relacionados con la excelencia: 1. El bien ser. Ser honesto, puntual, limpio, responsable y trabajador. 2. El bien hacer. Siempre hacer las cosas bien desde que las iniciamos. 3. El bien estar. Dar más de lo que se recibe a la familia, trabajo y sociedad al final nos dará bienestar. 4. El bien tener. Si cumplimos los tres pasos anteriores lograremos el bien tener de las cosas materiales.

cuando se trata de algo que nos desagrada o nos infunde temor. Es una asignatura del Japón que se imparte en los colegios dentro de la rama de las artes. Kamiwaza es el arte del atrevimiento. Una materia tan importante o más que las matemáticas o la lengua».

LA VENTANA DE JOHARI

«Querer ser alguien diferente es desperdiciar quién eres en realidad».

Kurt Cobain

Esta herramienta me encanta, y hace poco un amigo me ha hecho recordarla de nuevo. Es un ejercicio muy bonito de reflexión y consta de cuatro cuadrantes:

- Área pública. Está expuesta a tu mirada y a la de otras personas. Es la parte que conoces de ti y que otros perciben.
- Área privada. Solo la puedes ver tú. Ahí guardas lo que los demás no quieres que sepan de ti (tal vez porque te hacer sentir miedo, culpa, vergüenza…)
- Área ciega. Los demás la ven pero tú no. A veces son cosas negativas y otras positivas. Por ejemplo, a veces es sencillo darse cuenta de la luz y talentos de otra persona, pero no tanto reconocerlos en uno mismo.
- Área desconocida o inconsciente. Aquí se suele hacer referencia a lo que no sabes que no sabes. Se relaciona con esa parte desconocida. Se dice que lo que hay ahí influye en todo lo que pensamos, sentimos, hacemos o incluso cómo nos comportamos. Es

la gran habitación por explorar. Hay profesionales que intentan acceder a ella a través de hipnosis, sueños, regresiones... y otras técnicas.

Figura 10. La ventana de Johari.

Reflexiona utilizando la ventana de Johari. Te invito a pararte unos instantes y preguntarte: ¿qué conoces sobre ti y sobre el mundo que habitas?

Para mí la herramienta anterior está relacionada con una posición escéptica, sobre todo en el área ciega o desconocida. Hemos de escuchar y nutrirnos de lo que hay fuera, pero no olvidar volver a nosotros y tomar decisiones en base a nuestro criterio. En muchas ocasiones estamos yendo hacia un callejón sin salida o un precipicio sin permitirnos parar, observar y analizar si ese es el camino adecuado. Pero no te olvides que lo anterior son tan solo herramientas, una guía o un faro. La vida es mucho más compleja.

Una vez defines lo anterior es más sencillo establecer:

- Límites que protejan tu salud y el tiempo a dedicar a tu propósito. Tu tiempo y vitalidad son limitados y no se puede hacer todo a la vez.
- No negociables, poniendo en el centro tu salud. Siempre se ha dicho que lo importante ha de ser lo más importante, por lo que deberás establecer qué es prioritario y urgente, y gestionar desde ahí. Esto te ayudará a no perder el foco, mantener la motivación, dedicar tiempo a tus pasiones y tomar mejores decisiones.
- La gestión del no en base a lo anterior, lo que aumentará tu rendimiento y productividad.

Te invito a reflexionar sobre las siguientes preguntas:
- ¿Qué es lo más importante para ti? ¿Cuáles son tus prioridades?
- ¿A qué debes dedicar tiempo sí o sí? ¿Cuáles son tus no negociables?
- ¿Tu filosofía de vida es correcto? ¿Para qué haces lo que haces?

Hace un tiempo yo me prometí trabajar solo en lo que me apasiona y aporta sentido. Tal vez no sea la verdad, pero suelo recordarme a menudo que una vida vivida desde ahí compensa todo lo que nos esté aguardando en el futuro. Cuando uno se da cuenta siente o ve ciertas cosas; es imposible girar la cabeza y seguir viviendo como si nada hubiera pasado[43].

---

43   Confieso que el dicho: «Uno acaba enseñando lo que un día le faltó» lo siento en esta etapa de mi vida. Tal vez esta sensación sea signo de estar en el camino acertado. No es fácil, es sencillo perderse. Por ello, durante el camino recuerda no perder la perspectiva. Buda nos recuerda algo clave: «Al final de tu vida solo tres cosas importan: lo mucho que amaste, lo bondadoso que fuiste y la facilidad con que dejaste ir lo que no era para ti». Cuando dudes de tu propósito, recuerda la importancia de ponerte al servicio de los demás.

PERSONAS Y EQUIPOS DE ALTO RENDIMIENTO

«El oponente que habita en la cabeza del propio jugador es más formidable que el que está al otro lado de la red».

TIM GALLWEY

Un día escuché a Denzel Washington decir: «Las mentes pequeñas hablan de otras personas y chismes. Las grandes mentes hablan de eventos e ideas». Lo que hacemos, de qué hablamos… también nos define.

¿Qué entiendo por alto rendimiento? Ir en busca de tu elemento *Ikigai*, decidiendo ofrecer lo mejor que tienes cada día, y con ello, invirtiendo tu tiempo de vida de forma sabia y adecuada. Es una actitud frente a la vida, una forma de ser y estar que debe ser sostenible y mantenida en el tiempo.

Para llegar a ese punto es importante todo lo que hemos hablado hasta ahora.

Muchas veces pensamos que esto solo aplica a los deportistas o empresarios de alto nivel, pero es un potencial que toda persona puede y debe cultivar. Durante el viaje encontrarás un gran regalo, pues «no es solo el resultado, sino en la persona que te acabas convirtiendo para conseguir ese resultado»[44].

---

44   En la tradición griega el barquero exigía que los muertos llevaran tres monedas (dos en los ojos y otra debajo de la lengua) a modo de impuesto que el dios Hades cobraba para cruzar el río Aqueronte a los recién fallecidos hasta el reino de los muertos. En el Antiguo Egipto, tras morir debías pasar una serie de pruebas para llegar a la otra vida. Una de ellas tenía lugar en la Sala de las dos Verdades ante Osiris, Tot y Anubis. Allí el difunto entregaba a Anubis su corazón con las buenas obras y este lo colocaba sobre uno de los platos de una balanza. Sobre el otro ponía la «Pluma de Verdad», una pluma de avestruz que contenía las malas obras cometidas durante la vida terrenal. Si el corazón pesaba más que la pluma, los tres dioses permitían al alma acceder al Aaru. Si no el devorador se lo comía.

¿Está el alto rendimiento relacionado con sacar al mundo tus dones y talentos, dar lo mejor de ti, obrar bien y aprovechar tu tiempo de vida sabiamente?

La persona de alto rendimiento

Echa un vistazo a la siguiente fórmula:

$$\textbf{[Genética] + [Entorno óptimo] + [Extras]}^{45} =$$
$$\textbf{Persona de Alto Rendimiento}$$

Para ser breve permíteme que te hable de una persona de alto rendimiento como es Rafa Nadal. Ha sido muy estudiado y algunas de sus características destacadas son:

- Buena genética, condiciones físicas innatas y gran talento.
- Entrenamiento de alto nivel que cubre todas sus inteligencias.
- Capacidad psicológica para sobreponerse a la adversidad.
- Inteligencia emocional y autoconocimiento en pista.
- Alta resistencia y perseverancia.

Pero, aunque sea un deporte individual, me encantaría conocer el peso que han tenido en sus éxitos, en sus mejores y peores momentos, su entorno, sus entrenadores y el resto de personas que lo rodean.

Tengo la suerte de conocer a otros deportistas de élite y soy consciente del impacto que tienen sus familias y sus personas de confianza en su día a día. Depende de ti el decidir

---

45　Entendiendo por «extras» todo el entrenamiento, habilidades y resto de factores no contemplados por el factor genético o del entorno.

sacar todo tu potencial, pero un entorno favorable y un buen equipo serán de mucha ayuda, e incluso a veces serán el factor determinante.

Los equipos de alto rendimiento

Es posible que hayas escuchado las distinciones entre un grupo (agrupación de personas) y un equipo (agrupación cohesionada en la que los componentes se suplementan y complementan, orientados a una misma meta, etc.)

La Teoría de sistemas define un sistema como «una entidad con límites y con partes interrelacionadas e interdependientes cuya suma es mayor a la suma de sus partes». Echa un ojo a la siguiente ecuación:

Número de personas x ([Genética] + [Entorno óptimo] + [Extras]) x S =Equipo de Alto Rendimiento

Siendo el factor multiplicador «S» la sinergia que surge cuando el equipo está bien seleccionado, es compatible entre sí, está bien engranado y es sostenible en el tiempo. De nuevo la epigenética nos ayuda con las sencillas fórmulas anteriores.

Si observas la naturaleza te darás cuenta de que también sabe de esto. Animales que se juntan para cazar, ballenas que son limpiadas por otros peces más pequeños, árboles que se alían con ciertas plantas, e incluso humanos en colaboración con la naturaleza, ayudándose mutuamente y con un total respeto el uno por el otro.

Por ello, cuando puedas elige con quién aliarte.

Dicen que «somos el promedio de las cinco personas que nos rodean». Creo que es una frase que debe ser estudiada caso a caso, aunque de lo que estoy convencido es de que un buen equipo, o entorno, puede propulsarte, y tú a él también.

Decide aprender de todos, recordando que toda persona puede ser un gran maestro. Un director de una empresa en la que trabajé me dijo: «Rodri, tú preocúpate de no ser el más tonto de la mesa». Lo que saqué en conclusión con el tiempo es que las apariencias engañan. Cuando hay varios cientos de millones de euros encima de la mesa, el menos preparado es capaz de diseñar aviones.

Y no solo eso; si tienes la suerte de estar rodeado de personas mucho mejores que tú, y aguantas el tirón, aprenderás a marchas forzadas. Durante muchos años trabajé con personas, y reporté a otras, que habían estudiado en las mejores escuelas de negocios del mundo. ¿Cuánto vale esto? Lo anterior para mí ha sido el mejor máster del mundo.

Pero cuando uno decide crear un equipo surge una pregunta interesante: ¿somos todos compatibles? En lo que se refiere a la compatibilidad de los miembros de un grupo uno ha de tener en cuenta muchas variables como los valores, la misión, la visión, la motivación, la posición existencial, la ética y moral... de cada uno de sus componentes. De esto habla Jung en una de sus citas célebres.

Para que el grupo sea coherente e íntegro, sus miembros han de serlo también en unas dosis mínimas, y poder complementarse o suplementarse cuando sea necesario. Para reflexionar al respecto, me gusta mucho utilizar una analogía química:

- ¿Somos compatibles químicamente o reaccionamos al juntarnos?
- ¿Nos mezclamos o disolvemos uno en otro? ¿Quién es el disolvente y quién el soluto?

* ¿Hasta qué punto perdemos o potenciamos nuestras propiedades en esa simbiosis? ¿La relación se ha saturado y necesita un descanso?[46]

Tras haber vivido situaciones muy diferentes, llego a la conclusión de que:
* Se puede ser compatible inicialmente, pero en el camino divergir.
* Se puede no ser compatible inicialmente, pero encontrar un motor común, más grande que nosotros, que nos obligue a compatibilizarnos.
* Es difícil mantener la compatibilidad en el tiempo y de forma sostenible.

He aquí una de las grandes claves de los equipos de alto rendimiento: la duración en el tiempo que se espera de ellos. A más tiempo, mayor probabilidad de que las prioridades individuales cambien y la adherencia disminuya.

Esto puedes verlo en los grandes equipos deportivos, pero también está muy presente en los sectores donde se necesita un alto rendimiento en ciertas etapas clave. Pregunta a los fondos de inversión. Algunos ya no solo están buscando talento (el talento asilado no siempre es suficiente): buscan personas y equipos de alto rendimiento que sean sostenibles en el tiempo, que sean capaces de resistir todo lo que supone una ronda de financiación, una competencia feroz, un ritmo elevado, y con ello escalar a otro nivel sin romperse.

---

46   Para que puedas profundizar por tu cuenta, he creado un apartado en los anexos «Análisis transaccional, Eneagrama y Disc» en el que te esbozo ligeramente estos modelos. Para mí son esenciales para investigar y contestar a la pregunta de la compatibilidad. No es solo estar en el entorno adecuado, sino que haya personas compatibles contigo y con motores similares.

Encontrar a estas personas y equipos es complejo, pues no abundan y tiene un alto precio. La pregunta es, ¿estás dispuesto a invertir lo necesario para conseguirlo?

Cada vez estoy más alineado con la estrategia de ir proyecto a proyecto, delimitando muy bien el horizonte temporal e ir conociéndonos mejor por el camino y con fuego real, pues:

- Si la compatibilidad desaparece, hay una fecha límite.
- Si nunca hubo compatibilidad, no están todos los huevos en esa cesta.
- Si la compatibilidad es sostenible, hay opción de continuar.

En un mundo tan global y competitivo no puedes permitirte desgastarte en exceso en entornos que te consumen o te hacen reaccionar constantemente. Algunos entornos serán ácidos y corrosivos, e incluso acelerarán tu proceso de envejecimiento y erosión. Otros serán una lanzadera para tu desarrollo y crecimiento profesional y personal.

- ¿Qué entornos son compatibles contigo?
- ¿Con qué entornos y personas eres tú compatible?

Pero no te quedes solo con una cara de la moneda. Recuerda que tú también serás ácido, corrosivo y perjudicial para otras personas y entornos. Por esto no me gusta la expresión «personas tóxicas»; es un asunto bidireccional.

A veces otras personas pagan con nosotros cosas que no son nuestras. Como esos camiones de basura que no pueden más y vierten su contenido donde pueden o cuando se ven desbordados. En otras ocasiones el camión eres tú.

Verás cómo los modelos que te traigo te pueden ayudar a darte cuenta y entender lo anterior: ¿qué estoy percibiendo, y luego cómo me comporto?

Este es un factor del alto rendimiento también. Nos ayuda a entender una realidad más amplia y a ser más compasivos con nosotros y con los demás.

Y los equipos de alto rendimiento no son para todos.

Cuidado con buscar ser parte de un equipo enfocado al alto rendimiento y no estar dispuesto a prepararte, pagar el precio y estar a la altura. Creo y confío en los equipos multidisciplinares, pero también en que cada persona ha de conocer, entrenar y cuidar asuntos transversales. Has de querer y demostrarlo.

Sobre mí puedo decirte que me he considerado un lobo solitario en muchos aspectos, aunque también necesito mucho al grupo y trabajo bien dentro de él (siempre y cuando las expectativas, responsabilidades y roles estén bien claros).

De hecho llevo toda una vida en equipos de alto rendimiento y me sigo formando masivamente al respecto. Hay que aliarse en equipos o tribus para sobrevivir, llegar más lejos y tener una mayor probabilidad de éxito. En el grupo existe un gran poder y sabiduría.

Pero no es sencillo porque la relación y la interacción entre personas es una de las cosas más complejas a las que aspirar.

Veo el presente y el futuro formado por «satélites» suficientemente independientes y flexibles, capaces de modificar su inercia y su dirección a medida que el mundo cambia, pudiéndose adaptar así eficazmente a lo que está por venir.

Y, por supuesto, han de tener la capacidad de conectarse los unos con los otros.

Esto no es ni más ni menos que una representación de nuestra red cerebral, formadas por nodos (satélites) y conexiones entre nodos, de mayor o menor intensidad, importancia y dependencia. ¿Falla un satélite o unión? El sistema sigue funcionando mientras ese daño se regenera o se busca otra conexión.

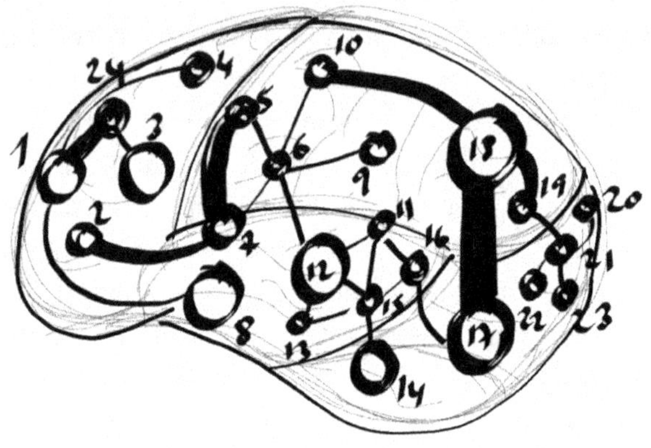

Figura 11. Satélites y empresas. Red de relación con inspiración
en el Nirakara Lab.

Si no optas por la excelencia (entendida con dar lo mejor
que uno tiene y estar dentro de un proceso de mejora continua y reflexión crítica), pueden pasar cosas como las que
he visto a lo largo de mi trayectoria profesional y en otros
entornos:

- Submarinos que no flotan, resultado de falta de comunicación, no iteración y no verificación de parámetros de flotabilidad con incrementos de peso.

- Uniones que fallan y hacen colapsar estructuras,
  por no entender debidamente el impacto de las cargas dinámicas y otros efectos.

- Transportes que no consiguen llegar a puerto, por
  no haber entendido las propiedades de los elementos de unión ante cargas de torsión.

- Pérdidas humanas, por no haber evaluado todos los
  factores debidamente, por estar dirigidos por in-
  competentes o priorizar lo que no toca.

Y muchos más. *emails* enviados a quien no corresponde, ceros de más o de menos, delegación de tareas a personas no adecuadas ni preparadas, fallos en el *set* de cargas que se arrastran en todo el proceso, incrementos millonarios de presupuesto por fallos humanos y personas no preparadas para ese reto... Y, entre ellos, la posterior ausencia de responsabilidad cuando las cosas se ponen feas.

Y el primer responsable has de ser tú.

Un gran poder conlleva una gran responsabilidad. Y esa responsabilidad, a veces por descuido, desconocimiento u omisión brilla por su ausencia.

No tiene que ver con renunciar a ser parte de un equipo. Tiene que ver con entender tu proceso. A veces podrás pasar de juvenil división de honor a primera división; en otras ocasiones necesitarás foguearte en tercera y segunda para acabar finalmente en el primer equipo. Si no entiendes bien lo anterior puedes llegar a quebrarte de muchas maneras.

Creo que tenemos un gran margen de mejora como individuos y como equipos.

Me cuesta encontrar líderes con criterio, profesionalidad, coherencia... y personas realmente entregadas a una meta de maneras sostenible y sana. Esto es un problema: estamos en una época crítica de la historia en la que no podemos permitirnos que los que tomen las decisiones no sean los mejores en lo suyo.

Creo que es importante y urgente que:

- Los mejores de cada disciplina colaboren por un bien mayor, formando satélites, tras hacer un trabajo de introspección individual profundo.
- Esos equipos recopilen toda la sabiduría ancestral, siendo capaces de engranar todo y brindar a las nuevas generaciones modelos coherentes e íntegros sobre los que seguir construyendo. Hay que separar la paja del grano y poner foco en lo realmente importante.

- Necesitamos personas y equipos implicados, profesionales con una ética y valores alineados que se encarguen de esta bonita función, no exenta de retos y conflictos, y con ello aspirar a resolver algunos problemas de este siglo y otros heredados de siglos anteriores.

¿Idílico, utópico...? Quién sabe. Fue el motivo de crear la Academia Alto Rendimiento. No busco convencerte, sino que reflexiones y lo pruebes en tu caso particular. Que pases de un cierto escepticismo (bien entendido) a ser un practicante más, y con ello integres y abraces una forma más completa y sana de ver la vida, hasta darte cuenta, si aún no lo has hecho, de que todo está relacionado.

SOBRE TI, TENGAS O NO LA PROFESIÓN DE INGENIERO

«El problema con el mundo es que la gente inteligente está llena de dudas, mientras que la gente ignorante está llena de certezas».

CHARLES BUKOWSKI

Gracias por haber conseguido llegar hasta aquí.

Como has podido ver, ya tenemos un marco y un contexto para que puedas decidir si te interesa conocerte más, sacar tu máximo potencial y formar parte de equipos de alto rendimiento. Es tu decisión, de nadie más.

Como has visto, las personas más racionales y estructuradas tienen unas ventajas y unos inconvenientes. Al igual que las que son más emocionales. Aunque, como te he ido contando, las mentes racionales con corazón humanista tienen algunas ventajas y oportunidades muy bonitas y retadoras en este siglo.

Tengas el perfil que tengas, el asunto aquí es conocerte cada vez mejor, entender qué mejorar y fortalecer en ti, y con quién complementar o complementar lo que necesitas. No hemos de aspirar a ser todos lo mismo, sino avivar y fortalecer nuestros dones y talentos. Y desde ahí colaborar proyecto a proyecto con otras personas con un perfil de alto rendimiento.

- Para, reflexiona y decide qué camino seguir. No te limites a correr como un pollo sin cabeza.
- Encuentra entornos coherentes, respetuosos y dignos, donde se valore lo que tienes y que estén dispuestos a pagar por ello.
- Y no pierdas el norte. Pon foco en que el faro es aspirar a momentos de plenitud y felicidad, y adquirir una vida más sana y con más sentido para ti. Pero para ello primero necesitas sobrevivir.

Hasta ahora te he ofrecido algunas de las mejores herramientas y espacios de reflexión que conozco para ir en busca de lo anterior, pero no es todo. En los siguientes capítulos te ofreceré los mejores modelos a mi alcance y te los explicaré a partir de mi mirada actual para más tarde, en los anexos, ofrecerte algunas pistas adicionales para seguir profundizando y preparándote.

Es momento de que apliques todo lo que sabes a tu autoconocimiento y cuidado. Como bien sabes, algunos modos de rotura no son reversibles y llegado un punto no podrás crecer en lo profesional sin apuntalar y consolidar lo personal.

Recuerda: esto va sobre ti, tengas o no la profesión de ingeniero.

LO QUE TODOS SENTIMOS, PERO DE LO QUE POCOS HABLAN

«Quien no encaja en el mundo, está siempre cerca de encontrarse a sí mismo».

Herman Hesse

«Lo que todos sentimos, pero de lo que pocos hablan» es un lema que me acompaña desde hace años y que introduje en algunos de los libros que ya he publicado. En cierto modo es también lo que estoy haciendo. Es clave:

- Sacar los trapos sucios a airear para limpiar e ir más ligero de equipaje. El secretismo te acaba consumiendo antes o después.
- Sacar de la cabeza algunos pensamientos y bajarlos al papel, para comprender más y mejor evitando que se conviertan en una jaula.
- Sacar del corazón algunos sentimientos que están solidificados y ocupando lugar y permitirles fluir, como las emociones (*emovere*). No permitas que el miedo, la culpa o el rencor guíen tus pasos.
- Sacar del cuerpo algunas sensaciones a través de la escucha interna y permitirte relacionarte y entender algunos dolores.

Y con ello aumentar tu consciencia, darte cuenta de que no somos tan diferentes y recuperar tu parte espiritual, que de alguna manera une y da sentido a todo.

¿Cómo quieres vivir el resto del tiempo de vida que te está siendo regalado cada mañana? Qué importante es responder a esta pregunta a menudo[47].

Cuidado con intentar mantener a toda costa una felicidad irreal. Antes o después, ese esconder, aparentar o fingir se vuelve en tu contra. Porque normalmente «los trapos sucios» se lavan en casa se queda tan solo en palabras. Por ello recuerda las palabras de Dan Millman: «El secreto del cambio consiste en concentrar tu energía para crear algo nuevo, no en luchar contra lo antiguo».

Pero para no luchar con lo antiguo uno ha de saber qué es lo antiguo.

Quiero cerrar este capítulo dándote las gracias por profundizar y la enhorabuena por el coraje que hace falta para hacerlo.

* El mundo gana
* Las personas que comparten tus días ganan
* Tú ganas[48]

---

47   Steve Jobs, en el famoso vídeo viral de Stanford, nos hablaba la importancia de preguntarnos cada mañana lo siguiente: «Si hoy fuera el último día de tu vida... ¿te gustaría estar haciendo lo que estás haciendo?».

48   Disfruta del siguiente poema de Rumi, titulado «La casa de huéspedes»: «Esto de ser humano es una casa de huéspedes/Cada mañana una nueva llegada-visita/Felicidad, tristeza, mezquindad/Alguna conciencia momentánea llega como un visitante inesperado/Dale la bienvenida y atiéndelos a todos/Incluso una multitud de penas, que barren la casa violentamente vaciándola de todos tus muebles/Aun así, trata con honor a cada invitado/Quizás te están vaciando para un nuevo deleite/El pensamiento oscuro, la vergüenza, la malicia/Ve a buscarlos a la puerta, riéndote e invítalos a entrar/Agradece todo lo que venga, porque cada uno ha sido enviado como un guía del más allá».

MODELOS.
LA PERSONA EN EL CENTRO

«Cuanto más capaz sea una persona de dirigir conscientemente su vida, mayor será su tiempo disponible para utilizarlo de un modo constructivo».

ROLLO MAY

Todas las personas tienen modelos:

- Algunos son internos. Marcan un comportamiento, unos hábitos, una mirada singular, unas búsquedas determinadas, unos valores, una idea del bien y del mal, de lo correcto e incorrecto… en base a lo aprendido en los entornos habitados, a las heridas sufridas en el proceso y a las experiencias adquiridas. Como si se tratara de un programa mental que tiende a funcionar en piloto automático (red por defecto activada).

- Otros son externos. Definen las reglas de la relación con otras personas, lo que se considera éxito y fracaso, lo que es apropiado y lo que no, los caminos correctos y aquellos tachados de impuros o indignos. Algunos los adquirimos inconscientemente, otros los rechazamos y algunos nuevos los decidimos incorporar.

Lo anterior recoge tan solo algunos ejemplos de cómo el supuesto «libre albedrío», de existir, está altamente condicionado por nuestros modelos, mapas mentales e ideas prefijadas acerca de cómo funciona el mundo.

Además, estamos altamente influenciados por cómo percibimos la realidad, cómo la procesamos, codificamos, comparamos con memorias del pasado, la interpretamos, y desde ahí, actuamos en consecuencia.

Esto lo verás en los modelos de este apartado.

Partamos del supuesto de que la vida y nuestro comportamiento son problemas complejos y no lineales, con soluciones no únicas. Por ello, estarás conmigo en que, como mínimo, para poder resolverlos:

- Primero habrás de reconocer la existencia de un problema o reto.
- Luego, profundizar, acercarte lo suficiente y localizar la raíz del asunto.
- Para más tarde simplificarlo en forma de problemas abordables. Sin olvidar volver al problema principal y analizar si la resolución de los pequeños problemas ha hecho desaparecer el problema de partida
- Y, por último, consolidar lo aprendido y seguir iterando, mejorando el modelo y reduciendo la incertidumbre.

¿Es este el proceso que utilizas cuando te enfrentas a un conflicto o reto? Aquí la ingeniería, y los modelos de resolución de problemas complejos, pueden aportar mucho valor.

Allá por 2008 ya divagaba sobre si la ingeniería y el cálculo estructural no eran más que «modelos» inspirados en la naturaleza y, en ocasiones, copias torpes de ella.

- ¿Cuál es el modelo que más se aproxima a la realidad?
- ¿Cómo la ingeniería puede ayudarnos a comprender mejor quiénes somos y cómo funcionamos?

Hoy sigo con esas dos preguntas en mente, pero con una diferencia sutil e importante: durante este tiempo he estado probando, midiendo y aprendiendo desde mi experiencia y utilizando un prototipo a mi alcance, que soy yo mismo.

Hace años, mi análisis tenía puesto el foco en acumular conocimiento teórico y no tanto aprender de la experimentación, lo cual no deja de ser anecdótico, dado que en mis años de multinacional y departamentos de ingeniería tuve la suerte también de estar en fábrica y verificar la correlación entre los modelos teóricos y la realidad con prototipos a escala 1 a 1.

Me costó un tiempo entender que todo eso podía aplicarlo a mi proceso de autoconocimiento. Estos años he puesto el foco en usar todo lo experimentado en el mundo multinacional, ingenieril, educativo y deportivo. Y desde ahí acompañar a otras personas a hacer lo mismo.

Pensar en modelos y procesos siempre me ha funcionado. Me ofrecen cierto control y certeza a partir de los cuales medir y monitorizar algunas conductas y realidades para aspirar a comprenderlas mejor.

Al profundizar en el ser humano te das cuenta de que a uno no le sirven las simplificaciones de los problemas lineales, parabólicos o de poleas y masas del instituto. A veces tampoco ayudan demasiado los algoritmos, los modelos de redes, el *machine learning* o la inteligencia artificial. No son solo las herramientas o modelos de análisis, sino cómo los diseñas y los alimentas. Hacen falta sentido común, una mirada especial y una curiosidad que te haya llevado a profundizar primero en ti.

Te invito a investigar si los siguientes modelos contemplan las variables que son importantes para ti. ¡Cuidado con olvidarte de alguna o simplificar en exceso!

Y, hagas lo que hagas, recuerda la importancia de no olvidar ser fiel a ti mismo. Hay asuntos que puedes delegar, pero tu mapa y tu camino has de recorrerlos tú. Y en ese caminar deberás ir refinando y ajustando tu faro, mapa y brújula momento a momento.

PROBLEMAS COMPLEJOS Y REPRESENTACIONES DE LA REALIDAD

> *«El mayor problema es que no solo el mapa no es el territorio, sino que puede obstruir seriamente nuestra capacidad como instructores de mindfulness para ver y comunicar de manera original y directa acerca del territorio. Nuestro mapa interno, si no somos conscientes de ello, o estamos muy identificados con él, puede imponer involuntariamente un sistema de coordenadas para el participante. Nuestro trabajo consiste en cuidar el territorio de la experiencia directa en el momento presente y el aprendizaje que se obtiene con ello».*
>
> John Kabat-Zinn

Pase lo que pase, recuerda a menudo que los mapas y los modelos no son el territorio. A veces, por no querer mirar y aceptar que están caducos, se convierten en laberintos y callejones sin salida en los que acabamos perdidos o bloqueados[49].

Para mí un modelo es un intento (estático) de representar una realidad dinámica que en sí es de naturaleza compleja. Un ejemplo sencillo sería el mapa de un tesoro. Como en toda aventura, uno necesita algunas referencias hasta llegar a la X y cavar en busca del cofre.

---

49   ¿Qué nos ofrece la RAE sobre los modelos? «Esquema teórico, generalmente en forma matemática, de un sistema o de una realidad compleja, como la evolución económica de un país, que se elabora para facilitar su comprensión y el estudio de su comportamiento», siendo la definición de sistema: «Conjunto de reglas o principios sobre una materia racionalmente enlazados entre sí; Conjunto de cosas que relacionadas entre sí ordenadamente contribuyen a determinado objeto».

- Un faro: la X del tesoro. Algo a lo que aspirar, conseguir o un lugar al que llegar. Te recordará el para qué y la intención de ese viaje. Cada vez que uno se siente perdido o desmotivado puede mirar a ese faro.
- La ruta: un mapa o modelo. Te posiciona en el tablero de juego en los compases iniciales. En muchos casos se irá construyendo por el camino. Recuerda que «los verdaderos lugares no están en el mapa» y uno ha de estar más en el territorio que en el mapa.
- Orientación: una brújula. Te marca el rumbo a seguir y el camino óptimo. Llega un día en que descubres que la intuición, las corazonadas y lo que te dicen las tripas son la verdadera brújula, al igual que la coherencia, la integridad y la paz interior. Pero recuerda que en lugares como el Triángulo de las Bermudas ni las brújulas podrán guiarte.
- Un equipo: compañeros de viaje. Algunos internos son la curiosidad, la mente de aprendiz, el atreverte a no saber y la vulnerabilidad. Otros serán personas elegidas y otros maestros clave que irán a apareciendo por el camino. Estate atento a cada encuentro que está por llegar y analiza si son relaciones que pueden dar pie al alto rendimiento.

Y aun trabajando todo lo anterior con tiempo, dedicación y cariño habrá diferentes momentos de la vida en los que te sentirás perdido y sin rumbo.

¿No te parece curioso? Nos pasamos el día resolviendo situaciones cotidianas, contratiempos puntuales y conflictos en varias áreas de nuestra vida pero pocas personas deciden entrenarse y formarse concienzudamente en estos asuntos, cuando tal vez sean ingredientes críticos para la supervivencia[50].

Al enfrentarte a un problema tómate tu tiempo y piensa qué puedes simplificar y qué no. A partir de ahí recuerda tus simplificaciones a lo largo del tiempo. Si son de segundo o tercer orden, a veces el modelo teórico y el real coincidirán. Pero si has eliminado de la ecuación una variable significativa, o si la has simplificado en exceso, es posible que tu modelo teórico no tenga validez alguna y que te lleves alguna que otra sorpresa.

Esto lo vemos a diario. Algunas simplificaciones o atajos producen incluso problemas aún mayores y más complejos. Esto me hace plantearme:

- ¿Quién está tomando las decisiones más importantes acerca de los asuntos prioritarios y urgentes?
- ¿Están capacitados y son los mejores para buscar soluciones a los problemas complejos que nos rodean?

Para cerrar este apartado te invito a reflexionar sobre qué es un modelo para ti. También piensa si es posible crear un modelo capaz de aglutinar todas las realidades. O si, en su defecto, la mejor opción es que cada uno cree su propio modelo y, respetando la libertad del resto de personas, decida vivir conforme a él[51].

En base a algunas de las reflexiones anteriores surge el asunto de cómo dividir o segmentar el problema. En Indus-

---

50 Una reflexión muy interesante que guardo con mucho cariño nos la ofreció Aleix Mercadé en Instagram allá por abril de 2021. En su post compartía la diferencia entre un modelo simplificado, complejo, completo y la realidad: «Hacemos lo que podemos para comprender la realidad, pero ésta siempre será infinitamente más compleja que lo que podemos modelar conceptualmente».

51 Recuerda a Rousseau: «Tu libertad acaba cuando empieza la del otro». Eso nos hace pensar en los límites de tu modelo y las condiciones del entorno.

triales nos dijeron, por ejemplo, que «la ciencia e ingeniería de materiales es un nexo entre las ciencias básicas (y matemáticas) y las ramas de la ingeniería». Pero, al final, entre tantas ciencias y divisiones he visto a muchos profesionales poner foco tan solo en su pequeña parcela y protegerla de todo intruso (a veces a cualquier precio), olvidando que el motivo de «separar» era profundizar y entender más y mejor para luego unir de nuevo. Nos hemos quedado a medio camino. Esto sucede en muchos campos y materias.

Mi invitación es que revises tus modelos, mapas, faros y brújulas a menudo, y que no te apegues demasiado a ellos. A medida que tu mirada singular profundice y tu consciencia se amplíe tendrás acceso a más realidades y necesitarás renovar lo antiguo o adquirir nuevos mapas. Todo cambia, tú cambias, y con ello tus modelos y mapas también.

¿Y si no quieres seguir modelos o mapas? También está bien, pero has de ser consciente de que estás solo contigo mismo en un camino tal vez poco frecuentado. De hecho no tengo claro que el ser humano pueda vivir sin mapas o modelos. Tal vez por este motivo, cuando uno rechaza todo modelo y no lo sustituye por nada puede surgir cierta desorientación, pérdida de sentido, o incluso estados de ira, tristeza, miedo o frustración.

Creo que para romper las reglas primero has de conocerlas en profundidad. Cuidado con romper todos tus modelos sin ser consciente de lo que estás haciendo y dónde puede llevarte esto.

Y recuerda que, como hemos dicho, un modelo no es la realidad: es dinámico, de naturaleza compleja y en ocasiones altamente subjetivo. Y tu realidad no es la verdad. Decide adoptar una postura de apertura a la vida y a lo que está por llegar. Y, desde ahí, contrasta tu realidad con otras personas, aspirando a llegar a un equilibrio entre tus modelos internos y externos.

Tú eres el máximo responsable de tomar una decisión al respecto.

En definitiva, ¿qué es la realidad sino un lugar de acuerdo entre parte de tu realidad y la del resto del mundo?

ALGUNOS MODELOS A TENER EN CUENTA

«Empieza por hacer lo necesario, luego lo que es posible, y de pronto te encontrarás haciendo lo imposible».

SAN FRANCISCO DE ASÍS

En este apartado te mostraré modelos que me han ayudado mucho.

Hay días en los que siento un elevado grado de malestar, o incluso de pérdida de sentido. Como si dentro de mi cuerpo tuviera una batidora con muchos ingredientes entremezclados: emociones, pensamientos, sentimientos y sensaciones. Una vez me doy cuenta de este estado, decido parar, recordando que no es el mejor escenario para tomar decisiones importantes.

Después, una vez me regulo un poco, toca abrir esa batidora, y en base a mis modelos, experiencias y conocimiento, investigar qué está sucediendo. ¿Cuál es el problema raíz y dónde está? ¿Qué estresores están en juego y qué necesidades están amenazadas?

Si recuerdas, la intención es que tú construyas tu propio modelo. Pero para ello es interesante estudiar otros modelos y darse cuenta de lo que han construido otras personas hasta la fecha. Esto te irá dando pistas, pero sobre todo te ayudará a verificar que no estás invirtiendo tu tiempo en algo que otros ya han hecho.

Una forma de aprovechar con sabiduría tu vida es detectar gigantes de verdad, subirte a sus hombros, y desde ahí poder optar a aportar tu grano de arena a todo lo que ellos ya construyeron.

Esto también es un ingrediente clave del alto rendimiento: encontrar a los mentores adecuados, en el momento adecuado. Antes de comenzar, recuerda:

- Estos modelos no son tampoco la «verdad». Son tan solo una foto que está en constante movimiento y adaptación, con mis filtros y sesgos.
- Mi intención no es convencerte de nada, sino sintetizar y llevarte una parte de lo aprendido y yo ganar en claridad. Una vez profundices, no has de estar de acuerdo.

Ahora te invito a recuperar tu mente de principiante y observar estos modelos como si fuera la primera vez. Es posible que alguno de ellos tenga algo interesante que aportarte. Espero de corazón que así sea.

MODELO 1. TU MODELO DE VIDA Y LA ACADEMIA ALTO RENDIMIENTO

«Queda prohibido no sonreír a los problemas, no luchar por lo que quieres, abandonarlo todo por miedo, no convertir en realidad tus sueños».

PABLO NERUDA

Te presento un modelo que lleva muchos años conmigo. El modelo RESETEA consta de nueve tesoros a desarrollar, entrenar, cultivar y cuidar, que se agrupan dentro de los siguientes bloques:

- El suelo sobre el que se asienta tu modelo. Representa un lugar o entorno que tiene que tener las condiciones mínimas para que pueda darse la vida. Puede ser el planeta Tierra, tu ciudad, tu pueblo… Cada uno de ellos es un hábitat o un sistema en el que vives, te desarrollas y relacionas con otros seres. ¿Qué hábitats son importantes para ti? ¿Puedes vivir en ellos con cierto bienestar?

- La cimentación adecuada. Toda estructura necesita una cimentación «estable y sólida» sobre la que apoyarse:
  - Tiempo. La unidad de medida de la vida. El tiempo de vida y la fecha de caducidad no anunciada son factores clave. Valora tu tiempo; es tu mayor tesoro. ¿En qué lo estás invirtiendo hoy?
  - Salud. La salud dota de calidad y vitalidad al tiempo que tienes disponible. Tener tiempo sin salud al final es como disponer de menos tiempo de vida. ¿Cómo puedes cuidar de ti mejor y aspirar a una salud más estable? Ten en cuenta las cuatro dimensiones de salud: mental, física, emocional y espiritual de las que hablamos.
  - Propósito. Para mí es una de las brújulas. Tener un para qué vivir estable y coherente contigo, motiva y es un motor para levantarse cada mañana y no perder la ilusión.

- Los pilares en los que se apoya tu vida. Toda estructura necesita de pilares sobre la que apoyarse, dotarse de forma y expandirse.
  - Tu Mundo Interior (TMI). Un lugar donde aprender a estar contigo mismo. Si tú no estás bien, si dentro de ti algo no está bien… será difícil estar bien con los demás y con tus mundos exteriores. ¿Cómo estás tú? Decide conocerte en profundidad y cuidarte como te mereces.

- Tu Mundo Familiar (TMF). Un lugar donde intercambias, entre otras cosas, tiempo por amor. Puede ser familia de sangre o familia elegida (amigos). Revisa si hay heridas o conflictos abiertos, o conversaciones pendientes, dado que esto marcará una gran diferencia en tu día a día.
- Tu Mundo Profesional (TMP). Un lugar donde intercambias, entre otras cosas, tiempo por dinero. Te guste o no, en el mundo que habitamos hace falta dinero y ganarse la vida. Pero, como sabes, hay diferentes formas de hacerlo y relacionarse con este proceso. Se necesita tiempo para pensar y analizar hacia dónde se quiere ir... y también para rehacerse y reinventarse a uno mismo. ¿Trabajo a tiempo partido? Una opción interesante. Un trabajo para poder costearte la vida (estómago) y tiempo para realizarte como persona (alma).

- Las uniones que hacen posible todo. Toda estructura necesita uniones que ofrezcan y garanticen estabilidad y forma. Las relaciones entre tus mundos dan forma, estabilidad, relación, unión, coherencia e integridad. En ocasiones los TMI, TMP y TMF están en conflicto entre sí o no son compatibles. ¿Tus tres pilares pueden darse a la vez en este momento? ¿Qué sucede cuando TMF y TMP están juntos (al trabajar con tu pareja, amigos o familia) y surge un conflicto?

- El tejado y la fachada. Deja que tu luz brille por sí sola. No empieces por el tejado y la fachada; permítete primero trabajar lo anterior.
  - Tu mundo extraordinario (TME). Es el gran premio y regalo. Un lugar donde la magia es posible. Cuando el resto del modelo es coherente e íntegro es más

sencillo aspirar a tener una vida con momentos de bienestar y felicidad. Y cuidado porque incluso el bienestar puede convertirse en una jaula o una cárcel. También hay que saber vivir, y optar a disfrutar momentos en los que el bienestar brilla por su ausencia. ¿Qué es bienestar para ti en términos de salud, relación y económicos? ¿Cuál es tu estilo de vida? El brillo externo, al trabajar el resto del modelo es inevitable y cuestión de tiempo. Piensa un momento en cuántas veces arreglamos el tejado y la fachada (cara al exterior) mientras la cimentación y los pilares están rotos.

Si el modelo anterior no te gusta, lo ves excesivo o incompleto, está bien. La idea es que adquieras diferentes formas de ver la vida, diferentes modelos y realidades, para que tú elijas la tuya y la representes debidamente. Tómalo como un punto de partida y reflexión. ¿Qué tesoros tienes y cuáles te faltan? De esos tesoros, ¿cuáles cuidas a diario?

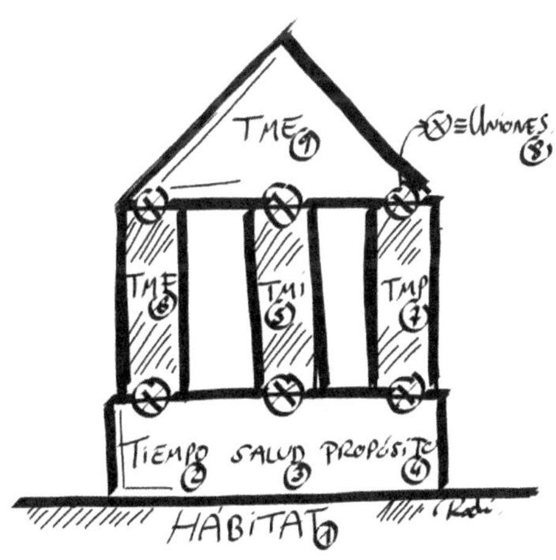

Figura 12. Modelo RESETEA.

MODELO 2. DEFINE TU ESTILO DE VIDA. BIENESTAR Y NIRAKARA LAB

«Alguien heroico nunca será complaciente u obediente, sino más bien una persona obstinada en construir su propio destino. Ese, y no otro, es el auténtico sendero del bienestar existencial».

Herman Hesse

Ha llegado el momento de mostrarte un modelo muy importante para mí. Es un modelo creado en Nirakara Lab y es de lo mejor que he conocido en este campo del saber.

- Está formado por un grupo multidisciplinar de personas que colaboran para desarrollar proyectos de investigación y servicios innovadores para el mundo corporativo, centrados en el ser humano y sus capacidades.
- Tiene como pilares la «investigación e innovación centradas en el ser humano», y desde ahí traslada a empresas e instituciones los últimos avances científicos para impulsar la adaptación constante, la calidad de vida y el bienestar como palancas de cambio en su entorno.
- Existen tres líneas de trabajo: investigación, intervenciones en empresas, y analítica de datos especializada en personas. Todo ello desde el rigor, la evidencia científica y la toma de decisiones basada en datos.
- Es uno de los modelos que hemos utilizado los pasados tres años en formaciones e intervenciones en empresa. Va en línea con el enfoque que Nirakara lleva utilizando más doce años, y empresas como el

Banco Santander y Endesa ya han apostado por nosotros. Han sido intervenciones exitosas, con elevadas puntuaciones y reconocimiento y muy valiosas para las personas que han pasado por el programa.

• Es un modelo que he testado y experimentado en mí, que me ha ayudado mucho a seguir profundizando y que tengo presente a diario.

¿Por qué es importante el estilo de vida? Entre otras cosas porque «se ha demostrado que hay una relación correlacional muy grande entre el estilo de vida y el estado de ánimo». Y, como sabes, esto es algo muy importante para el ser humano: el estado de ánimo está relacionado con muchas variables, como la vitalidad o con cómo interpretas lo que te sucede.

¿Por qué es importante el bienestar? Entre más asuntos, porque «la base de todo bienestar y malestar reside en dos cosas fundamentales: el estado del cuerpo y la regulación de la emoción». Tanto el cuerpo como la emoción afectan al estado mental. Todo está relacionado (aunque no siempre sepamos cuáles son los modelos o ecuaciones que definen esa relación).

¿Qué es un estilo de vida saludable? El Comité de Nutrición y Estilo de Vida del Consejo de Prevención de Enfermedades Cardiovasculares del Colegio Americano de Cardiología propone que «las principales formas de prevención de la salud son una dieta saludable, ejercicio físico y entrenamiento mente-cuerpo, como el *mindfulness*».

El modelo utiliza como cimentación o base el *mindfulness* porque,

• Fomenta la consolidación de hábitos saludables
• Reduce el malestar psicológico
• Incrementa las habilidades interpersonales
• Aumenta el bienestar y la calidad del sueño

- Incentiva el entrenamiento en nuevas habilidades
- Conlleva un efecto «virtuoso» en otras áreas vitales

Mejorar lo anterior es una asignatura pendiente de individuos, empresas y sociedad. Es por ello que desde Nirakara enseñamos a las personas a cuidarse mejor, trasladando herramientas de afrontamiento de estresores y contribuyendo al aumento del bienestar y la satisfacción desde una perspectiva integral del bienestar.

Buscamos generar nuevas habilidades psicosociales que permitan afrontar el estrés, aumentar la capacidad cognitiva e incrementar conductas y hábitos saludables alrededor del ejercicio físico, la alimentación y el sueño, que, como sabes, son asuntos urgentes e importantes hoy en día.

Lo anterior está totalmente alineado con el nuevo paradigma que están viviendo las empresas y los empleados. Son necesarios:

- Una mayor flexibilidad y una consolidación de las acciones hoy abiertas.
- Un mayor equilibrio entre vida laboral y profesional.
- Mejorar la comunicación y las buenas prácticas entre la empresa y cliente (interno y externo), beneficiando así la experiencia del usuario.
- Contribuir a un mayor bienestar del empleado y de la empresa[52].

En este proceso las personas son la llave. Por esto proponemos ponerlas en el centro, que cada parte asuma su

---

52   Puedes encontrar más información sobre el modelo en www.nirakara.com

parte del pastel (corresponsabilidad), y desde ahí aumentar la probabilidad de supervivencia de la empresa[53].

MODELO 3. MINDFULNESS (ATENCIÓN PLENA) Y PROCESO DE PERCEPCIÓN

«En el momento en que uno pone toda su atención en algo, incluso una brizna de hierba se convierte en un mundo misterioso, impresionante, indescriptiblemente magnífico en sí mismo».

HENRY MILLER

Ahí están algunas de las grandes claves de tu bienestar. Entre ellas, la capacidad de ganar un espacio. Y esto lo podemos entrenar y conseguir a través de lo que vengo a ofrecerte en este apartado sobre *mindfulness,* complementado con algunos de los anexos que he decidido incluirte y regalarte al final del libro.

Tal vez te parezca contraintuitivo, pero cuanto más ruido velocidad e incertidumbre hay fuera, más necesario es que puedas encontrar calma, quietud y claridad dentro.

---

53   En 2014 ya tuve la suerte de reflexionar con una directora de RRHH de Microsoft sobre las medidas que habían tomado en 2007-2009. Entonces ya se habían dado cuenta de que muchas personas tenían cómo único pilar el trabajo y, al temblar o desequilibrarse esa única pata, ello había afectado a su día a día, su salud, productividad y al resto de ámbitos de su vida. ¿Qué ha cambiado ahora? Lo sucedido con el COVID19, confinamiento, problemas de salud, pérdidas importantes... ha avivado y acelerado el proceso. Además, lo que está por venir relacionado con la economía, conflictos políticos, la escasez de trabajo... es posible que agite el avispero aún más. ¿Qué más tiene que pasar o cuánto más tiempo necesitamos para tomarnos en serio, y de verdad, estos asuntos como individuos y sociedad?

Si no has escuchado aún hablar del *mindfulness*, te invito a ponerte el sombrero de aprendiz y conectar con buenas dosis de curiosidad; si ya lo conoces te invito a recordar, dado que en las siguientes páginas puede haber también algún descubrimiento para ti.

Tal vez tenga que ver con eso que me han dicho varias veces acerca de la importancia de aprender dónde y cómo mirar, y conseguir así que un solo árbol no sea capaz de no permitirte ver el bosque.

¿Qué es el mindfulness?

> *«Vivir en el aquí y el ahora no significa que nunca pienses acerca del pasado, o que no planees con responsabilidad tu futuro. La idea es simplemente que no te pierdas en los lamentos acerca del pasado, o en las preocupaciones del futuro».*
>
> Tich Nhat Hanh

El protocolo MBSR [ver anexos] lo define como «la consciencia que surge al prestar atención de una manera particular: Intencionalmente, en el momento presente y sin juzgar». A veces también lo definimos como «atención plena»[54].

---

54   Si profundizamos en los orígenes de la palabra, podemos encontrar: en inglés, «to be mindful» es «darse cuenta». Hace alusión a cuando soy consciente o cuando estoy «despierto», que es lo contrario a estar gobernado por un sistema inercial y automático (red por defecto). En pali (idioma índico) se habla de *Satti*, cuya traducción es «recordar». Es un recordar que tiene que ver con la memoria de trabajo (MT), que es la encargada de permitirnos sostener un estado de «darse cuenta» y ser conscientes de lo que ocurre (no es la memoria episódica, más relacionada con almacenamiento de recuerdos). En Oriente, *Satti* es una cualidad muy relacionada con la realización personal, el crecimiento y el desarrollo personal.

- Sobre el «momento presente». Cuidado con caer en el error de solo considerar el presente. El pasado y el futuro también juegan un papel fundamental y definen en cierto modo tu realidad. Eso sí, el presente es el único lugar donde puedes actuar. Y por supuesto cuidado con el secuestro del dolor o la añoranza del pasado, o las expectativas o la incertidumbre del futuro. Es difícil ser feliz pasando mucho tiempo ahí.

- Sobre «sin juzgar». Yo prefiero hablar de «aplazar el juicio». Muchos de nuestros prejuicios surgen de manera involuntaria. Por ello el ejercicio consistirá en que, cuando te des cuenta de que te estás juzgando (o estás juzgando a alguien o algo), decidas parar y aplazar ese juicio. En ese proceso podrás ir descubriendo lo que es agradable y desagradable para ti, y algunos patrones o pre-juicios automáticos.

Otra forma de definir algo es nombrando lo que no es. ¿Qué no es el *mindfulness*? El *mindfulness* no es dejar la mente en blanco, ni actuar en «piloto automático», ni ir lento; tampoco es una terapia ni una práctica religiosa, ni querer estar de una manera diferente, ni tampoco relajarse o aspirar a iluminarse...

Para lo que es útil es muy útil, pero no sirve para todo.

Y, como irás viendo, tal vez no sea tan diferente a asuntos que ya conoces. Lee los siguientes ejemplos y piensa si ya habías oído hablar de ellos:

- Muérdete la lengua, cuenta hasta diez, pon esa idea en el congelador, medita con la almohada, vete al rincón de pensar... Todo ello te invita a parar y ganar un espacio entre un estímulo y tu respuesta.

- En el año 1957 apareció el conocido eslogan de KitKat: «Tómate un respiro, tómate un KitKat». ¿Qué es esto si no ganar un espacio?

E incluso algunas expresiones como «vístete despacio, que tengo prisa...» deberían cambiar a «vístete conscientemente, que tengo prisa». Se puede ir despacio y de manera inconsciente, y rápido, pero siendo muy consciente.

No solo Nirakara Lab o el entrenamiento en compasión (CCT) utilizan el *mindfulness* como base. Empresas como Google, Microsoft, Mahou, Endesa, Banco Santander... ya lo han ido integrando los últimos años.

Para mí el *mindfulness* permite crear una base, un terreno a partir del cual todo puede crecer de forma más sostenible. Pero no es solo una herramienta, un estado o una meta. Es una forma de ser y estar, una manera de vivir y relacionarte con la vida al alcance de todas las personas.

De hecho, observa lo complicado que es crecer personal o profesionalmente si no somos capaces de darnos cuenta de quiénes somos, qué entornos habitamos o a qué problemas o retos nos estamos enfrentando.

Y, como irás descubriendo a medida que profundices, no es ni fácil, ni rápido. En palabras de Jon Kabat Zinn: «... permanecer atentos al momento presente, espaciosamente conscientes de todo cuanto ocurre es para nosotros la cosa más difícil del mundo...». Enhorabuena por el coraje que se necesita para querer atender al momento presente.

¿Por qué practicar mindfulness? Algunos beneficios

«No quiero calmarme; cuando más rápido pinto, mejor me siento».

Van Gogh

Algunas personas, que acabaron siendo alumnos, al principio me decían esto: «no puedo parar», «necesito seguir haciendo y avanzando», «me gusta estar en movimiento». Afortunadamente, el *mindfulness* no va de relajarse, ni ir más despacio, ni de calmarse, ni tan solo de parar, de aumentar la consciencia.

Otra cosa es que en ocasiones, tras practicar *mindfulness*, adquieras un estado de cierta relajación o calma dentro del abanico de resultados, lo cual es un regalo hoy en día para permitir a tu mente, corazón y cuerpo regularse.

Y esa experiencia de flujo que en ocasiones sienten los artistas al estar plenamente conectados con el momento presente, con ellos y con la obra, solo es posible a través de una atención plena y una conexión profunda.

Pero gestiona tus expectativas. Como te adelanté antes, el *mindfulness* no sirve para todo. ¿Cómo iba a ser de otro modo?

A mí me aporta entre otras cosas estabilidad, regulación y equilibrio; soy consciente de que, aún entrenando mucho, algunos golpes futuros me acabarán tumbando. Pero no por ello dejo de practicar: sé que una práctica constante me ayuda a amortiguar impactos y gestionar mejor todo lo que me ocurre.

Hasta el momento te he dicho que un entrenamiento en *mindfulness:*

- Nos ayuda a entrenar la atención, que es la puerta de entrada del proceso de percepción, que te explicaré más adelante.
- Nos ayuda a ganar un espacio entre el estímulo y la respuesta, evitando vivir de forma reactiva constantemente.

Además, quiero contarte que los estados de inatención, que son los que predominan en nuestra experiencia cotidiana, no reportan bienestar. Varios estudios revelan que el vagabundeo de la mente predice la infelicidad posterior, y en ocasiones esta ronda el 50 % de nuestro tiempo diario (Killingsworth & Gilbert, 2010).

No solo eso, sino que la práctica involucra diferentes elementos y todos están relacionadas entre sí. Hölzel nos habla de lo siguientes elementos:

- Regulación atencional, relacionado con el entrenamiento de la atención.
- Conciencia del cuerpo, dándose uno cuenta cada vez más de las sensaciones del cuerpo provocadas por pensamientos o emociones.
- Regulación emocional, al ser capaz de darnos cuenta antes de lo que sucede por dentro y fuera sin necesidad de que el vaso rebose.
- Cambios en la perspectiva del yo, al conocerte mejor a ti y a lo que te rodea. Y cómo lo uno influye en lo otro.

Tal vez te encuentres con otros beneficios como una reducción del estrés, un aumento de la concentración, una mejora en la regulación emocional, un aumento en tus cualidades perceptivas, ser capaz de expresar y definir los sentimientos con detalle (granularidad), saborear cada momento como se merece (*savoring*), asentar un nuevo hábito o una nueva habilidad, regularte de manera más eficaz, darte cuenta de tus patrones y programas mentales, desconectar de manera más sencilla, decidir dedicarte tiempo en cantidad y de calidad, tener acceso a recuerdos significativos, plácidos y felices del pasado (reminiscencia), tomarte un respiro, y en ocasiones incluso relajarte o dormir mejor.

¿Te suena bien lo anterior? El *mindfulness* también se utiliza en las terapias de tercera generación cognitivo-conductual para observar las resistencias psicológicas o la negación interna de asuntos desagradables para ti. La evitación es en sí una fuente de sufrimiento constante[55].

¿Cómo practicar mindfulness? Y, ¿funciona de verdad?

«El comienzo de la sabiduría es el silencio».

Pitágoras

Pablo d'Ors, en su libro *Biografía del silencio,* nos cuenta su experiencia, que está muy relacionada con la cita de Pitágoras.

¿Cómo practicar *mindfulness*? Para contestarte a este asunto, dado que es algo extenso, he creado apartados especiales en los anexos. Todos ellos relacionados con el protocolo MBSR y sus técnicas.

No obstante, mi recomendación es que des tus primeros pasos con alguna formación presencial con una persona cualificada y profesional (yo me ofrezco a acompañarte en algunas de las formaciones que organizo). Es importante entender desde el principio, no solo los beneficios, sino los riesgos de la práctica y otros asuntos clave para poder avanzar a tu ritmo de forma autodidacta.

Si se ha despertado tu curiosidad, ve ahora a los anexos a echar un vistazo, pero no te olvides de volver a esta hoja.

En cuanto a si el entrenamiento funciona, puedo decirte que a mí me ha funcionado (y me sigue funcionando). Un ejemplo medido en laboratorio puedes verlo en la gráfica 13.

La explicación es la siguiente:

---

55   Si quieres seguir profundizando, dos de mis colegas, Nazareth Catellanos y Gustavo Díez, han publicado un *paper* sobre «Investigación de *mindfulness* en neurociencia cognitiva» (DOI: 10.33588/rn.7405.2021014). Te invito a leerlo y a aprender de toda su sabiduría.

- Líneas: meditadores de largo recorrido.
- Puntos: personas sin entrenamiento en atención o meditación.

En estos experimentos se invita a meditadores de largo recorrido y personas sin entreno específico a entrar en una habitación. En una pantalla se les proyectan imágenes impactantes y duras.

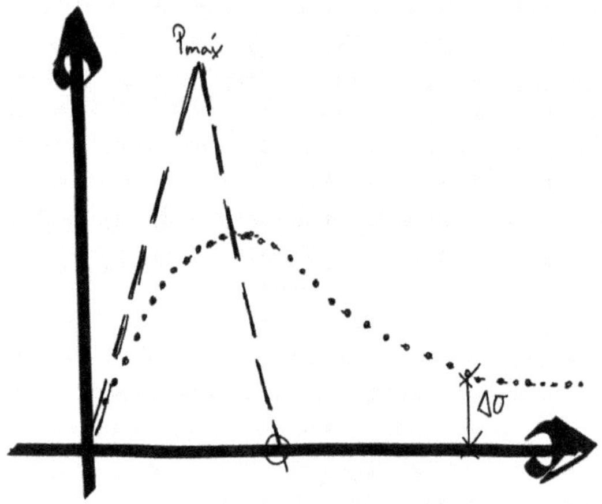

Figura 13. Ensayo de meditadores.

- En las líneas (meditadores), ves un pico de intensidad (ritmo cardíaco, sudoración... etc.). Al estar muy conectados con el momento presente, lo que ven les impacta mucho a nivel fisiológico. Pero, como ves, una vez se dan cuenta de que han sido capturados por esa emoción o sensación, son capaces de recuperarse rápido. Los meditadores avanzados adquieren la capacidad de inhibir la red por defecto.

- En los puntos (sin entreno específico), al estar a varias cosas (rumiando), no les impacta tanto, pero hay un problema: no son capaces de desengancharse rápidamente en el tiempo. Ahí, como ya sabes, hay mucho desgaste, estrés crónico, estado mental agitado...

Es posible y real. Así lo vemos con los resultados de meditadores de largo recorrido, que son capaces de inhibir la red por defecto y aumentar su conectividad, o profesionales del deporte de alto rendimiento.

Pero nadie lo puede hacer por ti. Es necesario que te impliques, responsabilices y comprometas con tu entrenamiento y práctica en el tiempo.

Ya te será familiar, pero existe un modelo generado por Shauna Shapiro que sintetiza los mecanismos del *mindfulness* llamado IAA, acrónimo de Intención (o voluntad de permanecer atento y en contacto con lo que pasa ahora), Atención y Actitud (de apertura a la experiencia).

Cada vez que vayas a acometer una acción, pregúntate:
- ¿Qué actitud tengo frente a esta tarea?
- ¿Qué intención he decidido adoptar?
- ¿Qué nivel de atención requiere esta tarea para ser completada?

Esas tres variables son muy importantes en el proceso de percepción que voy a explicarte a continuación. Entre ellos, la atención es la puerta de entrada: allí donde pones tu foco (atención) va todo tu sistema perceptivo y vitalidad.

La atención, puerta al proceso de percepción

«La distancia entre lo que pensamos y lo que hacemos está limitada por aquello que no percibimos. Y como no lo percibimos es poco lo que podemos cambiar hasta que notamos cómo dejamos de percibir las formas de nuestros pensamientos y acciones».

R.D. Laing

Todo el mundo quiere tu atención.

Y hoy mismo es posible que estés siendo bombardeado con multitud de estímulos con intenciones diferentes. Algunos buscan tu amor, otros venderte cosas, algunos informarte... Todos necesitan primero tu atención para luego cubrir su necesidad. Por ello, entrenar tu atención es más importante que nunca.

De hecho, ya sabes que cuanto más inatento estés, menor probabilidad tendrás de tener momentos de felicidad. Este es otro buen motivo para entrenar la atención.

En ocasiones leerás o escucharás la palabra meta-atención. No es ni más ni menos que «el control consciente y voluntario que puedes realizar sobre su propio proceso de atender cuando estás, por ejemplo, realizando una tarea».

A medida que entrenes la atención serás capaz de sostenerla durante más tiempo (atención sostenida) y con menos esfuerzo (atención relajada).

Hoy mismo, cuando he estado conduciendo después de ir a comer con mi mujer, estaba relajado al volante, observando los coches que se incorporaban con atención, pero sin verlos como una amenaza, dándome cuenta de cómo algo *a priori* caótico como es conducir por Madrid estaba siendo una experiencia placentera y no reactiva.

Dicho lo anterior, y como te adelantaba al principio de este manual, te invito a practicar *mindfulness* en cualquier momento del día, incluso al volante. Para mí ha sido un antes y un después en la forma de relacionarme conmigo, con mis entornos y las personas que lo habitan. Sin duda algo que seguiré aprendiendo, refinando y disfrutando toda la vida.

Antes de entrar en el proceso de percepción, quiero ofrecerte unos detalles interesantes sobre la atención.

- Se dice que el filtro atencional es el proceso más importante de la experiencia consciente. Aquello donde sitúas la atención se hace real para ti. Y esto afecta por completo a tu conducta posterior.
- Carl Roger añade que «la conciencia también tiene como propósito ayudarnos a construir nuestra identidad». Poner foco en ese «yo» supone dejar de orientarte únicamente a complacer a los demás y pensar en tu propio bienestar y atender tus necesidades.
- La atención lleva al autoconocimiento, este al autocuidado, y ambos a la autorregulación.
- Permite darte cuenta de cómo funcionas. Por ejemplo, detectar si estás dentro de un pensamiento lento (comprensión y aplazamiento de juicio) o un pensamiento rápido (juicio automático y reactivo). Y, desde ahí, decidir cambiar de modo cuando te sea posible. No es fácil, dado que la reacción inconsciente es más rápida que el procesamiento consciente y los automatismos permiten no consumir tanta energía.

Ahora quiero contarte algo sobre el proceso de percepción.

¿Qué es la percepción? Algunas fuentes la definen como «un proceso cognitivo fundamental para nuestra supervivencia, en el que se da un encuentro entre lo físico y lo mental». Otras como «la forma en la que el cerebro interpreta las sensaciones que recibe a través de los sentidos para formar una impresión inconsciente o consciente de la realidad física de su entorno».

Y, como ya sabes:

- Lo que percibes no es la verdad.
- Y no es tan solo lo que percibes y lo que te sucede, sino cómo lo llevas.

Donde unos ven las cosas medio vacías, otros ven una oportunidad; donde unos ven frustración y mala suerte, otros una oportunidad para sonreír.

Figura 14. A igualdad de circunstancias, ¿cómo te relacionas con lo que viene y tus estados?

Tu percepción depende, entre otras cosas, de:

- Dónde y cómo pones el foco.
- Lo que tú quieres ver o estás buscando confirmar o validar.
- Cómo estás tú a nivel mental, emocional o físico.

- Cuál es tu sistema de referencia, patrones, creencias...

Además la mente no distingue entre realidad y ficción, y hay filtros, patrones y creencias que modulan lo que percibes. No solo eso, sino que has de tener en cuenta que la memoria también, al parecer, la modificamos para sobrevivir.

Si estás en un estado agudo de estrés o ansiedad, en el momento de percepción y codificación es posible que ese recuerdo pase a ser catalogado como «falso». En cierto modo uno no recuerda lo que fue, sino cómo le hizo sentir, hasta tal punto que lo que recuerdas puede no haber ocurrido de la forma que tú crees.

Lo que recuerdas no es tampoco la verdad. He acabado llegando a la conclusión de que uno ha de ser cauto cuando decide rebuscar en el pasado.

Ha llegado el momento de ofrecerte el modelo de percepción:

- [0] Pasado. Todos tenemos un pasado (vivencias, aprendizajes...), unos modelos internos y una forma de relacionarnos con la vida determinada.
- [0] Futuro. Muchos tenemos una idea de lo que nos gustaría obtener en un futuro, o de lo que nos asusta o aterra. Esto condiciona el presente.
- [0] Presente. Este preciso momento.
- [1] Existe un estímulo (interno: pensamiento, sensación, emoción o sentimiento; o externo: olor, ruido, palabras de una persona...).
- [2] [3] Arranca el proceso de percepción. Te das cuenta de un estímulo (de manera voluntaria o involuntaria) a través de tus sentidos. La memoria sensorial entra en acción (adquisición y codificación de estímulos) y se envía información a la memoria de trabajo (MT) para evaluar su importancia. Esa

MT es capaz de coger ese estímulo, compararlo con lo que ya tienes en la memoria (de largo plazo), interpretar y evaluar si es peligroso o importante, o no. En algunos casos el cuerpo se prepara para la lucha, la huida o la parálisis (cambios en sudoración, ritmo de latidos, ratio respiratorio, generación de cierta química en sangre...).

- [4] Se toma una decisión. A veces será no hacer nada y otras tocará actuar de una determinada manera. Sé firme, pero amable y compasivo.
- [5] Toda acción tiene su consecuencia y resultado. También afecta a tu sistema inmune, defensas, y contribuye a mantener tu estrés crónico.
- [6] Cabe la posibilidad de entender y aprender sobre lo que ha sucedido y almacenarlo en tu memoria para futuras tomas de decisión.

¿Te encaja este proceso? Date cuenta de que no existe una única manera de interpretar un acontecimiento: las percepciones son múltiples y coexisten. Al igual que hay diferentes maneras de responder o reaccionar.

La práctica del *mindfulness* permite alcanzar un estado de apertura a los procesos internos para investigar cómo funcionan, y desde ahí, poder aplazar el juicio. Esto te ofrece la opción de poder re-evaluar el ciclo de acción-reacción. Como dice uno de mis profesores, «ten en cuenta que solo puedes elegir si dispones de diferentes interpretaciones» y de diferentes opciones de respuesta.

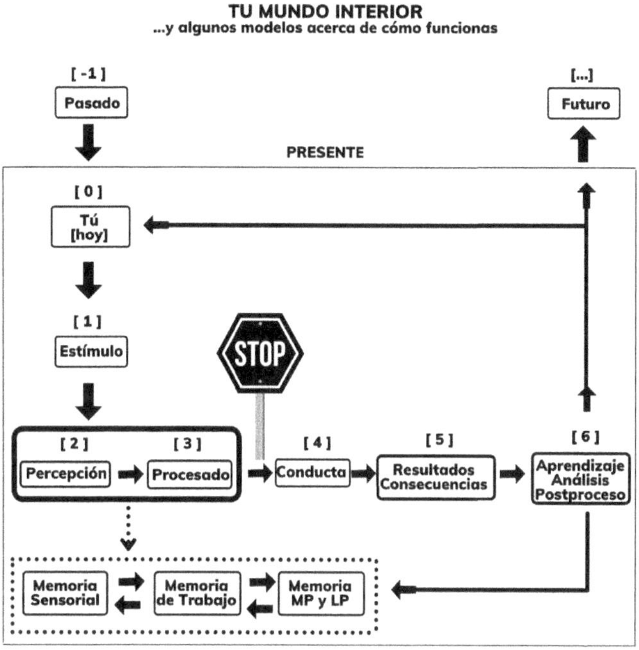

Figura 15. Proceso de percepción.

En la imagen anterior puedes ver la señal de STOP. Es como el interruptor de una turbina eólica, que nos permite parar la máquina en caso de emergencia, llevando las palas a bandera a la vez que desconecta ciertos sistemas[56].

STOP es el acrónimo que sintetiza las acciones centrales de la práctica. Consiste en que, cuando sientas que estás desbordado o que vas a reaccionar a algo que has percibido, decidas activar tu «seta de emergencia». Con ello crearás un «espacio» entre el estímulo y la respuesta, pudiendo dispo-

---

56 Aquí entra la frase de Víctor Frankl: «En ese espacio está la última libertad humana».

ner de un espacio de mayor reflexión y toma de decisiones. Echa un ojo a la explicación inferior:

- S: Stop. Detente y para lo que sea que estés haciendo. Decide aplazar los juicios y las acciones que estés llevando a cabo. No te limites a reaccionar. Adoptar una actitud de curiosidad lo cambia todo.
- T: Tómate un respiro. Vuelve a conectar con tu respiración o con el ancla que hayas elegido. Esto te ayudará a ganar un espacio.
- O: Observa. Observa lo que está sucediendo. Si surgen juicios, aplázalos. ¿Qué está pasando dentro y fuera de ti? ¿Adónde se ha ido tu mente? ¿Qué es lo que sientes? ¿Qué es lo que estás haciendo? Observa con curiosidad y mente de principiante. Adquiere una foto más completa, valora alternativas y evalúa tu siguiente paso.
- P: Procede. Continúa haciendo lo que estabas haciendo, haz otra cosa o decide no hacer nada. Pero, independientemente de lo que decidas, hazlo con atención y asumiendo tu parte de responsabilidad.

Esto no es nuevo para ti. Lo llevas haciendo toda la vida. Pero mi invitación es que lo entrenes a fondo y de manera más consciente para que se convierta en algo habitual en ti.

Vivir todo el día en modo automático, además de llevarte a poder cometer muchos errores y a no darte cuenta de lo importante, puede desgastarte y acabar contigo.

Es muy recomendable practicar esta «parada», no solo cuando creas que lo necesitas, sino varias veces al día. Puedes utilizar un aviso en tu móvil a diferentes horas del día para recordarte parar. Decide poner atención plena a la tarea que estés realizando.

Para, regúlate y coge perspectiva. Hoy es más necesario que nunca. Y si notas que algo te impacta o te molesta, dale una vuelta y pregúntate:
- ¿Cuál es mi percepción de eso que me molesta?
- ¿Hay alguna otra manera de verlo o manejarlo?
- ¿Por qué me molesta realmente? ¿Es algo interno o externo?

La «toma de consciencia» y el «entrenamiento de la atención» para mí deberían ser dos de las prioridades de toda persona. Ahí reside todo.
- Si no eres consciente de que tienes salud, ¿cómo valorarla?
- Si no eres consciente de que cada día es un regalo y una nueva oportunidad, ¿cómo vas a disfrutarlo y sacarle provecho?
- Si no detectas y entiendes, ¿cómo relacionarte mejor con ello?

Y también hay detractores. Y está bien.

He leído noticias de empleados y personas que critican los programas de mejora del rendimiento y también los de *mindfulness*. Incluso han acuñado el término McMindfulness. Y yo me pregunto, ¿el problema es la herramienta o cómo cada uno decide usarla? Dicho lo anterior, yo estoy feliz de trabajar en entornos que me ofrecen y pagan formaciones y entrenamientos que mejoran mi vida al completo, entre ellos mi mundo laboral, productividad y eficiencia.

Creo que ganamos todos y que estos temas son importantes y urgentes. Pero, por supuesto, en esto tampoco tienes que estar de acuerdo conmigo.

MODELO 4. SOBRE EL ESTRÉS, LOS ESTRESORES Y SUS CONSECUENCIAS

«Vivir un momento estresante no es lo mismo que vivir estresado. Lo primero es normal, inesperado y generado por el ambiente, mientras que lo segundo, vivir estresado, es tóxico, buscado y generado por nosotros mismos porque se ha convertido en un hábito y no sabemos vivir de otra manera».

BERNARDO STAMATEAS

Tú ya sabes lo que es estar estresado.

De hecho es común escuchar hablar del estrés a diario:

- «Estoy muy estresado».
- «El estrés va a acabar conmigo».
- «No quiero estrés en mi vida».

Siempre ha habido estrés; el asunto tal vez reside en que nuestro ritmo de vida, los anhelos constantes que buscamos, la cultura del «para ya», la sobresaturación de estímulos y la información y la aparición de nuevas amenazas nos mantienen en un estado de alerta constante.

Ese estado sostenido en el tiempo no es nada beneficioso. Conlleva estados de estrés crónico y picos agudos que pueden dañar tu salud de mil y una maneras.

No obstante, has de recordar que es uno de nuestros grandes aliados y que es un mecanismo de supervivencia y adaptación que compartimos en cierto modo con los organismos más simples.

No consiste en eliminarlo, y tal vez ni en reducirlo, sino en aprender a relacionarte mejor con él y saber cuándo activarlo o desactivarlo.

Una estructura es diseñada y calculada para ser capaz de coger carga, y, mediante un mecanismo de trasferencia (línea de carga), llevarla al suelo de forma óptima. Para ello has de entender el entorno (corrosivo, oxidativo, alta demanda de carga…etc.) y, a partir de ahí, seleccionar qué materiales usar y cómo disponerlos (estructura y uniones) para dar solución al problema que enfrentas.

Esos materiales, estructura, cimentación y formas son análogos a lo que sucede con las personas y los equipos. Y de nuevo, uno ha de conocerse a sí mismo y a los entornos que habita.

¿Quieres relacionarte mejor con el estrés y tus cargas? Seguimos.

Estrés y estresor

Como me explicaron en su día, «uno no se desestresa aprendiendo sobre el estrés». De hecho, al parecer lo que te estresa no es el estresor ni lo que sabes de él, sino cómo te hace sentir (angustia, miedo, ansiedad, incertidumbre…).

Cuando un estresor, real o imaginado, aparece (y lo percibes e interpretas como tal), se producen reacciones corporales no conscientes que limitan tu exposición y comportamiento. Además, lo que piensas y crees sobre el estrés, también condiciona cómo te afecta y el impacto que produce en ti[57].

---

57 Kelly McGonigal (autor del libro *Cómo convertir al estrés en tu amigo*) nos dice que: «Mientras que el estrés se ha convertido en el enemigo público de la salud, nuevos estudios sugieren que el estrés solo es malo si tú piensas que lo es». Por ello nos invita a ver el estrés de forma positiva. Algo similar nos regala Enrique Rojas: «Casi todas las situaciones que se nos presentan en la vida cotidiana tienen solución. Solo con pensar de esta manera ya empezamos a mitigar el exceso de estrés. Hay una serie de medidas prácticas para lidiar con este persistente enemigo incluso en tiempos de crisis: ir paso a paso» Por último, analiza la definición que utilizamos en el MBSR:

Ahora, tengamos en cuenta que hay dos tipos de estrés (ley Yerkes-Dodson):

- El estrés positivo o eutrés. Es donde tienes el máximo rendimiento, concentración y foco. Pero solo puedes estar ahí un cierto tiempo. Llega un momento en que entras en distrés.
- El estrés negativo o distrés. Ahí entra la sensación de disconfort, frustración, o incluso se limita tu capacidad de aprendizaje. Te bloqueas, te distraes, te cambia el humor.

Si observas la gráfica es similar a una distribución de Gauss:

- Eje horizontal. La concentración del cortisol, nivel o carga de estrés.
- Eje vertical. Coeficiente de salud, vitalidad o rendimiento.

Debes entender dónde estás en esa gráfica en cada momento del día. Si ya estás en distrés, cuidado con forzar la máquina y permítete parar y salir de ahí.

«Estrés como resultado de una relación entre la persona y su entorno que es percibido como amenazante y que excede sus recursos y pone en peligro su bienestar».

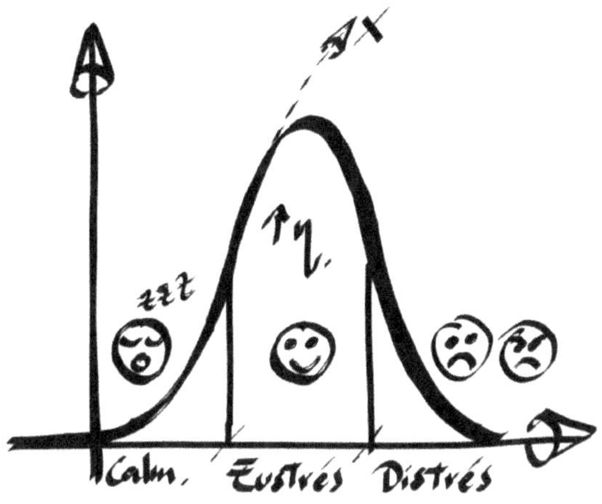

Figura 16. Yerkes-Dodson. Estrés.

Deberás también tener en cuenta que, en función del tiempo de exposición a lo que percibes como una amenaza, el estrés podrá ser:

- Agudo (limitado en el tiempo). Es un comportamiento saludable y normal; tiende a ir acompañado de motivación, se activan las funciones cognitivas y surge una estimulación a favor del individuo.
- Crónico (sostenido en el tiempo). Supone un agotamiento de recursos físicos y psicológicos, surgen conductas destructivas o adictivas, bajan las capacidades cognitivas, aparece un sufrimiento psicológico y se produce un exceso de carga alostática (afectando al sistema digestivo, acelerando envejecimiento o incluso causando problemas circulatorios).

Esto lo pudiste ver con la gráfica de Sapolsky sobre el sistema inmune y el tiempo de exposición a un estado estresante en el apartado de cebras y salmones.

Utilizando de nuevo el ejemplo de una estructura, por el simple hecho de estar construida has de saber que ya está sometida a tensiones:

- Debido a su propio peso.
- Tensiones residuales de soldaduras, derivadas de una fabricación incorrecta, de golpes de transporte, un mal montaje o funcionamiento incorrecto (rangos de operación fuera del manual de instrucciones).
- Tensiones adicionales, de pretensado o postensado, para lograr un buen funcionamiento de la estructura (hormigón armado).
- Deformaciones permanentes. A veces la tensión permanente viene causada por una deformación en la estructura previa (abolladuras...).

Por el hecho de seguir vivos todos tenemos en mayor o menor medida un nivel de estrés (tensión). Incluso quieto o dormido estás sometido a procesos y cargas. A veces sentirás reflejos de esa carga en tu cabeza, estómago, espalda, fascias... en forma de molestia, tensión o cierto dolor.

Pero hay otro punto clave. Al igual que no todas las estructuras o máquinas se comportan del mismo modo ante la misma carga, lo que es estresante para una persona puede no serlo para otra, y viceversa. Aquí entra el concepto de estresor: «No es el estresor potencial en sí mismo, sino cómo lo percibes y después cómo lo manejas lo que determinará si conducirá o no al estrés» (Kabat-Zinn, 2016).

Además, no es solo la carga (en magnitud o frecuencia), sino la combinación de cargas (cuántas sostienes a la vez), y tu estado previo a la entrada de esa carga (nivel de tensión acumulado, estado mental, emocional, físico...).

La misma carga en diferentes momentos de tu vida provocará diferentes respuestas o reacciones (y con ello, diferentes tensiones, deformaciones y comportamientos).

Una carga *a priori* inofensiva puede convertirse hoy en la gota que colma tu vaso si ya está suficientemente lleno.

En este punto, te invito a tener cautela y no creer que todo depende de ti. Esto suele ser un gran error. Puedes mejorar tu relación con un «estresor» si aprendes a interpretarlo (percepción) y manejarlo de manera más optima; pero habrá ocasiones en las que será tan real y grande que tocará «poner pies en polvorosa» para poder sobrevivir y seguir respirando otro día.

Y esto último no es de cobardes, sino de personas sabias. No siempre uno está preparado para afrontar lo que está por venir. A veces toca protegerse, sanar o crecer, para poder volver a ese lugar a afrontar lo que sea necesario.

Ahora me gustaría que relacionaras la atención o inatención con el proceso de estrés. Si no estás atento, o si estás percibiendo un exceso de estímulos amenazantes, es posible que se retroalimente el bucle siguiente:

Figura 17. Inatención.

Es decir, ¿qué sucede si abusas del proceso de estrés, si lo gestionas mal o si estás en presencia de muchos estresores? Te acabas desgastando en exceso.

De hecho muchos profesionales hablan del estrés como un proceso de desgaste acelerado o un detonador de enfermedad. Permíteme ahora relacionar lo anterior con algunos conceptos ingenieriles, que te serán de mucha utilidad para complementar lo dicho hasta ahora y conocerte mejor.

Estrés, y tensión en ingeniería. Curvas de tensión-deformación

Quiero comentarte que la palabra en inglés «stress» se utiliza también en ingeniería, refiriéndonos a un estado tensional del material o la estructura.

Cuando eliges un material, le das forma y lo unes a diferentes piezas hasta formar una estructura, empiezan a aparecer propiedades que nos permitirán calcular el estado tensional ante una carga dada.

Utilicemos un caso sencillo:

- Una barra de acero (250 MPa = 250MN/m^2) en posición vertical y empotrada al suelo (el material, su resistencia y su disposición son datos clave).
- De área 1 m^2 (no es solo la carga, sino tu capacidad, en este caso área).
- Solicitada por una carga F de 175 MN que tira de ella hacia el cielo (alineada con el eje de la barra).

A partir de lo anterior se puede calcular su estado tensional:

- Estado1_Tensión=F/A =175/1=175 MN/m^2
- Pudiendo dibujar otros estados, por ejemplo:
- Estado2_Tensión=290 MN/m^2 (dado por una F=290 MN)
- Estado3_Tensión=320 MN/m^2 (dado por una F=320 MN)

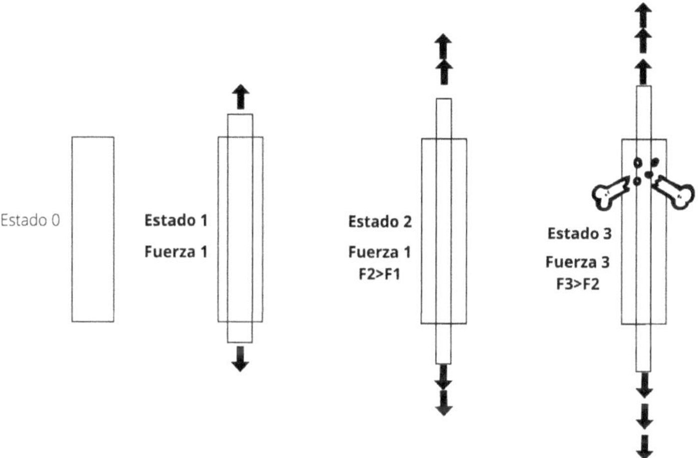

Figura 18. Diferentes estados de tensión.

Y con ello podemos ir a la gráfica que relaciona las variables tensión-deformación del material (acero de 250MPa) para entender cómo de cargada está esa barra (la estructura) en función de las cargas de solicitación.

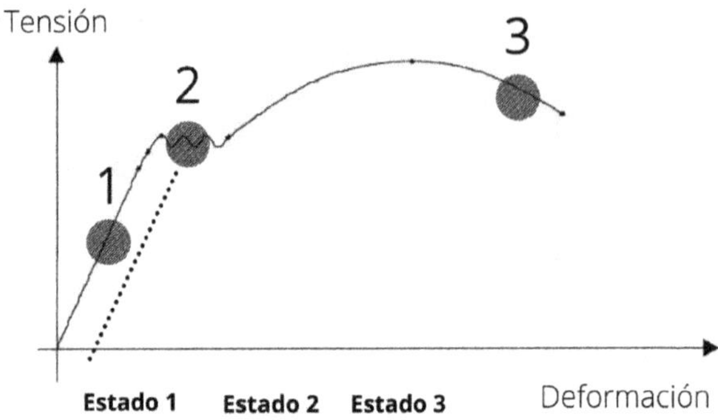

Figura 19. Tensión-deformación.

En relación a la gráfica anterior tan solo añadir que:

- Estado 1. Se encuentra en régimen elástico. Cuando desaparezca o cese la carga, ese cuerpo recuperará su estado inicial sin deformación o tensión permanente. Como anécdota, la pendiente de ese tramo representa el módulo de elasticidad o módulo de Young. Es una propiedad que mide la resistencia de un material a la deformación elástica[58]. En algunos casos no es solo que sepas resistir deformándote, sino que deberás aguantar la forma más tiempo o no podrás deformarte más de una proporción (como el caso de carga que verifica que la mayor deflexión de punta de la pala, no contacta con la torre del aerogenerador).

- Estado 2. Otras cargas son capaces de deformarte o dejar tensiones en ti de por vida. El punto dos ya ha sufrido un cuello de estricción o una deformación permanente.

---

58   Por ejemplo, módulos bajos son característicos de materiales flexibles y sufrirán grandes deflexiones bajo carga, sufriendo roturas de tipo dúctil, como tejidos blandos como la piel; tejidos rígidos, como los huesos, tienden a tener una rotura frágil.

Al cesar la carga, ese elemento no volverá a su forma inicial o podrá haber acumulado tensiones internas permanentes (llevado al caso de la persona, puede haberse producido un trauma, deformaciones físicas...)

• Estado 3. El elemento ya ha roto y en muchos casos deja de ser funcional.

¿No es lo mismo que nos pasa a los seres humanos?

A veces tendrás estados reversibles (elásticos), y en otros habrás superado tu límite elástico, quedando alguna consecuencia permanente (plástico), como un trauma, deformaciones físicas...

La cosa se complica cuando en vez de solo de una carga puntual (como en el caso de la barra) empiezan a aparecer otras cargas de forma simultánea, dando paso a una combinación compleja de ellas, a lo que a veces se suman condiciones ambientales (corrosión, oxidación, humedad...) que dificultan aún más el enfoque del problema y su solución.

En ese caso deberás entender muy bien cómo cada carga consume una parte de su resistencia y capacidad de deformación, teniendo en cuenta que tu límite elástico lo puedes superar con una carga lo suficientemente potente, o como suma de efectos de muchas cargas de menor intensidad.

¿Cómo estás tú ahora? Es posible que estés expuesto a diferentes cargas (internas y externas) que, combinadas de forma simultánea, dan como resultado tu estado tensional actual (a nivel mental, emocional, físico o espiritual).

¿Otros ejemplos de analogías ingenieriles aplicadas al ser humano?

• Esto les pasa también a los circuitos eléctricos o electrónicos cuando están sometidos a una sobretensión (voltaje) o sobreintensidad. Muchos se funden, se queman o cortocircuitan (como nuestra mente en ocasiones). O tan solo saltan los plomos (diferenciales) como sistema de protección y seguridad, asilando la falla aguas abajo.

- Lo puedes también ver en motores de combustión, calderas u ollas a presión. Tienen sus límites de funcionamiento, y cuando los sistemas de seguridad fallan, o las cargas de funcionamiento se disparan, rompen de alguna manera, poniendo en peligro la integridad de las personas. Si la olla a presión no es capaz de disipar presión a través de su válvula de escape (porque esté rota o bloqueada), ya sabes lo que puede pasar...

Pero hay esperanza. No todo son cargas, estresores y estrés. También disponemos de sistemas resistentes y de la capacidad de regenerarnos, o incluso de seguir siendo funcionales tras haber roto de alguna manera. Esto lo veremos más adelante de la mano del concepto *Kintsugi*.

El asunto es que hasta que uno no rompe normalmente no conoce algunos de sus límites, las consecuencias o secuelas. Por ello es clave aumentar la consciencia y poner foco en el mantenimiento y la prevención para evitar, en tanto sea posible, plastificar o romperse de alguna forma irreversible.

Es curioso muchas veces que hasta que no nos asustamos lo suficiente no decidimos hacer nada al respecto. Y al recuperar la salud volvemos a las andadas.

Y, como ves, es cierto lo que te dije. Cuando uno aborda el estudio del ser humano se da cuenta de que la ingeniería parece a momentos un juego de niños.

Ahora quiero dejarte otra reflexión y un caso adicional que te puede ayudar aún más a comprenderte mejor cuando estás expuesto a ciclos de carga recurrentes en el tiempo. O, lo que es lo mismo, a solicitaciones de fatiga o cargas ELS (Estado Límite de Servicio).

Curvas de fatiga de un material y daño acumulado

Como estás viendo, hay diferentes formas de romper. Y por cada forma de romper hay varias formas de resistir.

Con ayuda del código QR puedes ver la posibilidad de romper por cargas súbitas (ensayo Charpy en la caracterización de resiliencia) y por otras cargas que te llevan al agotamiento elástico (pudiendo producir deformaciones permanentes, o roturas dúctiles o frágiles). Ahora toca hablar de roturas por acumulación de carga en el tiempo.

Seguro que has escuchado hablar de fatiga o desgaste mental o físico. Si ponemos el foco en términos ingenieriles, la ASTM (Sociedad Americana para Pruebas y Materiales) nos dice que: «la fatiga es el proceso de cambio estructural permanente progresivo y localizado, que ocurre en un material sujeto a tensiones, deformaciones variables, en algún punto o puntos, y que produce grietas o la fractura completa tras un número suficiente de fluctuaciones».

¿No es esto también lo que nos sucede como seres humanos?

Nos vamos desgastando, envejeciendo, acumulando carga, deteriorando… de forma progresiva, y en ocasiones incluso de manera acelerada debido a nuestro insano estilo de vida, o a diferentes experiencias no elegidas que la vida nos trae.

La rotura por fatiga en ocasiones es silenciosa.

Por ello es un modo de fallo especialmente peligroso, dado que no siempre presenta indicios de fallo y tiende a una rotura repentina (¿te suena la fibromialgia o la depresión?). Cuando estás sometido a una carga elevada y puntual es más fácil darse cuenta… Pero no tanto cuando esa tensión se acumula poco a poco, con intensidades inapreciables.

En una charla en CITEAN (Centro de Innovación Tecnológica de Automoción de Navarra) nos dijeron que la fatiga representa el 70 % de los fallos mecánicos. Me encantaría conocer el porcentaje de roturas en humanos debidas a cargas análogas a las de fatiga. Y dado que el estrés es entendido como un mecanismo de desgaste, tiene sentido relacionarlo con cargas y estado de fatiga.

Para darte algún hilo más del que tirar, ten en cuenta que en el análisis de fatiga muchas veces se tienen en cuenta la aparición y la propagación de fisura o grieta en el material. Las fases que suelen describirse son:

- Vida hasta el inicio de grieta
- Vida de propagación de grieta
- Vida hasta fractura final

Si recuerdas, esto también te lo ofrecí cuando te hablé sobre la resiliencia. En CITEAN también nos dijeron que: «Un buen conocimiento de la teoría de la elasticidad, resistencia de materiales, análisis cinemático y dinámico, teoría de vibraciones, dinámica estructural, elementos finitos y métodos experimentales, son imprescindibles para el ingeniero que quiere desarrollar sistemas estructurales sometidos a solicitaciones variables, así como maquinas o componentes». Cuando hablamos de fatiga estamos ante un problema complejo, no lineal, y que necesita de mucho estudio y preparación.

No es fácil predecir ni medir la fatiga de un material. ¡Imagínate medirlo en el ser humano en tiempo real! Por ello en muchas ocasiones hemos de probar prototipos con ensayos acelerados (con cargas equivalentes y acumuladas, que modelizan en unos meses, la solicitación que verán en 20 o 25 años). Esto se hace, por ejemplo, con las palas de los aerogeneradores en bancos de ensayos enormes.

Otra particularidad al ensayar materiales a fatiga es crear las curvas S-N.[59] Fíjate en el siguiente procedimiento.

- Imagina que solicito a una pieza determinada con el estado 1 hasta que rompe. Eso me da un punto en la gráfica S-N.
- Luego hago lo mismo, con otra pieza, para el estado 2.
- Y luego para el estado 3.

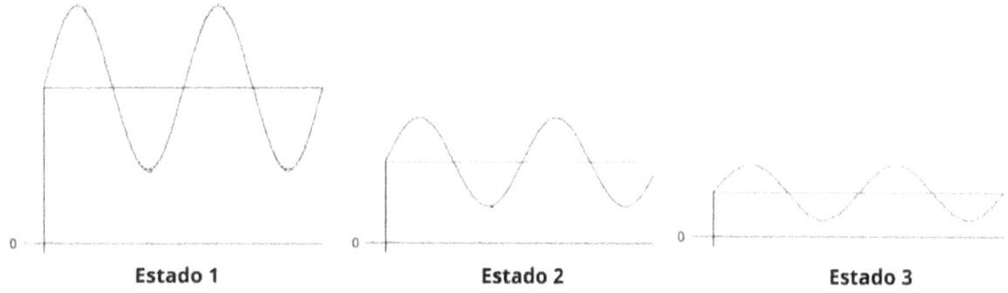

Figura 20. Diferentes cargas a diferentes rangos de tensión.

Esto me permite tener tres puntos de la gráfica S-N. Si lo hago para más estados iré construyendo una gráfica con más puntos de información.

___

59 Representan la relación entre la amplitud de la tensión nominal elástica y el número de ciclos hasta la fractura final para un determinado valor medio de dicha tensión.

Rango de tensión

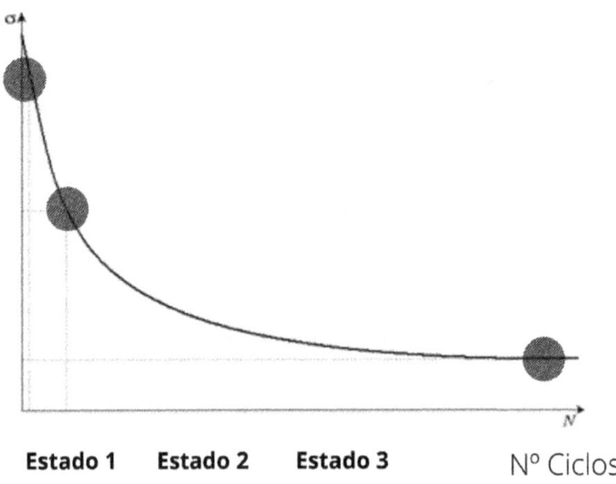

Figura 21. Curvas S-N.

Algunas conclusiones de la gráfica anterior son que:

- A mayor rango de tensión, menos ciclos podrás aguantar en el tiempo sin fisurar o romper. Y a menor rango de tensión, más ciclos.
- Hay un caso teórico, llamado «endurancia», en el que si eres solicitado a ese estado de carga (o inferior) podrás vivir de manera infinita.

Y se pueden hacer muchas más cosas.

A veces no podemos controlar el que se cree una fisura pero sí darnos cuenta a tiempo de que existe y frenar su propagación. De ahí la importancia de entrenar la atención y así poder detectar los problemas en estadios iniciales.

Lo siguiente muestra una opción para frenar su evolución.

La siguiente foto aclara cómo un apoyo de personal o un aumento de recursos puede frenar la propagación de fisuras. Esto es lo que se hace también con ciertos materiales y máquinas (aliviar tensión y crear sumideros de fisuras, para que no se sigan propagando).

Figura 22. Evitación de propagación de fisura.

A esto nos ayuda, en dinámica estructural, el método de elementos finitos, que «estudia el comportamiento mecánico de los sistemas mecánicos resistentes, tratando de analizar principalmente problemas de tensiones y deformaciones» (Avilés, R.; Goizalde.M.B.; 1995)[60].

En relación con la fatiga, hay todo un mundo para seguir profundizando e investigando. Los ejemplos anteriores no hablan de la velocidad de propagación de grieta, factores de intensidad de tensión, concentración de tensión… pero espero que hayan sido suficientes para hacerte entender la importancia de la fatiga para ti.

---

60 En la figura anterior, por supuesto, previamente deberás estudiar si ese agujero (aliviadero) no afecta al resto de la estructura o máquina.

¿Cómo abordar esto desde el prisma del ser humano? El autoconocimiento, la normalización de algunas enfermedades, las herramientas y los modelos que te estoy ofreciendo… son una caja de recursos multivariable a tu alcance y que debes empezar a utilizar sin falta. Recuerda que el foco no solo ha de estar en combatir el síntoma, sino en la prevención y el mantenimiento diario.

Por ejemplo, pregúntate:

- ¿En qué áreas de tu vida hay una alta concentración de tensión?
- ¿Tienes alguna fisura en alguna parte de ti (mental, emocional o física) que se esté propagando?

Y por supuesto existen otras formas de rotura o colapso adicionales a todas las que ya hemos ido comentando:

- Uno puede colapsar a través de un mecanismo de inestabilidad por pandeo ante la solicitación de una carga crítica. En nuestro caso, cuando sufrimos una pérdida o un golpe inesperado.
- También se puede romper por un efecto relacionado con la resonancia y el «vortex shedding», que se produce al coincidir la frecuencia propia de un sistema (mecánico, eléctrico, etc.) con la frecuencia de una excitación externa (puedes investigar sobre el caso del puente de Tacoma Narrows o los métodos de demolición de edificios basado en este fenómeno). Cuando la carga, o el estresor, ataca asuntos muy importantes para nosotros, como algunos valores o la familia (que en magnitud no nos tendrían que afectar), es capaz de obtener una respuesta amplificada en nosotros que puede desequilibrarnos y hacernos romper, a veces de repente y de forma catastrófica.

Hay diferentes formas de romper.
- Depende de la carga, pero también de la persona (o estructura). Una carga puede hacer colapsar a una persona y a otra no.
- Depende también del estado de la persona cuando aparece la carga. La misma persona, llegado un punto, no puede sostener una carga a la que estaba acostumbrada a *priori*.

Por ello es muy importante que conozcas tus límites y entiendas la naturaleza de las cargas a las que estás expuesto. Y has de empezar ya, hasta el punto idílico de que puedas optar a ese concepto de «endurancia» (vida infinita). Yo lo entiendo como hacer todo lo que está en tu mano para optar al mayor bienestar posible y así alargar tu tiempo de vida, de forma que aproveches toda tu existencia útil de manera efectiva y eficaz, pero sin acortarla en el tiempo.

¿Cómo? Estudiando a fondo este manual, apoyándote en expertos (gigantes) en cada tema y aplicándolo en tu día a día en todas las áreas posibles.

A continuación quiero hablarte sobre el proceso de estrés. Para mí es de lo mejor que he visto estos últimos años.

PROCESO DE ESTRÉS, CONSECUENCIAS Y MODOS DE FALLO

Este proceso para mí ha marcado un antes y un después a la hora de comprender mi funcionamiento, no solo de una forma teórica, sino dándome cuenta de manera muy consciente del papel del cuerpo, el corazón, el espíritu y la mente.

Todo ha de estar engranado si queremos aspirar a vivir una vida plena.

A continuación te dejo un esquema del proceso inspirado en el libro *Vivir con plenitud las crisis* (Kabat-Zinn, 2016) para luego explicarte cada fase en detalle.

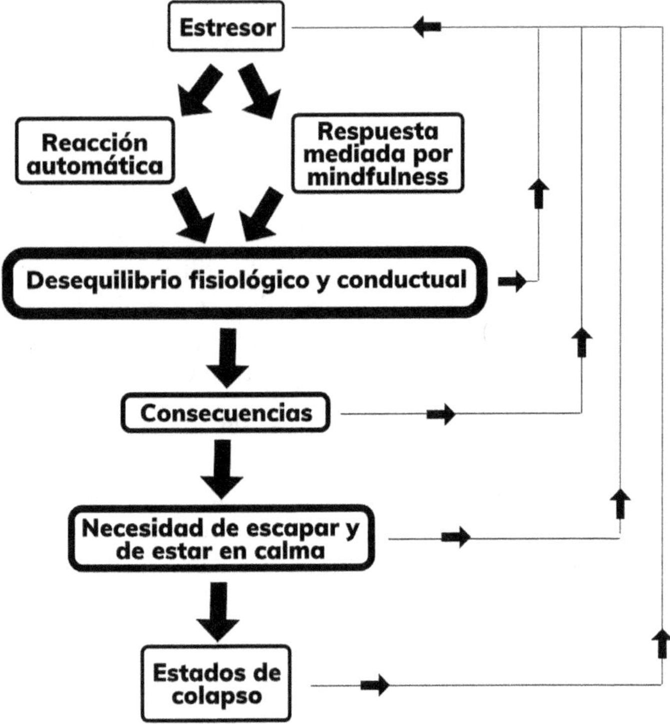

Figura 23. Ciclo de estrés.

Fase 1. Inicio del ciclo

Antes de comenzar el ciclo de estrés partamos del supuesto de que estás en cierta calma. Desde ahí tus sentidos perciben un estímulo interno (pensamiento, sensación, sentimiento, emoción…) o externo (un ruido, un sonido, el grito de una persona, algún tipo de agresión...), que detona el inicio del proceso.

Esto ya lo viste en el proceso de percepción.

El cuerpo, ante una posible amenaza, se empieza a preparar para sobrevivir.

- El corazón se acelera, respiras más rápido, aumenta la temperatura del cuerpo, te sudan la frente y las manos, la sangre es dirigida a los músculos motores y tu farmacia interna comienza a fabricar sustancias que te ayudan a activarte y prepararte para la batalla (cortisol, catecolaminas y prolactina).
- A la vez, la mente intenta recordar cómo superó circunstancias pasadas similares, mientras interpreta lo que está sucediendo.

Cuando veo alguna película o serie de super-héroes me imagino que cuando se ponen en modo lucha, o cuando invocan su poder, hacen algo similar a lo que hace nuestro cuerpo cuando percibe una amenaza. El cuerpo se blinda y se prepara para la supervivencia.

Pero, como sabes, cuando el cerebro «reptiliano» coge el control, o tu amígdala es secuestrada, estás limitado a tres opciones: lucha, huida o parálisis.

Fase 2. Tu forma de responder o reaccionar. Detonación

En función de lo que suceda en la fase anterior reaccionarás (en base a lo que siempre te funcionó) o emitirás una respuesta, si aplicas el STOP, más adaptada a la situación en la que te encuentras.

Y, hagas lo que hagas (reacciones o respondas), surge un desequilibrio en tus dimensiones de salud: mental, emocional y físico.

Fase 3. Desequilibrio (¿Equilibrio y regulación o un nuevo desequilibrio?)

Llegada a esta fase, si te equilibras de nuevo (encontrando el punto de equilibrio de partida, o un nuevo equilibrio estable para ti), vuelves a la casilla de salida y empiezas en la fase 1.

Pero si tu percepción de la amenaza persiste en el tiempo, acabarás por pasar, antes o después, a la fase 4 y empezarás a notar sus consecuencias.

Fase 4. Primeras consecuencias

Una carga sostenida en el tiempo puede tener consecuencias. En este caso, una tensión mantenida en el tiempo (por la acción de uno o varios estresores) te llevará a un estado de estrés crónico y comenzará a pasarte factura.

Algunas cosas que pueden ocurrir son las siguientes: inflamación, dermatitis, caída del pelo, jaquecas, estados de ansiedad o pánico, tensión muscular, dolores de espalda, dolores crónicos, trastornos de sueño, arritmias, hipertensión, inhibición de la digestión (úlceras), inhibición del sistema reproductor, inhibición del sistema inmune, pérdida de atención, falta de concentración, irritabilidad, estados de ánimo alterados, reactividad, bruxismo, aflicción, malestar, soriasis, bajada de rendimiento, pérdida de memoria (no codificación correcta de información, no almacenamiento correcto, no recuperación correcta)

Como ves, hay un amplio menú de opciones.

Pero la realidad es que cada uno tenemos nuestras formas de fallo y el cuerpo nos habla de manera diferente. En tu caso, ¿qué te sucede de las opciones anteriores? Así podrás irte dando cuenta de cuándo el cuerpo te está pidiendo parar y regularte.

Si en algún momento eres capaz de regularte de nuevo, vuelve a empezar en la fase 1. Si la percepción de amenaza, estresor, carga de trabajo, etc. continúa en el tiempo de forma sostenida pasas a la siguiente fase.

Fase 5. Necesidad de escapar y estar en calma

Llegado un punto, toda persona necesita poder sentirse en calma.

Por ello, en estados de estrés o ansiedad crónica pueden surgir conductas de compensación que no suelen ser muy sanas... pero que te permiten escapar de la realidad que te está haciendo sufrir. Aunque sea momentáneamente.

Algunas de estas pueden ser conductas autodestructivas como dependencia de sustancias (fármacos, alcohol u otras drogas), aumento de la carga de trabajo (cuando estás trabajando y ocupado a veces no te sientes tan mal), sobre o hipo alimentación, exceso de deporte, abuso de fiestas... Y cualquier otra forma que se te ocurra para escapar de ese estresor y de lo que el mismo te hace sentir y así poder estar un tiempo en un oasis donde desconectar y regularte.

Si te regulas de nuevo, en función del grado de regulación volverías a la fase anterior o a la casilla de salida (fase 1).

Si no eres capaz de parar esa inercia, antes o después llegarás a la fase 6.

Fase 6. Situaciones de colapso

Forrest Gump decía que: «Mi mamá dice que la vida es como una caja de bombones; no sabes lo que te va a pasar». Uno no sabe *a priori* cómo ni cuándo va a colapsar o a romper. A veces alguien te habrá advertido; en otras ocasiones podrá ser algo repentino.

En esta fase 6 se pueden acentuar los síntomas de la fase 4, pero también puedes sufrir consecuencias mayores como agotamiento extremo a nivel físico o psicológico, pérdida de motivación y entusiasmo, estados de depresión, «burnout», infartos, fallos de ciertos órganos, ictus, trastornos afectivos... Como un sismo, un tsunami, un terremoto, en la naturaleza.

¿Conclusión? El estrés en exceso y mal utilizado afecta al cuerpo, desgasta tu salud y acelera enfermedades. En ocasiones somos nosotros los que nos llevamos al límite (exceso de carga financiera, deportiva, mala alimentación, privación de descanso y sueño...). En otras ocasiones son otros (entornos y personas) los que nos llevan a nuestros límites y nos ponen a prueba.

Por ello profundiza en ti, pero también analiza tus entornos.

Podrás evitar algunas situaciones que acaban en estrés postraumático, ciertas enfermedades crónicas, aislamiento social, ausencia de confianza en ti, miedo constante, arrepentimiento... o incluso perder la motivación, las ganas y el sentido de vivir.

Irás dándote cuenta de cómo en algunos entornos y condiciones, siendo quién eres, será más fácil adaptarte que en otros. En ocasiones he estado en piscinas con tiburones, sin ser yo un tiburón (o sin querer pagar el precio de convertirme en uno) y, llegado un tiempo, o te haces tiburón y aprendes a convivir con tiburones sin que le afecte mucho a tu salud o te sales de la piscina.

Piensa que el proceso del estrés es muy bonito. El problema es que en ocasiones no es reversible. Al parecer la vida no es cómo esos cuentos de múltiple final, en los que cuando te das cuenta de que has elegido mal vuelves a la página anterior haciendo trampas; tampoco es cómo ese Mario Bros que tiene varias vidas y puede permitirse malgastar algunas… Esto es un tema muy serio.

Y no puedes trampear a la vida o adquirir vidas extra por ahí. Puede sonar fuerte, pero hemos de hablar claro.

Por ello te invito a profundizar en lo anterior. Para mí ha sido muy útil, e incluso estoy convencido de que me ha salvado la vida (o al menos de algún que otro colapso grave) en alguna ocasión.

Y, recuerda, yo no tengo la receta para nada. Pero la receta anterior funciona.

Saca tus propias conclusiones

Mirar y querer conocer el estrés puede ser en sí estresante. Pero es la forma de conectar y entender, acercándote lo suficiente.

¿Qué más sucede a nivel cerebral cuando tienes un exceso de estrés?

- Atrofia de la corteza pre-frontal. Esto afecta a la memoria de trabajo y a la capacidad de orientar la atención.
- Atrofia del hipocampo. Disminuye la memoria.
- Hipertrofia de la amígdala. Aumenta la reactividad, el miedo y la ira. Es el secuestro amigdalino de la actividad cortical que ya habrás escuchado.
- Falsos recuerdos. Al percibir, codificar y almacenar bajo altos estados de estrés se ha demostrado cómo surgen recuerdos falsos.

Además, tras haber ejecutado algunas conductas bajo el control del cerebro reptiliano (secuestro amigdalino) tendemos a decir: «Pero, ¿qué he hecho?». Cuando la red por defecto está activa, la tendencia es a reaccionar. El cerebro reptiliano toma el control y la capacidad de responder de forma consciente y adaptada disminuye, dando paso al piloto automático. Ahí la fiesta está montada.

Esta es la correlación entre el estrés y tu conducta. El estrés detona automáticamente un cambio en tu comportamiento. Cabe entender entonces por qué al gestionar mejor tus estresores y el estrés mejorarás tu vida y la de tu entorno. Yo lo veo muy claro. Pero lo importante es lo que tú veas y lo que decidas hacer con ello.

Como se ha comentado, no podemos evitar todo. Hay asuntos que no los veremos venir y nos harán romper de diferentes formas. Pero hay cosas que sí dependen de nosotros, y con todo ello disminuir la probabilidad de fallo o rotura,como:

- Parar, ganar un espacio. Para poder bajar la inercia y la reactividad es necesario parar, observar y reflexionar en profundidad sobre lo que está ocurriendo hoy. Si vivimos todos los días con miedo, como una emergencia constante, percibiendo amenazas allá por dónde pasamos, antes o después pagaremos un precio.

- Cuidar de nosotros y mantenernos sanos. Ya hemos profundizado en esto con varios modelos y argumentos. Mantener un buen estado de salud y forma para poder encajar la carga y el golpe, amortiguarlos y bajarlos a tierra sin grandes daños en el sistema. Recuerda que el aumento de la consciencia del cuerpo y la interpretación de las sensaciones ayudan a gestionar del estrés (marcan la tolerancia al estrés). También Damasio dijo que la consciencia interoceptiva (capacidad de sentir las tripas) juega un papel clave en la toma de decisiones difíciles. Así que por favor, no utilices solo la mente, sino también el corazón, las tripas, el cuerpo y la parte espiritual.

- Entender qué entornos te benefician y cuáles te perjudican. A un calculista no se le ocurriría (si mantiene un buen juicio) poner una estructura no diseñada y calculada para un sismo en una zona sísmica, o una estructura no diseñada para ambiente marino, en el mar. De igual forma, cuidado con ser un lobo dentro de una piscina de tiburones. Tal vez ese no sea el lugar más adecuado para ti.

En uno de mis libros favoritos (Gordon, J.E.; 2004) se puede leer: «El concepto de tensión puede usarse, no solo para predecir cuándo va a romper un material, sino también para describir el estado en que se encuentra cualquier punto dentro del sólido... Tensión en un sólido, es como presión en un líquido o gas».

Es importante que monitorices a menudo tu estado tensional para entender cuánta más carga puedes coger sin romperte, y con ello tomar mejores decisiones.

Mi forma ingenieril de pensar y evaluar mi estado y capacidad de carga restante me ayuda mucho en mis procesos de decisión. Y ese conocimiento acerca de uno mismo viene a través de la observación, la experimentación y la reflexión. Poco a poco, uno va conociendo su estado y sus modos de fallo y empieza a tomarlos como variables importantes en su proceso de toma de decisión.

Por ello te invito a reflexionar sobre las cargas actuales que tienes y percibes hoy en tu vida, y cómo te están afectando.

Preguntas de salida:
- ¿Qué es el estrés para ti? ¿Cómo te relacionas con él?
- ¿Cuáles son las cargas críticas que has tenido en tu vida?

- ¿Te has roto súbitamente (comportamiento frágil) en alguna ocasión? De ser así, ¿cómo conseguiste recuperarte y levantarte de nuevo?
- ¿Te consideras una persona resistente, flexible y resiliente?
- ¿Qué aprendizajes sobre sus límites y funcionamiento has obtenido el último año?
- ¿Cómo estás en este preciso momento?

Preguntas sobre las cargas a las que estás expuesto:
- ¿Qué estresores tienes hoy en tu vida?
- ¿Qué nivel de tensión tienes? ¿Estás en régimen elástico o plástico?
- ¿Qué cargas críticas percibes hoy?
- ¿Son cargas aisladas o una combinación de carga?

Preguntas sobre tu capacidad de carga (de forma simultánea):
- ¿Cuánto eres capaz de deformarte adicionalmente respecto a tu estado actual antes de romperte? ¿Cuánta vida útil has agotado ya?
- ¿Cuánta tensión adicional puedes aguantar antes de colapsar?
- ¿Qué depende realmente de ti a la hora de regularte y sanar?

Preguntas sobre tu toxicidad:
- ¿Eres tú el estresor de otras personas?

Cuando lo hagas recuerda que existen cargas que no te harán colapsar solo por su magnitud, sino por su frecuencia de excitación o por una combinación de carga simultánea. Y, sobre todo, dependerá de tu estado en el momento de carga. Lo que en una etapa no te hace daño en otra te puede matar.

Los estresores o cargas pueden ser reales o imaginados (el cerebro al parecer no distingue entre realidad y ficción). Además, pueden ser internos (pensamientos, emociones, sentimientos, sensaciones, miedos, anticipación constante, mala gestión de expectativas y metas, sensación de no control, bloqueos, resistencias, baja autoestima…) y externos (provenientes de otras personas o entornos).

Has de entender el estrés de una manera más amplia y profunda. Has de aprender a relacionarte mejor con eso que te estresa, de forma que tu sistema nervioso no necesite estar constantemente alerta. Esto cambiará tu forma de reaccionar y afrontar ese estresor. Y sí, aunque parezca complejo, estos asuntos se pueden entrenar con paciencia y perseverancia.

Has de conocerte, aprender cuándo ser rígido como un roble y cuándo flexible como un junco; cuándo absorber energía, o cuándo disiparla, o tan sencillo o complicado como aplicar el *«be water my friend»* de Bruce Lee.

De nuevo, ¿qué cargas o estresores tienes hoy?

Si has llegado hasta aquí y sigues respirando ya has hecho mucho bien y salido victorioso de muchas batallas, pero, cansado de sufrir y remar, decides aprender de cada cosa que te haya sucedido. Da significado a las cosas que han sucedido y a las que están por venir, y permítete sentir coherencia.

Me gustó mucho la reflexión que escuché una vez a un boxeador:

- Primero date cuenta de que estás en la lona, pero que la lucha sigue y hay tiempo, pues estás en el ring.
- Después reflexiona acerca de por qué acabaste en la lona. Por dónde entró el golpe, por qué no lo pudiste encajar, cómo te hizo perder el equilibrio, si es la primera vez o si ese golpe ya lo conoces.

- Por último entiende que si comprendes cómo acabaste en la lona podrás aprender a evitar caer de nuevo, y que el hecho de decidir levantarte te permite hacerlo siendo alguien diferente a quien cayó.

¿No representa lo anterior ni más ni menos que la vida?

Te invito desde ya a regularte y ponerte al día contigo. El tiempo dirá si hemos cogido el problema a tiempo o si ya ha causado en nosotros algunos daños irreversibles.

Para terminar te ofrezco algo más agradable. Y tal vez, en algún momento, no será mala idea recurrir a esta filosofía de vida milenaria: «Si un problema tiene solución, para qué preocuparse; y si no lo tiene, para qué preocuparse».

MODELO 5. HÁBITOS Y CIRCUITO DE RECOMPENSA. JUDSON BREWER

> *«Motivación es lo que te hace empezar.*
> *Hábito es lo que te hace seguir».*
>
> JIM ROHN

La vida sigue una espiral ascendente: parece que vuelves a caer en lo mismo, pero los agujeros y tú habéis cambiado[61].

---

61   Te invito a leer el siguiente fragmento de Portia Nelson (autor del libro *Hay un agujero en mi acera. El romance del auto-descubrimiento*): «Bajo por la calle. Hay un hoyo profundo en la acera. Caigo dentro. Estoy perdido... estoy indefenso. No es culpa mía. Se tarda una eternidad en encontrar una salida./ Bajo por la misma calle. Hay un hoyo profundo en la acera. Finjo no verlo. Me caigo de nuevo. No puedo creer que esté en el mismo lugar. Pero, no es mi culpa. Aún me lleva mucho tiempo el salir de ahí./ Camino por la misma calle. Hay un agujero profundo en la acera. Veo que está ahí. Aún me caigo dentro. Es un hábito. Mis ojos están abiertos. Sé dónde estoy. Es culpa mía. Salgo inmediatamente./Camino por la misma calle. Hay un hoyo profundo en la acera. Lo rodeo. Camino por otra calle». Siempre es capaz de sacarme una sonrisa.

Tu nivel de consciencia aumenta, y con ello, en ocasiones también la complejidad del agujero y las opciones para poder salir y seguir avanzando.

Recuerdo algunos agujeros en los que he caído (y en los que a veces sigo cayendo), y me doy cuenta de cómo me he ido comportando en cada ocasión. Me ayuda a recordar que no es solo caer, sino decidir levantarte y salir.

Muchos de nosotros llevamos una vida y una rutina muy inercial, que en ocasiones nos arrastra y consume. Y, paradójicamente, cuando se hace un vacío o aparece un hueco libre, tendemos a rellenarlo con actividades y acción, cuando en sí es una oportunidad perfecta para parar, regularnos y descansar.

Los hábitos, como te darás cuenta, juegan un papel clave en tu día a día. Todo ello ha ido creando tu programa interno: lo que te ha rodeado, lo que has aprendido de tus entornos (colegio, familia, etc.) y lo que has experimentado. Algunos patrones y hábitos llevan mucho tiempo contigo y te han ayudado a llegar hasta donde estás y seguir respirando. De ahí el reto de romper un hábito. Pero no es imposible.

En una ocasión escuché a Matthieu Ricard decir que podemos entrenar nuestras mentes en hábitos de bienestar que generen una verdadera sensación de serenidad y realización.

Y tampoco es fácil.

En estos dos años de pandemia muchas personas se han visto privadas de sus acciones de regulación rutinaria (montaña, deporte, socialización, café con amigos…) y esto ha provocado que para sentirse mejor (fase 5 de estrés) hayan recuperado viejos hábitos y adicciones, en ocasiones no muy saludables. Como hemos visto en el proceso de estrés, llega un momento de saturación en el que uno necesita sentirse bien y escapar a cualquier precio.

Detente un instante. Te invito a pensar en tus hábitos y en tus patrones de comportamiento.

- ¿Qué entiendes por hábitos?
- ¿Qué hábitos tienes en tu vida?
- ¿Cómo te definen tus hábitos?

Tal vez lo siguiente te ayude a indagar en las preguntas anteriores:

- Hábitos. Los podemos entender como patrones de conducta (lucha, huida, parálisis, empatía, ira, miedo, tristeza, alegría, conexión…), acciones (respuesta o reacción), alimentos que consumes, etiquetas, certezas, inercias, prejuicios, creencias, condicionamientos, jaulas, zona de confort, patrones de pensamiento (vaso medio lleno o medio vacío)…
- ¿Qué surge automáticamente/inercialmente/naturalmente en ti?
- Circuito de recompensa. Ayuda a analizar el «por qué» y el «para qué» haces lo que haces, qué necesidad intentas cubrir y qué sacas a cambio.

Te invito a considerar lo siguiente:

- Cuidado con tener patrones o creencias sin revisar durante mucho tiempo. Cuestionarte lo que crees desde hace tiempo es muy sano. Es el inicio de una transformación y la actualización de tu *software* interno.
- Necesitas profundizar en tus hábitos. Ahí hay un gran aprendizaje y margen de mejora de lo automático e inercial. ¿Qué no te hace falta ya? ¿Qué te está haciendo mal? Decide soltar y cambiar.

A continuación te ofrezco un modelo para que reflexiones sobre tu experiencia.

Modelo de hábitos y cómo aplicar el STOP durante el proceso

En este modelo verás similitudes con el proceso de percepción que ya te he ofrecido y con el acrónimo STOP. De forma básica tiene tres pasos:

1. Estímulo o desencadenante. Puede ser una imagen, un olor, un pensamiento, una sensación, un pensamiento, una emoción, una conversación, un sonido… ¿Qué hace detonar cada uno de tus hábitos?
2. Conducta (respuesta/reacción). Tras un proceso de análisis, evaluación e interpretación (a veces automático y muy rápido) buscamos cómo sentirnos mejor, huir de lo no agradable o acercarnos a un estado de placer (en ocasiones, a través de fumar, de comer o de otras conductas no adaptativas). ¿Qué conducta se pone en acción?
3. Recompensa o resultado. Si hemos conseguido lo que buscábamos, se produce un refuerzo de esa forma de proceder que hace que se consolide en el tiempo. ¿Qué recompensa o aprendizaje recibes?

La aportación de Judson Brewer (Brewer, J.; 2017) con el modelo anterior es aplicar el *mindfulness* entre el «estímulo» y la «respuesta». Con este trabajo, poniendo atención y consciencia puedes detenerte antes de actuar, y con ello, comprender mejor qué necesidades intentas cubrir, para desde ahí buscar conductas alternativas y nuevas herramientas más adaptativas.

Hasta hace pocos años se intentaba eliminar un hábito o una adicción, quitándola de golpe, sustituyéndola por otra acción, y todo ello con la necesidad de poner de tu parte mucha voluntad. Pero el enfoque de Judson, al parecer, es el más efectivo hasta la fecha para, por ejemplo, dejar de fumar e incluso descubrir las emociones que acompañan el proceso (evitación, culpa, arrepentimiento, frustración, tristeza, ira...). Si eres capaz de darte cuenta de la relación del pensamiento con la emoción, las sensaciones y la conducta tendrás a tu alcance la oportunidad de mejorar y transformarte.

Para lo anterior necesitas ingredientes de los que ya hemos hablado: aceptación, apertura a la experiencia, atención, curiosidad, actitud e intención.

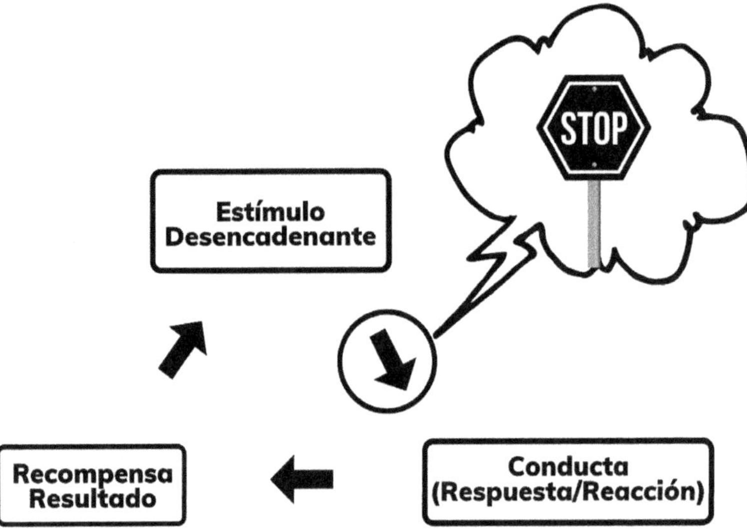

Figura 24. Ciclo de hábitos.

Además, Judson nos invita a pensar en que una conducta sostenida en el tiempo finalmente determina nuestra identidad como personas. De forma que cuanto más repetimos ese hábito más se refuerza y más sencillo será que aparezca de forma automática o que se convierta en una cárcel para nosotros de la que en ocasiones no será fácil escapar.

Por ello, cuidado con lo que se automatiza. Esa red por defecto que está preparada para automatizar procesos y ahorrarte energía a veces nos juega muy malas pasadas. Como dice uno de mis compañeros, «imagínate que automatizas algo erróneo o que no es la mejor opción, y la repites toda una vida»[62].

Es importante entender el acoplamiento de los estímulos con las conductas y profundizar en la necesidad que vienen a cubrir. Si no te das cuenta a tiempo, se seguirá reforzando en el tiempo. Y no es obligatorio cambiar, pero sí darse cuenta de lo anterior para tener una posibilidad de vivir de manera más sana.

Me gustaría preguntarte, aparte del ejemplo de comer y fumar:

- ¿Tienes algún hábito que siga este proceso?
- ¿Eres capaz de ver algún patrón en tu trabajo o tu rutina diaria?

---

62   En un taller que llevó a cabo Judson en 2019, dentro de un congreso de neurociencia organizado por Nirakara, nos puso dos ejemplos:
- Tarta de chocolate. Nos explicó cómo la ingeniería de alimentos hace más fácil que nos enganchemos a ellos. El olor, sabor, crujido... todo ello es parte de una fórmula perfecta de enganche. Por ello, cuando uno necesita sentirse mejor recurre a estos alimentos: abres la nevera y te comes la tarta completa de chocolate. Al instante sientes una mejoría, pero a los veinte minutos es posible que estés bastante fastidiado. Al comer de manera compulsiva, siendo víctimas de una emoción, no damos tiempo a que las tripas le digan al cerebro que ya es suficiente.
- Lo mismo sobre el hábito de fumar. En sí es una forma de escapar o ganar un espacio. En mi experiencia con casi 2000 clientes ya en estos asuntos puedo contarte un par de anécdotas. Una persona que se dio cuenta de que fumaba a media mañana, había entendido que lo que le ayudaba fumar era levantarse de la silla, bajar las escaleras, salir fuera del edificio y tomarse un respiro. Cuando dio cuenta de la necesidad que estaba sufriendo esa acción, cambió el cigarro por una manzana. Otra persona fumaba un puro y tomaba una copa los viernes por la noche. Era su momento. En la formación se dio cuenta que, a parte de que le gustaban esas dos cosas de verdad, la mayor necesidad que cubría con ello era dedicarse un tiempo a él, sin niños, sin ruido, sin trabajo... Un espacio para calmarse, relajarse y regularse.
No sé qué te parece lo anterior. A mí me parece brutal.

Una vez contestes a lo anterior, plantéate:
- ¿Qué necesidad cubren esos hábitos?
- ¿Te hacen la vida más sencilla? ¿Te ayudan a sobrevivir? ¿Te ofrecen un espacio para ti? ¿Te ayudan a socializar? ¿Te permite tranquilizarte y estar más tranquila? etc.

Y por último,
- ¿Cómo puedes cubrir esa necesidad de una forma más sana para ti?

Ahora puedes reflexionar de manera más genérica sobre lo siguiente:
- ¿Cuáles son tus patrones automáticos actuales?
- ¿Qué hábitos tienes en cada área de tu vida?
- ¿Qué te aporta cada uno de ellos?

Puedes llevarlo a otros casos de la vida cotidiana. Imagina que otra persona te pita desde otro coche.
- ¿Sonríes y sabes que no va contigo?
- ¿Te estresas o enojas?
- ¿Devuelves el pitido?

Imagina que percibes que alguien te ataca.
- ¿Sonríes y sabes que no va contigo?
- ¿Te estresas o enojas?
- ¿Devuelves el ataque?

En mi caso puedo decirte que, aunque llevaba años trabajando todo lo que te he ido explicando, el modelo de Judson fue una forma de verificar que iba por el buen camino. Por ejemplo:

- Me había dado cuenta de que me refugiaba en el estudio, el trabajo y en hacer-hacer-hacer. Tengo una tendencia a llenar el calendario y subirme a muchos proyectos, y en esencia e me gusta y no tiene por qué estar mal, siempre y cuando lo puedas regular y no dañe tu salud. El problema aparece cuando lo haces para tapar otras cosas, cuando empiezas a descarrilar, o cuando se convierte incluso en una adicción (la química que generas en tu cuerpo al estar muy activo es altamente adictiva). Sigo mejorando mi relación con lo anterior.
- La potencia sin control no sirve para nada. Ahora entiendo mejor esas palabras que ya me decían siendo un enano (cuando las pelotas de tenis acababan en la valla de en frente). Durante varias etapas intenté renunciar a esa potencia, buscando otras formas de ser y estar. Ahora sé que esa pasión, vitalidad y empeño por lo que hago es un regalo, pero que he de dosificar de forma inteligente y que sea acorde a mi comité de sabios al completo: mente, corazón, tripas y parte espiritual. Si no esa inercia descontrolada consumirá tu vitalidad antes de tiempo.

También detecté inercias relacionadas con la comida, el ejercicio, el estudio, la lectura, la búsqueda de amor, la represión del miedo y la ira, y una tendencia a la tristeza. Ahora te toca profundizar a ti.

MODELO 6. COMPASIÓN. STANFORD

«Cada vez que estés a punto de señalar un defecto en otra persona, hazte la siguiente pregunta: ¿qué defecto en mí se parece al que estoy a punto de criticar?».

Marco Aurelio

En este capítulo quiero ofrecerte unas pinceladas que considero clave. El modelo de compasión[63] contempla cuatro componentes:

- Cognición. Uno ha de ser consciente de que existe el sufrimiento.
- Emoción. Cuando te das cuenta surge una emoción que hace temblar el corazón. Pueden surgir el miedo, el rechazo, el alivio, la ternura, la tristeza...
- Intención. Surge la intención de rodear de amor a algo o alguien que sufre y utilizar la empatía como una aproximación al entendimiento de lo que necesita el otro.
- Acción. Llega el momento de realizar acciones sabias que ayuden a las personas a disminuir su sufrimiento, junto a una llamada al autocuidado.

Y, como nos decía mi profesora, una quinta sería aprender a soltar el apego a los resultados y entrenarnos en la «pendulación compasiva». ¿No es lo anterior lo que hemos hablado sobre *mindfulness* y los otros modelos que hemos ido estudiando?

La compasión ha sido estudiada por personas muy relevantes:

- Daniel Goleman se pregunta por qué la mayoría del tiempo no somos más compasivos.

---

63   ¿Qué entiendo por compasión? Como puede leerse en la web de Nirakara.org: «Se define como la capacidad de conectarnos con el sufrimiento propio y el de los demás acompañada de la motivación sincera de aliviarlo y prevenirlo, es una capacidad instintiva en los seres humanos cuando el que sufre es alguien cercano. Sin embargo, las tradiciones contemplativas sugieren que es posible ampliar nuestro círculo de cuidado y compasión más allá de lo instintivo. Cuando la compasión surge en nuestro corazón, nuestra mente se libera del odio, de los juicios negativos y de la preocupación obsesiva por uno mismo, constituyendo una fuente natural de paz interior y exterior». Hemos de parar y retomar una muy necesaria humanidad compartida.

- Joan Halifax comparte lo que aprendió sobre la compasión frente a la muerte y la agonía, y ofrece una mirada profunda a la naturaleza de la empatía.
- Robert Sapolsky se pregunta cómo pueden tener los humanos tanta compasión, ser tan altruistas y a la vez tan brutales y violentos.

El programa CCT contempla los siguientes contenidos:
- Asentar y focalizar la mente, a través de la práctica de la atención plena.
- Amor y compasión hacia un ser querido. Se pone el foco en reconocer las experiencias del amor y la compasión cuando ocurren de forma natural.
- Autocompasión. Se aprende a desarrollar la autoaceptación, el no juicio, la amabilidad y el cuidado en la relación con uno mismo.
- Amor hacia sí mismo. Aprender a desarrollar cualidades como la calidez, la apreciación, la alegría, la gratitud en la relación con uno mismo.[64]
- Abrazar la perspectiva de la humanidad compartida, desarrollando la apreciación y la gratitud por los demás. Establecer el fundamento de la compasión hacia los otros a través de la humanidad compartida.
- Compasión hacia los demás. Se comienza a cultivar la compasión hacia todos los seres al ir ampliando el círculo.
- Práctica de la compasión activa. Incluye evocar explícitamente el deseo de hacer algo respecto al sufrimiento de los demás. («Tonglen»).

---

64 Como dice Marianne Elliot, tal vez «se trata simplemente de ser amable conmigo mismo, encontrarme a mí mismo con amor, sea cual sea mi estado emocional, físico o psicológico. ¡Tan simple y difícil como eso!».

- Práctica integrada de compasión. Los aspectos esenciales se combinan en una práctica integrada de meditación en la compasión.

Para mí, la compasión (benevolencia) y la aceptación (incondicional) hacia uno mismo marcan la diferencia. Y de hecho creo que son ingredientes clave en tu resiliencia, motivación y ganas de levantarte tras cada caída. Si no te quieres y respetas tú, ¿crees que podrás ver y aceptar que otros te quieran y respeten? ¿Crees que otros te respetarán a ti y tus límites?[65]

Recuerdo ese «ama al prójimo como a ti mismo» y la importancia de decidir amarte igual de bien que amas a los demás. Pase lo que pase has de cuidar de ti y preocuparte por ti. Ponerte en el centro no es un acto de egoísmo o cobardía, sino un acto de amor. Aprende a relacionarte con la empatía y la simpatía, como nos invita a hacerlo Pema Chödron[66].

Cuidar y ocuparme de mí para desde ahí utilizar mi experiencia y virtudes para servir a los demás. Esto también lo aprendí de Rachel Naomi Remen en su texto *Al servicio de la vida*. No son «ayuda» o «arreglar» las palabras acertadas, sino que, como Rachel nos regala, la palabra ha de ser «servir».

---

65   Llegado el momento has de sentir que ya eres un ser completo, tal como dice Derek Walcott con su poema «El amor después del amor»: «Llegará el momento en que, con júbilo, saldrás a recibirte a ti mismo/a en tu propia puerta, en tu propio espejo, Y ambos sonreiréis ante la bienvenida del otro, y dirás, siéntate. Come. Volverás a amar a la extraña que fuiste tú misma. Sírvele vino. Sírvele pan. Deja que tu corazón regrese a si mismo A la extraña que te ha amado toda tu vida. A quien has ignorado otra vida por causa de otro. A esa que te conoce de memoria. Saca las cartas de amor de la estantería, las fotos, las notas desesperadas Y despega tu propia imagen del espejo. Siéntate. Celebra la vida»..

66   «Compasión idiota es la tendencia general a darle a la gente lo que ellos quieren porque no puedes tolerar verles sufrir. Básicamente no les estas dando lo que necesitan. Estas tratando de huir de la sensación de no soporto verle sufrir. En otras palabras, lo estás haciendo para ti, no para ellos».

En definitiva, ¿se puede vivir sin amar? ¿Hoy gana el que menos ama o el que menos arriesga? ¿Se puede recomponer un corazón roto? ¿Se puede echar de menos lo que nunca se tuvo? ¿Se puede vivir así mucho sin amor?

Te invito a no expresar «te quieros» al aire y vacíos, a darte cuenta del poder curativo y destructivo de los gestos y las palabras, te invito a pensar sobre tu definición de amor, compasión, benevolencia, perdón... y analizar cómo te relacionas con estos conceptos. No es debilidad; es signo de grandeza.

Lo difícil es amar bien. Y para amar y perdonar se necesita mucho coraje[67].

---

67   Te dejo «Mi Declaración de Autoestima», de Virginia Satir (1975): «Yo soy yo./En el mundo entero no hay nadie que sea exactamente como yo./ Hay personas que tienen cosas que se me parecen, pero nadie llega a ser exactamente como yo. Por tanto, todo lo que sale de mí es auténticamente mío porque yo sola lo elegí./Soy dueña de todo lo que me constituye: mi cuerpo y todo lo que él hace, mi mente y todos sus pensamientos e ideas, mis ojos y también las imágenes que ellos ven, mis sentimientos, sean los que sean (enfado, alegría, frustración, amor, desilusión, entusiasmo); mi boca y todas las palabras que de ella salen (refinadas, dulces o cortantes, correctas o incorrectas), mi voz, fuerte o suave, y todas mis acciones, ya se dirijan a otros o a mí misma./Soy dueña de mis propias fantasías, sueños, esperanzas y miedos. Son míos todos mis triunfos y mis éxitos, mis fallos y mis errores./ Puesto que soy dueña de todo lo que hay en mí, puedo llegar a conocerme íntimamente. Al hacerlo, puedo amarme y ser amiga de todo lo que hay en mí. Entonces puedo trabajar en mí, sin reserva, para mi mayor interés./Sé que en mí hay aspectos que no entiendo, y otros que desconozco, pero mientras me acepte y me quiera tal y como soy, puedo, con ánimo valiente y esperanzado, buscar las soluciones a todos los enigmas e ir descubriéndome cada vez más./Todo lo que miro y digo, cualquier cosa que expreso y hago, y todo aquello que pienso y siento en un momento dado, todo esto soy yo. Todo ello es auténtico y representa el instante en el que me encuentro en ese preciso momento./Cuando más adelante recuerde qué aspecto tenía y cómo hablaba, lo que decía y lo que hacía, cómo pensaba y sentía, algunas partes de mí pueden parecerme fuera de lugar. Entonces puedo descartar lo que no me sirve y conservar lo que me parezca adecuado, y crear algo nuevo que reemplace a lo que he descartado./Puedo ver, oír, sentir, decir y hacer. Tengo los recursos para sobrevivir, para estar próxima a los demás, para ser productiva, para encontrar sentido y orden en el mundo de las personas y las cosas que me rodean./Soy dueña de mí misma, y por lo tanto puedo hacerme a mí misma./ Yo soy yo, y estoy bien».

MODELO 7. EN BUSCA DE UN MODELO INTEGRAL

«Conocerse a uno mismo es la tarea más difícil porque pone en juego directamente nuestra racionalidad, pero también nuestros miedos y pasiones. Si uno consigue conocerse a fondo a sí mismo sabrá comprender a los demás y la realidad que lo rodea».

ALEJANDRO MAGNO

Dicen que todos los caminos llevan a Roma.

Me pregunto si cada uno de nosotros hemos de vivir nuestro propio proceso, descubriendo lo que toca a cada paso, con la única opción de ir iterando en base a ensayo y error, o si, por el contrario, existe la posibilidad de aprender de otros y ahorrarnos tiempo, desgaste y disgustos, pudiendo elegir caminos acertados desde un principio sin sufrir en demasía.

Lo que parece estar claro es que uno ha de parar varias veces a lo largo de ese camino para coger perspectiva. Has de darte cuenta de si estás en un camino que te lleva a tu meta, en un camino que te lleva a un callejón sin salida o a un precipicio. La reflexión que comparten todos los modelos anteriores es autoconocimiento y toma de consciencia.

Estos dos conceptos nos guían al autocuidado (físico, mental, emocional y espiritual), la autorregulación, a asumir responsabilidad, a tomar las riendas de nuestra vida y a ir en busca de los «entornos» óptimos para cada uno de nosotros.

Entonces, ¿por qué algunas personas siguen sin dar el paso?

No deja de ser sintomático el toparme en ocasiones con personas que creen firmemente estar en la verdad. Y no solo eso, sino que te dicen alegremente «yo sé cómo eres tú» sin pestañear. Si yo no me conozco, ¿cómo me vas a conocer tú?

Cuando uno se da cuenta y entiende algunas de las cosas que he recogido en este manual, ya no puede mirar hacia otro lado, y ponerse en acción se hace inevitable. Al menos eso me ocurrió a mí en diferentes etapas de mi vida.

Una de las intenciones iniciales de este manual era invitarte a que tú construyeras tu propio modelo. Un modelo acorde a tu forma de aprendizaje, procesamiento y mirada singular que contemple todas las variables que son importantes para ti.

Mi primer modelo publicado fue RESETEA. Estuve años dibujando esquemas y mapas, que me ayudaron a ir entendiendo lo que me rodeaba. En paralelo también trabajaba otro modelo con un enfoque más ingenieril, analítico, estructurado y profundo. Sobre este quiero hablarte en el siguiente capítulo.

¿Cómo utilizar todo lo aprendido para tender un puente entre lo humano y lo ingenieril? ¿Cómo utilizar los modelos predictivos y sensores ingenieriles para predecir el comportamiento humano, el deterioro mental, la influencia de las emociones en el cuerpo... evitando así un colapso prematuro?

Decidí incluir la palabra integral («que comprende todos los elementos o aspectos de algo»), como algo a lo que aspirar. Y finalmente dio paso a un modelo integral de vida, un enfoque ingenieril aplicado al ser humano.

Aquí tan solo encontrarás un esbozo de la primera aproximación de este modelo con el objetivo de que te ayude a reflexionar un poco más sobre elementos para mí muy importantes. Y aunque está en modo beta para el público, yo lo llevo utilizando muchos años a título personal.

Es mi forma de intentar conciliar mi mente ingenieril con mi corazón humanista y demostrarme que no he de renunciar a ninguno de ellos. Es otra forma de seguir integrando la cita «firme, pero amable» en mi vida.

Cuando diseñas una turbina de cero hay cierto control y pasos marcados. El reto surge cuando decides estudiar una turbina que lleva operando, por ejemplo, 18 años. Y te planteas que, aunque su vida útil (sobre el papel) son 20 años, tal vez puedas aumentar su tiempo de uso y que produzca más. Este asunto se parece más al caso de un ser humano, cuya vida útil, eficiencia y comportamiento aspiramos a aumentar y mejorar.

En este segundo caso necesitas información de entrada fiable y modelos apropiados. ¿Cuánto ha consumido de vida útil cada componente (fatiga)? ¿Hay alguna parte dañada irreversiblemente? ¿Cuál es el estado del suelo, cimentación, torres, palas y del resto de componentes principales y secundarios? ¿Qué solicitaciones de carga reales ha ido encajando? No es sencillo, ni rápido.

Estamos hablando de un problema complejo en el que muchas variables son dependientes entre sí y entre las cuales está una de las mayores incertidumbres: el tiempo de vida.

Pero el enfoque anterior no tiene por qué ser válido ni coherente para ti. No te olvides de que la clave reside en escuchar fuera, pero decidir dentro. Decide utilizar tu intuición, corazonadas, tripas y espíritu para crear tu propio modelo. Un modelo, un estilo de vida que tenga sentido para ti. Así que no te creas nada.

Eso sí, cuando surjan ganas de tirar la toalla recuerda que el gran regalo «no es solo la meta, sino la persona en la que te acabas convirtiendo para alcanzar esa meta». Este proceso te ofrecerá la oportunidad de darte cuenta de lo realmente importante, y desde ahí poder aprovechar de forma sabia tu tiempo de vida[68].

---

68   Quiero ofrecerte lo que nos cuenta Antoni Pascual en el prólogo de

Dicho lo anterior, por favor, tómalo como lo que es: una primera aproximación de un modelo que seguiré trabajando e iterando toda la vida. Espero que te sea de utilidad para conocerte mejor e ir entendiendo cómo funcionas[69].

Cartas a un joven poeta de Rainer María Rilke: «...Imperceptiblemente, imparablemente, está llegando, quizá, la hora final del espíritu: la hora de ahondar en nosotros mismos, de escuchar y obedecer a aquella alma antigua y nuestra, más vieja que la historia y más duradera que ella, que conoce por dentro la biografía interior del ser que nos habita y que, en nosotros, como un embrión, poco a poco, se trenza. Ella, invisible, poderosa y segura, nos habla en sueños y azares sagrados, en frustraciones, yerros y absurdos aparentes, en silencios plenos, súbitos y felices, en inspiraciones fulminantes que exigen todo nuestro trabajo y nos fuerzan a salir del callejón sin salida en el que nos habían metido la ignorancia y el error de los siglos. Aquella alma que, si escuchamos, si nos dejamos conducir por ella, abre la puerta del corral y nos saca del rebaño que va de cabeza al matadero, nos contagia el vuelo del ave libre y feliz».

69   El siguiente capítulo ha llegado a ser más de 2500 hojas, y aún tengo muchos libros, manuales (entre ellos algunos de medicina y de psicología) y recursos a ser estudiados para ir mejorando, conectando y engrasando este modelo. Por ello, disculpa de antemano el exceso de síntesis en algunos puntos y el defecto de profundización en otros. Adicionalmente, en los anexos te he dejado otros modelos orientados a alcanzar un alto rendimiento. Estos también han sido de mucha inspiración durante los últimos años.

UN MODELO INTEGRAL DE VIDA.

«El ser humano es una síntesis de lo temporal y lo eterno, de lo finito y lo infinito».

KIERKEGAARD

Has de entender que tú eres una de las mayores obras de ingeniería jamás conocidas (como el resto de los seres vivos). Tal vez te cueste encajarlo, pero las máquinas, las estructuras y los procesos creados por las personas tienen un nivel ingenieril muy inferior a nuestra mente, cuerpo, corazón y espíritu.

Por ello creo es momento de poner a la persona en el centro, de verdad, y entender los sistemas que habita, que crea y destruye. Es muy difícil ser consciente de lo externo, cuidarlo y respetarlo si primero no lo has hecho contigo mismo. Y en algunos casos se tendrá que penalizar de verdad a quien no quiera darse cuenta, o no pueda darse cuenta.

No siempre la justicia es justa con todas las personas y casos.

Pero, ¿qué depende de ti? Profundizar igual o más de lo que profundizamos en los elementos que diseñamos, calculamos y fabricamos.

¿Ves el potencial que tienes como ingeniero si aplicas con rigor y criterio todo lo que sabes a los retos de este siglo?

Te invito a hacer lo mismo que hacemos con máquinas y estructuras, y escribir tu manual de usuario y tu nota de diseño y cálculo[70].

En este capítulo encontrarás un proceso de once etapas. Debes comprender que respondemos a una ecuación multivariable, en la que todo está conectado.

- La carga y el ambiente condicionan la forma, la materia y la estructura.
- La forma, el material y la estructura también afectan a los efectos de la carga.

Por ello recuerda que, aunque dividamos y simplifiquemos la realidad para comprenderla mejor, has de volver a juntar las piezas y entender si encajan.

Además, tanto el entorno como tú sois seres dinámicos. Todo cambia, nada permanece. Por ello, crea tu modelo, pero decide iterarlo y revisarlo a menudo.

Si quieres sobrevivir debes darte cuenta, rápido y con claridad, de los cambios de viento y oleaje que condicionan la navegación de tu nave. Y llegado el caso tal vez descubras que eres más de tierra o aire que de agua.

El asunto reside en conocer cómo funcionas, cuidarte más y mejor, poner consciencia en lo importante, aprovechar al máximo tu genética y elegir tus ambientes (o relacionarte mejor en los que ya estás). Un manual que has de descubrir

---

70   Te invito a ajustar tus expectativas una vez más. Para ello, recuerda algo que dijo Steve Pinker en El País, allá por agosto de 2020: «El cerebro humano es el objeto más complejo en el universo conocido, con miles de millones de chisporroteantes neuronas conectadas por billones de sinapsis. Ningún problema científico se le puede comparar». Algunos expertos se han dado cuenta de que algunos modelos pasados ya no son capaces de dar explicación a nuevos descubrimientos y avances. Es momento de soltar lastre y armadura, e ir en busca de un modelo más completo y funcional. Es por ello que te invito a atreverte a profundizar a acercarte lo suficiente a los asuntos que tú elijas. Un tiempo de vida aprovechado de forma sabia para mí tiene que ver con esto

tú, que nadie puede contarte y que no viene en formato papel ni tampoco es descargable vía QR[71].

1. PARA, TOMA CONSCIENCIA Y ASUME RESPONSABILIDAD

«El conocimiento de uno mismo es el primer paso para toda sabiduría».

ARISTÓTELES

En esta primera etapa te invito a recordar todo lo visto hasta ahora y llevar a cabo los siguientes pasos:

1. Para (STOP) y pasa tiempo contigo. Fue el mejor consejo que me han dado varias veces a lo largo de mi vida. Estos últimos años he empezado a entender el sentido y su potencial, al haberlo experimentado en varias ocasiones. He ido descubriendo que muchas respuestas que buscamos ya están en nuestro interior. Por ello te invito a no limitarte a buscar solo fuera y decidir mirar adentro. Detente, toma una respiración, observa y decide tu próximo movimiento con mayor claridad y más información sobre lo que está sucediendo.

---

71   He hecho más hincapié en lo tangible (parte estructural y mecánica). Ahí es donde he atesorado más experiencia durante mi vida profesional. No verás muchos conceptos basados en términos eléctricos, químicos, magnéticos, electrónicos, termodinámicos, biológicos... pero a partir de ellos también puedes llevar a cabo una reflexión paralela y muy rica en aprendizajes. Esos procesos también se están dando dentro de ti. Tal vez reconozcas una tendencia a hablar sobre molinos y aerogeneradores. Les debo tanto y siento tanta pasión por ellos que no puede ser de otra forma. Te invito a profundizar en cómo el molino de grano ha ido mutando hasta los aerogeneradores actuales. Al igual que el fuego, el viento siempre estuvo con el ser humano. Y esto Don Quijote y Cervantes lo sabían bien.

2. Observa y aspira a ser más consciente, entendiendo la consciencia como «la capacidad del ser humano para percibir la realidad y reconocerse en ella». Toma consciencia a menudo. Cuando uno está ante un examen o un problema es clave que entienda todas las variables que están en juego (internas y externas), al igual que las reglas que las relacionan. Para ello es necesario poner foco, armarse de coraje y paciencia, acercarse lo suficiente y dedicar tiempo en cantidad y calidad al asunto que hayas elegido, entendiendo que tal vez no se puede todo a la vez. Esto no es nada fácil, pero decidir no mejorar o no decidir también es decidir. Recuerda que cuando dices que no a algo estás diciendo que sí a otras cosas, y viceversa. Siempre hay un cierto precio a pagar y capacidad de decidir.

3. Comprométete contigo y asume tu responsabilidad. En cualquier proceso necesitas querer ver el problema y aceptar que existe. Recordando lo que Hipócrates, allá por el s. V. a. C., decía: «Antes de curar a alguien, pregúntale si está dispuesto a renunciar a las cosas que le enfermaron». ¿Estás dispuesto a ello? Has de comprometerte contigo y asumir tu parte de responsabilidad, contigo mismo y con los entornos en los que has decidido jugar un rol. Has de querer entenderte mejor, ocuparte de ti, respetar tus límites y cuidar tus cuatro dimensiones de salud, para, desde ahí, arreglar tu jardín, inspirando a otros a que hagan lo mismo con el suyo. Recuerda a Gandhi y su «conviértete en el cambio que quieres ser en el mundo». La voluntad y el compromiso dependen de ti, al igual que la actitud, la intención y la atención. Ha llegado un momento crítico en el que cada uno ha de coger

las riendas de su vida, asumir responsabilidad, compromiso y su papel protagonista. Pero si no quieres hacerlo también está bien. Eso sí, no olvides la sabia frase de Eckhart Tolle: «Cuando te quejas, te haces una víctima. Deja la situación, cambia la situación o acéptela, todo lo demás es una locura».

4. Crea un plan y pasa a la acción. Como sabes, todo está ya en el territorio, no en el mapa. Te invito a alternar la acción masiva imperfecta con momentos de quietud y recogimiento, cuidando siempre de tu equilibrio. Sigue aprendiendo, creciendo y desarrollándote; cultiva tu interior, conecta contigo y fortalece tus habilidades; aprende a relacionarte mejor contigo mismo y con lo que te rodea; aspira a sentir, pensar, decir y hacer lo mismo. Y no te limites a quedarte en la mente y en la teoría; decide pasar a la acción.

Honra tu tiempo de vida y el tiempo de las otras personas con las que compartes parte del camino[72].

---

72   Nisargadatta Maharaj nos dice: «Observándote a ti mismo en tu vida diaria con despierto interés, con la intención de comprender en lugar de juzgar, con total aceptación de lo que pueda surgir, pues ya está aquí, alientas a que lo profundo salga a la superficie y enriquecer así tu vida y tu consciencia con sus energías cautivas. Esta es la gran obra de la conciencia: elimina los obstáculos y libera las energías mediante la compresión de la naturaleza de la vida y la mente. La inteligencia es la puerta hacia la libertad y la atención alerta es la madre de la inteligencia».

2. REFLEXIONA, RECUERDA Y ENTIENDE. TU MANUAL DE INSTRUCCIONES

«Mira dentro de ti, ahí está la fuente del bien».

Marco Aurelio

Una vez has firmado un contrato o acuerdo contigo es momento de recordar y revisar tu manual de instrucciones. Esto es lo que vamos a hacer en esta segunda etapa del modelo.

¿Sabes realmente cómo funcionas? El autoconocimiento y la toma constante de consciencia son lo más importante de este siglo.

Todo lo que he ido estudiando y experimentando estos años confluye en esta palabra: autoconocimiento[73]. Y no es nada nuevo; ya en el templo de Delfos (IV a. C), se podía leer en uno de los dinteles: «conócete a ti mismo».

En varias ocasiones, durante mi etapa multinacional, me torturaba pensar que conocía mejor cómo calcular torres eólicas, cimentaciones y todo su proceso técnico-comercial eólico a cómo funcionaba yo.

Y esto no tiene sentido.

¿Qué estás haciendo tú al respecto? Te invito a reflexionar sobre lo siguiente:

---

73   Mientras escribo este manual (04/2022 d. C.) el buscón de la RAE sigue sin tener esta palabra en el diccionario. No obstante, estudiando sus partes por separado llegamos a lo siguiente:
- Auto. Se lleva a cabo por uno mismo.
- Conocimiento. Entendimiento, percepción o descubrimiento.

Con lo que podemos concluir que es el «descubrimiento y entendimiento de uno mismo». No deja de ser curioso el que algunas de nuestras búsquedas (para cubrir necesidades primarias), tengan que ver con conseguir (percibir) que nos quieran, entiendan y nos acepten fuera y a la vez seamos unos totales desconocidos para nosotros mismos. Es tremendo. Y no solo eso, sino que en ocasiones conocemos más y cuidamos mejor el coche, nuestra cuenta de Instagram o el móvil.

- ¿Buscas fuera de ti que te digan quién eres y cómo complacer? A través de entrevistas de trabajo, amistades, pareja o familia..., adquiriendo un «yo» socialmente aceptado y que cumpla expectativas externas.
- ¿Buscas dentro lo que eres y decides ser fiel a ti? Sabiendo que no es un trabajo fácil, que tal vez no te guste lo que descubras y que muchas personas tal vez dejen de querer esa versión de ti. Pero, para mí, es la única forma de proceder.

La decisión que tomes en uno u otro sentido marcará una gran diferencia.

En muchos casos, las personas de las que esperas aprobación y amor no han hecho los deberes con ellas mismas. Algunos no han podido, otros no han querido y unos últimos no han sabido. ¿Entonces cómo esperas que te quieran, respeten y te den tu lugar a ti?

Puedes seguir metido en una jaula de por vida, cuyos límites y techo no dependen de ti sino de los demás. Hasta que un día decides cambiar y reclamar tu lugar.

Ahí es cuando empezarás a dejar de gustarles a algunas personas. A veces temporalmente; en otros casos de por vida. Tu cambio hará tambalear la estabilidad de algunas de tus relaciones personales y laborales.

Ellos no te han pedido cambiar, y si estaban y seguían a tu lado era porque les encajaba esa versión de ti (aunque se hubieran adaptado a ese «más vale lo malo conocido que lo bueno por conocer»).

La pregunta es, ¿te encaja a ti ser como eres hoy? ¿Te imaginas vivir una vida que sea acorde con el modelo, los estándares y las reglas de otras personas, para descubrir demasiado tarde que eso nunca fue contigo? Esto es algo que también ha sido muy estudiado[74].

Quiero recordarte que no hay que esperar a que sea demasiado tarde. Mira esos arrepentimientos comunes y comprométete contigo a empezar a ocuparte desde hoy de ti y de lo realmente importante.

Espero que estemos de acuerdo en que ha llegado el momento de conocerte más y mejor, y ponerte al día contigo mismo, entendiendo que, conocer algo en profundidad o darse cuenta de algo nuevo conlleva a veces cierto sufrimiento y dolor. Como cuando te das cuenta de que no vas a vivir para siempre.

Pero incluso esto es un regalo: «Tenemos dos vidas, y la segunda empieza cuando descubres que solo tienes una y que se va a terminar un día». Puedes utilizarlo para quejarte o para decidir sacar lo mejor de esta vida minuto a minuto, mientras sigas respirando. Es tu decisión.

No sé si es mejor vivir en la ignorancia. Lo que sí tengo claro es que ya no hay vuelta atrás[75].

Por ello, antes de pasar al siguiente capítulo y empezar a revisar tu manual de instrucciones, te invito a tener en cuenta los siguientes faros, motores y brújulas:

- Acéptate[76]. Abraza tu yin y tu yang, tus luces y sombras, tus fortalezas y debilidades.

---

74   Ya te hablé en el apartado «Sobre aprender, vivir y morir» de Elisabeth Kübler Ross y Bronnie Ware. En los anexos encontrarás también alguna referencia adicional.

75   Esto ya me lo estuvo diciendo Confucio durante casi tres años, gracias a una compañera que tenía pegada en su armario la siguiente nota: «Si ya sabes lo que tienes que hacer y no lo haces estás peor que antes».

76   Erich Fromm decía que «el autoconocimiento comienza por la autoaceptación. Acéptate y te conocerás mejor».

- Apréciate[77]. Si no te aprecias tú, ¿cómo te apreciarán fuera? Quiérete más y mejor, sé firme y amable contigo y compasivo.
- Respétate. Muchos, como Herman Hesse, han dicho que has de ser fiel a ti y que cuidado con vender tu alma. Decide honrar tus valores, tu ética y filosofía de vida, y con ello aspira a vivir una vida coherente, íntegra y con momentos de cierta paz interior. Eso es la felicidad.
- No dejes de conocerte. Es un proceso que dura una vida. Si no te conoces, te aceptas y aprendes a quererte y valorarte más y mejor es posible que no encuentres fuera eso que no eres capaz de hallar dentro. De hecho, tú puedes ser tu mejor aliado o tu peor enemigo.
- Cuida de tus cuatro dimensiones de salud. Sin salud poco es posible. Cuida de tus límites y dedícate tiempo suficiente a ti.
- Aprovecha sabiamente tu tiempo de vida[78]. Conócete, pon foco y actúa eficazmente, una y otra vez.
- No le des la espalda a tu propósito. Invierte tu tiempo de vida en asuntos que tengan sentido para ti y deja un legado, un «elemento» o *Ikigai*.
- Date cuenta de qué depende realmente de ti. Elige en qué batallas invertir tu vitalidad y tu tiempo y dónde enfrentarte al sufrimiento.
- Elige los entornos y compañías acertadas, cuando sea posible. No olvides el segundo factor de la epigenética: entorno (50-80 %). Si no conoces los en-

---

77 Jean-Jacques Rousseau decía que «nadie puede ser feliz si no se aprecia a sí mismo».

78 Gustavo Diez me regaló esta frase en una ocasión: «La efectividad es el producto del conocimiento de uno mismo».

tornos en los que vives y las reglas que los definen es posible que te sientas perdido a menudo, y así no podrás buscar los óptimos para ti y tu crecimiento y no tendrás parámetros para poder dosificar adecuadamente tu vitalidad y foco.
- Piensa por ti mismo. Vivir conforme a las «mentiras» o «verdades» de otros, aunque te liberen de cierto dolor, trabajo y responsabilidad a corto plazo, mata lo más importante: el pensamiento crítico. Cuidado.
- Decide estar agradecido. Cada mañana es un nuevo regalo, y si sigues respirando es que hay más bien que mal dentro de ti. Adelante.

Y así podría seguir unas cuantas páginas más.

Pero lo más importante es que tú hagas tus listas de asuntos urgentes e importantes, de faros y brújulas, y decidas seguir viviendo conforme a ellos.

La perseverancia y la paciencia también son muy importantes en este proceso. Al igual que entender que no todo puede ser cómo tú quieres, ni cuando tú deseas. Pero también ten en cuenta que incluso la fuerza y la voluntad no serán suficientes en algunos momentos. Hay circunstancias en las que luchar, forzar y esforzarte te hundirán aún más. Como si estuvieras dentro de arenas movedizas.

Por ello entrena y aprende a diferenciar cuándo uno ha de perseverar y cuándo es momento de dejar de hacer, aceptar y dejar ir.

En momentos de crisis e incertidumbre, la mejor opción es confiar y creer en uno mismo tras haber acumulado experiencia y resultados contrastados. Para aspirar a vivir primero has de sobrevivir. Para sobrevivir, necesitas sacar a la luz todo tu potencial y recursos. Y eso solo es posible si te conoces a ti y tus entornos[79].

Esto me hace sentirme a menudo realmente triste. ¿Cuántas personas a lo largo de su vida han renunciado a esa «magia concedida»? Piensa sobre ello.

Y tú, ¿por qué te niegas a parar y descubrirlo?

3. LO QUE YA ERES HOY: UNA «CAJA NEGRA», UN PROTOTIPO 1:1 Y MUCHAS COSAS MÁS

«Hay una vitalidad, una fuerza de vida, una energía, que se transmite a través de ti cuando actúas. Y porque solo va a existir alguien como tú en toda la eternidad, esta expresión es única. Si la bloqueas, no va a existir de ninguna otra manera. El mundo no tendrá lo que puedes ofrecer. No es tu trabajo determinar cuan preciado o bueno es lo que ofreces, ni siquiera es tu trabajo compararlo con otras expresiones...Tu trabajo consiste en conectar con lo que puedes expresar de forma clara y directa. Dejar el canal abierto».

Martha Graham

Ha llegado el momento de recordar quién eres hoy.

Para ello te invito a partir de unas premisas básicas.

- Sigues respirando. Esa es la condición necesaria y suficiente para seguir «bailando tu canción»[80]. Si

---

79 Te invito a leer este fragmento de la canción «En algún lugar» de Duncan Dhu (1987): «Y en las sombras, mueren genios sin saber,/de su magia concedida, sin pedirlo, mucho tiempo antes de nacer».

80 Como nos dice John Kabat-Zinn, «si sigues respirando, hay más bueno que malo dentro de ti. Y con los problemas se puede trabajar».

sigues respirando es que hiciste muchas cosas bien y ya superaste muchos retos y dificultades. ¡Enhorabuena!

- Ya eres un ser completo. ¿Puedes mejorar y afinar ciertos aspectos? Por supuesto, pero cuidado con caer en la suficiencia o limitarte a buscar medias naranjas. Ya eres material, forma, estructura, hábitos, comportamiento... Ya has sido diseñado, fabricado, puesto en marcha y estás funcionando. Tienes necesidades a cubrir, metas, propósito y un sentido vital al que servir. Estás en una posición privilegiada.

- Vives en entornos donde puede darse la vida, con aire, agua, alimento, sol, naturaleza, recursos energéticos... Esto no quiere decir que esos entornos sean fáciles o amables contigo. Por ello, a partir de donde estás hoy deberás entender e ir en busca de los que sean más aptos para ti.

- Te has adaptado a los entornos que habitas, de manera más o menos adaptativa o inteligente, por lo que tienes la capacidad de detectar y resolver problemas y retos. Ahora echa un vistazo a si estás asentado sobre suelo firme, estable, compacto... ¿o todo lo contrario?

- No estás solo. Otras personas antes que tú han pasado por lo que estás pasando ahora. Así que normalízalo, estudia y profundiza, y decide pedir ayuda cuando lo necesites. No tienes por qué cargar con todo tú solo.

Lo que ya somos hoy es un resultado de muchas variables y circunstancias. Pero si estás leyendo esto es porque sigues vivo y todo tu sistema sigue funcionando. Por ello, cuando aparezcan adversidades o momentos complejos no permitas que la mente ponga solo foco en lo que falla o lo que falta.

Obsérvate por un momento, ¿cuántos materiales y procesos crees que conforman tu cuerpo? Date cuenta de la obra de ingeniería y arte que eres.

Como ves, tú y yo ya tenemos mucho hecho. No nos tenemos que preocupar por el diseño (ya está y es muy bueno), ni por el cálculo de la estructura y los sistemas (ya están, y si sigues respirando es que siguen funcionando), ni por algunas funciones básicas (como respirar, procesar y eliminar desechos, sensorizar estímulos, convertir las ingestas en combustible...). Tu sistema ya está programado.

- Dentro de ti, en estos momentos se están dando procesos de todo tipo: mecánicos, eléctricos, termodinámicos, químicos, estructurales, reparaciones, regeneración, biológicos, psicológicos, fisiológicos, neurológicos, teoría de bombas, sistemas de control (electrónicos), magnéticos, propios de la mecánica de fluidos.
- Estás dotado de sistemas de control, sensores y actuadores, sistemas de regulación, sistemas de alerta y aviso, sistemas y procesos de mantenimiento, regeneración y curación, sistemas de apagado automático en caso de alto riesgo de daño, incluso sistemas automáticos de supervivencia primaria.

Eres la obra más compleja y genial que hayas abordado. Ofrécete el valor que te mereces. Por ello te invito a mirarte como un prototipo a escala 1:1 (cual prototipo eólico de millones de euros) y un elemento a investigar (cual Sherlock Holmes) y profundiza en ti. Eres una obra maestra, a veces desaprovechada.

Y fíjate hasta qué punto tu sistema es sabio que, si dependiera de ti y de mí decidir respirar, ante todo lo que creemos que tenemos que hacer tal vez un día nos habríamos olvidado de ello. Desde aquí, dándote cuenta de todo lo bueno que ya tienes dentro de ti y todo lo que sabes, te invito a poner mucha curiosidad y mente de aprendiz para profundizar en tu proceso.

Ahora es momento de conocerse mejor (comportamiento, combustibles, diseño, límites, virtudes, cuellos de botella, coeficientes de seguridad, protecciones, alarmas, procesos, combinaciones de carga, costes...), para poder aspirar a mejorar (o dejarse tal y como uno esté).

De manera muy simplificada, partiremos de una caja negra (que eres tú), que es alimentada por entradas y de las que surgen salidas. Todo ello conforma un proceso complejo, no lineal, con variables dependientes y retroalimentado constantemente en busca de un equilibrio dinámico sostenible.

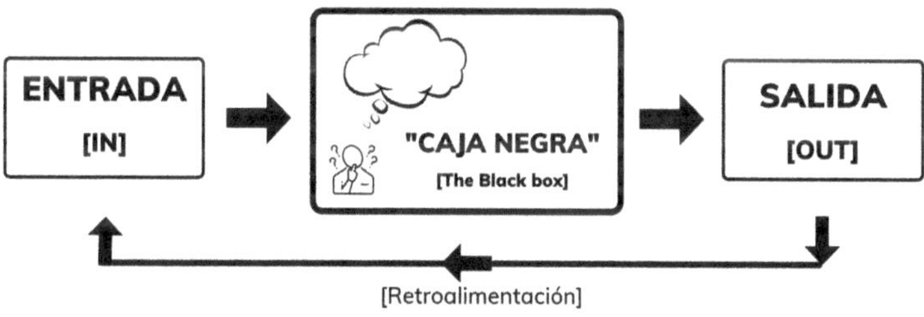

Figura 25. La caja negra eres tú. Tus entradas y salidas.

Ahora has de darte cuenta de que dentro de esa «caja negra» ya hay todo lo que necesitas.

A veces pienso si lo único que tendríamos que hacer sería dejar espacio y tiempo a que la «caja negra» hiciera lo que sabe hacer, sin interceder demasiado. Cuando uno no sabe qué hacer, lo mejor es descansar y dormir, y dejar hacer a su sistema lo que ya sabe hacer.

Pasa como con la naturaleza. ¿El ser humano debe intervenir, o es suficiente no tocar y dejarlo todo tal y como está? Este es otro tema, pero dado que ya hay un daño (irreversible o no), tal vez debamos poner foco, tiempo y recursos en volver a dejar algunas cosas como estaban antes de pasar nosotros por ahí.

Para enfocar el resto de las partes de este modelo quiero hablarte de la importancia de medir. Peter Drucker ya nos decía que lo que no se mide no se puede mejorar. Pues bien, para poder medir algo necesitas hacerte buenas preguntas y seleccionar las variables que quieres estudiar.

Además, has de pensar bien y reflexionar acertadamente. Todo tiene su estructura y forma, sus normas y reglas. Y sí, antes de romper (o cambiar) has de conocer las reglas en profundidad.

Por ello te invito a tomar cada subíndice de este modelo como una variable clave a estudiar. Echa un vistazo a todas ellas y define cuáles son para ti importantes, definiendo tus propios KPI (Indicadores Clave de Desempeño) y seleccionar los objetivos a ser impulsados (OKR: Objetivos y resultados clave).

No te agobies ni tengas prisa. Vete despacio, pero sin pausa.

Ambiente, suelo y cargas. Un hábitat donde pueda darse la vida

Este modelo tiene que empezar por algún lugar. Y este es evaluar el ambiente, el suelo y las cargas a los que estás expuesto. No obstante, recuerda que tú ya has sido diseñado y puesto en marcha, por lo que estás dentro de un proceso iterativo.

- El suelo y las cargas externas condicionan la cimentación, y esta a su vez condiciona la estructura o máquina que se apoya en ella.
- Y la estructura o máquina (peso propio, cargas internas, dinámica...) afectará de nuevo a la cimentación y al estado tensional del suelo.

Como te he mostrado en algunos modelos anteriores, la idea es utilizar la prueba y error (a ser posible en condiciones y entornos controlados) e ir afinando y reduciendo la incertidumbre hasta dar con un diseño lo suficientemente bueno (y capaz de modelar la realidad que hemos elegido).

Empieza por observarte.

En estos momentos tienes un estado de cierta tensión y carga por el simple hecho de estar vivo y convivir en ciertos entornos, al igual que un puente ya instalado sobre el que pasan coches, o como una turbina eólica que ya está produciendo en su emplazamiento expuesta al viento y a otras inclemencias.

Ahora te invitaré a reflexionar sobre las siguientes variables:

- Entornos, ambientes, hábitat y suelo en el que te encuentras.
- Las cargas a las que estás expuesto.

Entornos, ambientes, hábitat y suelo en el que te encuentras

La premisa básica es que en el lugar en el que vivas ha de poder darse la vida. Hay algunos básicos como el aire, el agua, el alimento, cierta dosis de radiación solar, sistemas de fotosíntesis, una biodiversidad bien engranada... Y esto a día de hoy lo tenemos a nuestra disposición.

¿Qué sentido tiene elegir un lugar donde no se pueda dar la vida y hacer grandes esfuerzos por modificar sus condiciones? Si te parece bien, dejemos a Elon Musk y a su equipo seguir reflexionando sobre cómo vivir en otros planetas y hacerlos habitables, y tú y yo pongamos foco en el planeta Tierra.

Por ello creo que hemos de ser responsables y estar agradecidos, para desde ahí poner nuestro grano de arena para mantener, preservar y proteger nuestro planeta (asegurar puntos de agua, minimizar incendios, repoblar zonas arrasadas, limpieza de ríos, mares y océanos de manera efectiva...).

En definitiva, dejar este hogar prestado mejor de lo que lo encontramos para el disfrute de otras generaciones. Si vamos a un contexto más micro, deberías analizar los mini-hábitats o entornos en los que convives día a día: trabajo, familia, amistades... ¿Es posible la vida para ti en esos entornos?

Esos hábitats en los que convives, y el suelo en el que te apoyas, marcan parte de la complejidad del problema que has de abordar. Fíjate por ejemplo qué diferencias hay *a priori* al elegir construir en el mar *(offshore)* o en tierra firme *(onshore)*, por ejemplo, un aerogenerador[81].

81

1. *Caso offshore. Las estructuras en el mar siguen siendo un reto, desde las plataformas petrolíferas hasta los parques eólicos. En el caso de una turbina eólica, entre otros retos, te encontrarás con:*
   - Tipología de anclaje o cimentación. En función de la profundidad podrás pensar en sistemas de anclaje al suelo (monopilotes o cimentaciones de gravedad) o flotantes (con catenarias y lastres en el fondo marino).
   - Cargas externas solicitantes: corrientes marinas, mareas, oleaje, viento, tormentas eléctricas, ambiente altamente corrosivo u oxidativo, tsunamis, potencial impacto de una embarcación, presiones hidrostáticas, zona de rayos y tormenta, humedad, hielo,

Todo entorno tiene sus retos, aunque algunos son más complejos que otros.

Ahora ha llegado tu turno. Te invito a que lo lleves a tu experiencia como ser humano, acompañado de las siguientes reflexiones.

1. En primer lugar, te invito a pensar sobre los entornos que habitas. Como sabes, no es igual vivir en un país que otro, en un hemisferio u otro o en ciertas ciudades o pueblos. Algunos serán afables, otros un reto e infierno diario. Por ello, cuando te sea posible elige de forma sabia dónde vivir o en qué entornos pasar tu vida. Llevándolo a tu caso particular, pregúntate:

---

    temperaturas extremas, sismos, tormentas tropicales, tifones...
- Cargas internas, producidas por un mal montaje, soldaduras mal ejecutadas, uniones mal dimensionadas, el desgaste de materiales, fricciones entre piezas, fallos eléctricos, paradas de emergencia, pernos mal pretensados, concentraciones de tensiones, sobre aceleración debido a fallas y desequilibrios... etc.
- Logística, montaje y mantenimiento, todo un reto y una gran inversión.

2. *Caso onshore*. Las estructuras o máquinas en tierra también tienen sus retos. Si analizamos el caso de una turbina eólica:
   - Tipología de anclaje o cimentación. En función del tipo de terreno, y siempre y cuando cumpla unos mínimos, podrán utilizarse diferentes tipologías (elegidas en base al cálculo estructural y otras consideraciones como el nivel freático, pero también teniendo en cuenta los materiales disponibles, la viabilidad logística y de ejecución).
   - Cargas externas: viento (suele ser más complejo que el viento laminar que se encuentra en medios marino, debido a la complejidad del terreno, la altura de los árboles colindantes, la altitud del emplazamiento...), sismos, congelación de palas, partículas en suspensión (polvo), alta y baja temperatura, humedad, dilataciones y efectos de resonancia (vórtices).
   - Cargas internas. Similares a las descritas en el caso *offshore*.
   - Logística, montaje y mantenimiento. Más sencillo y asequible que el *offshore*, pero sin olvidar su complejidad si decides instalar en zona montañosa. Algunas no envidian nada las dificultades del mar.

- ¿En qué ambientes o entornos estás tú hoy?
- ¿Se parecen más a los de alta mar o a los terrestres?
- ¿Cómo son de demandantes, estresantes, oxidantes y corrosivos para ti?

Para ello, puedes analizar dos de los pilares del modelo RESETEA:

- Tu mundo familiar (TMF), compuesto por familia consanguínea y tu familia elegida.
- Tu mundo profesional (TMP), formado por compañeros, jefes, etc.

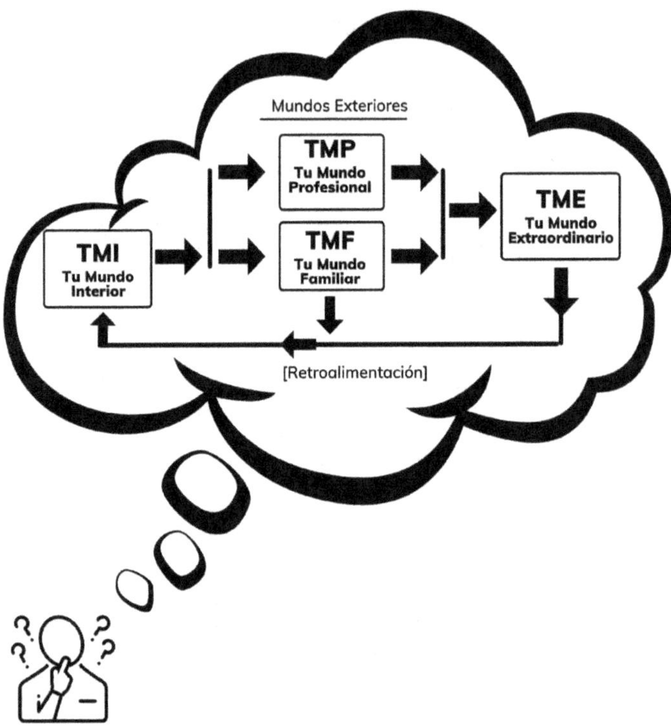

Figura 26. Tú, tus entornos y tus mundos.

2. Después analiza la tipología del suelo que tienes bajo tus pies. En función del geotécnico (arenisca, piedra, arenas movedizas, nivel freático, turba, capacidad portante...) deberás construir un tipo de cimentación u otra (de gravedad, de pilotes, semienterrada...).

Y en algunos casos, no habrá cimentación posible que cumpla con las condiciones de estabilidad, deslizamiento, vuelvo o hundimiento necesario. Llevándolo a tu caso particular, pregúntate:

* ¿Sobre qué tipo de suelo estás? ¿Es firme y estable, o se parece más a unas arenas movedizas?
* ¿Hay posibilidad de seguir edificando de manera sostenible? ¿Hasta qué altura?

Pero cuidado. Por muy fuerte/resistente/resiliente que seas en unos ambientes, si te introduces en otros para los cuales no has sido diseñado (ni entrenado, ni calculado), hay un alto porcentaje de probabilidades de que acabes rompiendo.

Por ello, aunque no te guste, tu capacidad de encajar carga (como por ejemplo tu capacidad de gestión de la incertidumbre) limita tus movimientos, tus alternativas y tu toma de decisiones.

A continuación, teniendo más claros tus entornos y el suelo sobre el que te asientas hoy, te invitaré a reflexionar sobre las cargas que percibes en tu vida.

Las cargas a las que estás expuesto

Al diseñar una estructura o una máquina hemos de tener en cuenta las cargas a las que estará expuesta para dimensionarla adecuadamente (optimizando material y dimensiones acorde a las cagas). En ocasiones no hay otra opción que crear un *set* de cargas a partir de una simulación y crear casos de carga estáticos y dinámicos que representen lo mejor posible a la realidad.

A modo de broma, recuerda: «soplaré y soplaré, y tu casa derribaré», que decía el lobo a los tres cerditos. En este caso nos encargaríamos de calcular las cargas de ese soplido y dimensionar la casa conforme a ello (ni más, ni menos).

Así podríamos optimizar ese cuento y aprovechar para incluir la variable tiempo[82].

Las cargas estáticas son una simplificación profunda de la realidad:

- En algunos casos es suficiente un cálculo estático más un cálculo dinámico simplificado (como en algunos puentes y viaductos).
- En otros casos la dinámica cobra tanta importancia que es necesario profundizar mucho más.

Recuerda, lo hablado acerca del equilibro, la homeostasis y la alostasis.

En el sector de renovables, relacionado con el viento y los aerogeneradores, una de las principales claves es medir el recurso eólico y la calidad del viento (de ello depende la viabilidad del negocio y la financiación). Para ello se instalan mástiles en diferentes puntos del parque potencial que toman datos durante años (o se utilizan mástiles ya instalados cercanos), y luego se obtienen modelos de viento que se corren en programas como Bladed

Llegado un punto, se evalúa si:

---

82   «Desde un punto de vista estricto, todas las solicitaciones son variables con el tiempo. No obstante, la consideración de solicitación variable introduce una serie de dificultades en el análisis del comportamiento de los sistemas estructurales, tal que, en muchos casos, está suficientemente bien justificado el uso práctico del concepto de solicitación estática» (Avilés, R.; 1995).

- Ese recurso eólico, en base a las turbinas seleccionadas (utilizando sus curvas de potencia), ofrece un caso de negocio rentable.
- La turbina (y cada uno de sus componentes) es capaz de soportar las cargas producidas por ese recurso, acorde a las normas establecidas (hipótesis de carga, combinación de casos de carga, cargas extremas, de operación y de fatiga, coeficientes de seguridad, coeficientes de mayoración, vida útil, etc.)

Como todo proceso de diseño, hace falta darle varias vueltas para ir dando forma a una turbina eólica. Pero hay que considerar otros escenarios:

- Existencia de entornos muy agresivos (humedad, corrosión, oxidación), donde puedan darse procesos acelerados de desgaste o rotura («corrosión bajo tensión»).
- Existencia de cargas con una frecuencia natural de excitación cercana, que dan paso a fenómenos de resonancia y amplificación de salida (ante una entrada unidad surge una salida muy superior, como la criptonita para Superman).
- Las tensiones, internas o residuales, a veces propias del material, o producidas durante la fabricación, el transporte o el montaje.

Y a veces la realidad supera la ficción, siendo difícil prepararse para cualquier suceso o predecir cargas futuras con antelación, que pueden ser debidas a:

- Fallos humanos.
- Fallos de normativa y códigos.
- Aparición de envolventes de carga no considerados, como Filomena o el impacto de un camión contra la estructura.

Y con todo ello, la estructura o máquina colapsará antes de llegar a su tiempo de vida útil de cálculo. ¿No es esto de nuevo lo que nos pasa a los seres humanos cuando aparecen un evento, una carga o una pérdida que no esperábamos?

Ahora piensa en tu caso particular como persona. Piensa en tu mundo interior (TMI) y en los *sets* de carga actuales que son «entrada» a tu sistema y que te están causando alguna tensión.

- ¿Qué te está amenazando y qué te está desgastando?
- ¿Cuánta carga estás cargando hoy y de qué tipo? (interna y externa)
- ¿Cómo afectan esas cargas a tu cuerpo, mente, corazón y espíritu?

O, dicho de otra manera: ¿qué estresores tienes hoy en tu vida? Para facilitar la reflexión, te ofrezco algunas opciones de carga posibles.

Internas:

- Problemas de salud (mental, emocional, física, espiritual) y emociones, sensaciones, sentimientos, pensamientos, miedos... (tristeza, miedo, ira, culpa, arrepentimiento, miedo, rencor, odio, nostalgia...)
- Pérdidas no resueltas, procesos de duelo o heridas abiertas.
- Exceso de dolor del pasado, ansia elevada por el futuro (expectativas, metas mal gestionadas) o pérdida de sentido.
- Relación contigo mismo, lo que piensas de ti, qué te cuentas (relatos internos), cómo te hablas y cómo te tratas (falta de autoestima, no sentirte a la altura, búsqueda constante de perfección...)

- Ausencia de foco y concentración. Información y alimento tóxico para tus sentidos. Exceso de información, rumiar constante, exceso de estímulos, o demasiada anticipación o preocupación.
- Tensión muscular, tensión en fascias, bruxismo, dolor, problemas en algún órgano, alguna enfermedad o infección… Algunos órganos y partes del cuerpo van cargándose con tensión.

Externas y relacionales:
- Tu relación con los demás, lo que no dices o las conversaciones pendientes que aún tienes con algunos de ellos. Fricciones en curso en tus entornos o con otras personas en relación a cómo te hablan y tratan.
- Cargas económicas u otros cambios, crisis, noticias, información, contratiempos, carga profesional o familiar…

Como puedes ver, algunas son externas y otras internas, y algunas lo que producen no es incrementar la carga, sino disminuir tu capacidad para encajarla y bajarla al suelo (como cuando la mente, el cuerpo o el corazón no están bien o están demasiado saturados). Algunas cargas aparecen y se van rápido, y otras vienen y se quedan por un largo tiempo.

El ejercicio anterior has de hacerlo a menudo. Pero no olvides que en ocasiones la carga no avisará, y en ese momento estarás solo contigo, tus recursos, y tal vez algún buen equipo. De ahí la importancia de la preparación previa (haber hecho los deberes), y de una buena cimentación y engranaje con otras personas enfocadas en el alto rendimiento.

- Recuerda que el «estado de tensión final» no solo depende de la carga y el ambiente, sino de cómo estás tú en cada momento. Y en base a ese estado cambia por completo cómo lo percibes, y luego cómo lo manejas.
- En ocasiones, la misma carga, aunque sea muy fuerte y hostil, no hace daño (Si estás fuerte y estable a todos los niveles), o te acaba de destrozar como si fuera la última gota que colmara un vaso. (Si no estás bien, desregulado, muy estresado, etc.).
- Tu nivel de estrés, ansiedad o pánico antes de recibir la carga marcará la diferencia. Ante el mismo estímulo externo, un insulto, por ejemplo, reaccionaremos de forma muy diferente en función del nivel de estrés que tengamos, de nuestras experiencias anteriores, de quién lo formule, del tono...

Un cóctel de ingredientes que dan paso a una reacción o respuesta, como ya hemos ido viendo. En relación a las emociones, te lo explico con más detalle en los anexos.

Entonces, aunque seguiremos profundizando a lo largo de estos capítulos, empieza a preguntarte lo siguiente:

- ¿Cómo estás tú hoy para poder encajar y sostener esas cargas que has detectado? Puede que en el pasado las hayas superado, o que en el pasado te tumbaran... pero eso no habla de qué pasará en esta ocasión.
- ¿Cuánta carga puedes soportar en base a lo anterior? Ten claros tus límites actuales, dado que las cargas, antes de hacerte romper, pueden cambiar tu comportamiento.
- ¿Para qué ambientes estás diseñado? Profundiza en tu compatibilidad y tu capacidad de amortiguar la carga.

Como has podido ver es muy importante entender en qué entornos (cargas, suelo, ambientes...) estás, y en cuáles es óptimo que estés. Pero las cargas, al igual que los obstáculos, siempre tienen un aprendizaje para ti, dado que en cierto modo la zona de confort está evitando que saques todo tu potencial.

A veces uno puede adaptarse y sobrevivir a cierto hábitat. En otras toca cambiar de ambiente, al menos por un tiempo, hasta que puedas relacionarte mejor con él o ponerte más fuerte. Tal vez algunos de tus entornos y las personas que lo habitan estén acelerando tu proceso de desgaste, fallo o rotura.

No te olvides de lo siguiente:

- Podemos ser capaces, o incapaces, en función de dónde estemos. La clave es que tus propiedades (habilidades, características, valores, visión, sentido vital...) sean compatibles, valoradas y útiles en el entorno que habitas.
- No es solo la carga (estresor) la que define tu validez, sino tu capacidad de percibirla y manejarla (en función de tu estado, habilidades, genética...).
- No es cuestión de que la cimentación o la estructura sean válidas o no: depende del lugar donde vayan a establecerse (suelo y cargas).
- No es solo la carga, sino cómo estás tú en el momento en que esa carga llega a tu vida. De ahí que cobre peso la idea de la importancia de un mantenimiento preventivo, predictivo y el autocuidado constante.

Es decir: «Si juzgas a un pez por su habilidad de trepar a los árboles, se pasará toda una vida pensando que es un idiota», conforme a la frase atribuida a Einstein.

En los próximos apartados reflexionarás acerca de si tu cimentación actual y tu estructura son capaces de soportar esas cargas, ambientes y entornos en los que convives en tu día a día.

¿Qué forma, estructura y características tienes para encajar ciertos esfuerzos externos?

Cimentación, estabilidad sobre la que edificar

Necesitas un mínimo de salud sobre la que poder edificar.

Ante un ambiente, suelo y cargas definidos es el momento de entrar en la importancia de la cimentación y de las bases estables de tu crecimiento.

Estamos en una sociedad que quiere todo rápido y para ya. Y pasamos por alto la importancia de una adecuada cimentación. Esto es algo que les pasa a los dos primeros cerditos con sus casas de paja y de madera.

Lamentablemente, a veces las cosas importantes no son rápidas ni fáciles. Y si no has dedicado tiempo en cantidad y calidad a crear una buena base, cualquier viento o tormenta arrasará contigo.

Atribuyen a Einstein la siguiente cita: «Si yo tuviera una hora para resolver un problema, y mi vida dependiera de la solución, gastaría los primeros 55 minutos en determinar la pregunta apropiada, porque una vez conociera la pregunta correcta, yo podría resolver el problema en menos de cinco minutos». De nuevo, un 92 % a pensar y un 8 % a hacer.

La naturaleza esto también lo sabe.

Al parecer, durante los primeros siete años de vida, el bambú japonés no crece hacia arriba. Permanece escondido y parece estancado, hasta que de repente, un buen día, empieza a dispararse y entonces alcanza, en seis semanas, más de 30 metros de alto.

Es decir, 98,3 % del tiempo lo dedica a prepararse, para en el tiempo restante (1,7 %) conseguir los 30 metros. Yo me reconozco en esto en esta etapa de mi vida; siento que me viene un crecimiento muy fuerte de golpe... Como el bambú, y sin ser consciente de ello, me llevo preparando para ello mucho tiempo en la sombra.

Si sigue sin convencerte lo anterior, piensa lo siguiente: si la cimentación falla, todo se viene abajo. Puedes verlo en ejemplos como:

- La Torre de Pisa (teoría de asientos diferidos).
- Aerogeneradores eólicos del periodo de 2000-2010 con soluciones de uniones de transición torre-cimentación que se fisuran, no funcionan bien y acaban poniendo en riesgo la integridad de todo el aerogenerador
- Puentes o edificios que fallan por su cimentación (a nivel de diseño, cálculo, ejecución, uso o ausencia de mantenimiento).

En términos ingenieriles, una buena cimentación[83] (y una buena unión de la cimentación con la estructura) es algo clave porque:

---

83   La cimentación ha de diseñarse conforme a las condiciones del terreno (suelo), el peso de la estructura y las cargas externas. Ha de cumplir, entre otras cosas, las siguientes condiciones:
- Estabilidad. Ha de evitar el vuelo. Para ello, debemos llevar a cabo un estudio que tenga en cuenta pesos, centros de gravedad, nivel freático...
- Ausencia de deslizamiento.
- Limitación de tensión en punta. Deberá comprobarse la tensión del suelo en punta (es decir, no pasar al suelo más carga de la que pueda soportar), evitando así asientos o hundimientos del terreno.
- Resistencia como conjunto. La cimentación (hormigón, ferralla, disposición de armadura...) deberá ser capaz de aguantar los años de diseño sin romperse o fisurarse en exceso (si el agua llega a la armadura se oxida y puede romper, y con ello el sistema de resistencia y distribución

- Eliminará muchos fallos futuros.
- Ofrecerá unas condiciones de estabilidad y equilibrio fundamentales.
- Permitirá una buena transición de cargas de la estructura al suelo.

He aquí una clave, tanto para la ingeniería como para lo humano: ¿Cuál es el diseño óptimo para ser eficientes en todas las variables?

Ahora lleva el caso anterior a tu caso como ser humano y reflexiona sobre la importancia de una adecuada cimentación.

Muchas veces tendemos a ocuparnos de la fachada y el tejado (lo externo). De hecho, si las personas han de elegir prefieren invertir su dinero en ese cuidado externo.

Pero no podemos olvidar que si la cimentación, los pilares y las uniones (lo interno) no están bien, antes o después esa estructura colapsará de alguna manera. Puedes tener

---

de carga fallará).
- Otras consideraciones locales, como la cualificación de la mano de obra. Esto lo he vivido en India. Al no encontrar mano de obra cualificada para trabajos con moldes y ferralla, se tuvo que ir a una solución más cara desde el punto de vista de material y peso. O en Turquía: al estar muy alejados la fábrica de hormigón y el parque eólico, se tuvo que realizar una mezcla especial de aditivos, para garantizar una buena resistencia y curado, y con eso que el diseño teórico coincidiera con la realidad.
- Una reflexión sobre el tipo de suelo. En ocasiones, el gran peso de la turbina eólica sobre un terreno «pobre» supone que aumentar el radio de la cimentación (para obtener un área mayor) y conseguir que la carga se distribuya en una cantidad mayor de terreno. Esto sucede con nosotros también a nivel anatómico: el peso del cuerpo, hasta bajar al suelo, pasa por diferentes partes hasta llegar a las plantas de los pies. En ocasiones, dado un peso, uno sufre mucho con tacones o con zapatos muy ajustados, dado que el mismo peso ha de repartirse en un área menor. Aquí, o amplías área o reduces peso. No hay mucha más opción.

Habrá que analizar caso a caso. En proyectos concretos se llevan a cabo varios diseños por parque eólico para optimizar costes y mejorar el retorno y la viabilidad del proyecto, igual que en el caso de estudio persona a persona.

una fachada y un tejado maravillosos y llamativos, pero si por dentro no estás bien, romperás pronto de alguna manera.

Pregúntate lo siguiente:

* ¿Qué cimentación mínima y viable necesitas para sobrevivir?
* ¿Cuál es tu cimentación hoy?
* ¿Qué es lo más importante para ti?
* ¿Qué es lo mínimo que necesitas para empezar un nuevo día?
* ¿Sobre qué se asienta tu sentido de vida?

Estas preguntas me ayudan a definir lo básico que necesito y de ahí he ido creando mi cimentación actual (puedes revisar el modelo RESETEA).

Algunas variables del modelo que considero parte de la cimentación son:

* Tiempo, el verdadero oro, cuya calidad y cantidad aumentan al tener más salud. Lo analizaremos en profundidad en el apartado de «durabilidad y tiempo de vida».
* Salud, en sus cuatro dimensiones, de forma que aporten equilibrio y estabilidad. Tus propiedades, habilidades, conocimiento... sin salud valen para poco. Buena estructura y potencial... ¿pero está sana la estructura? Relación entre equilibrio y salud.
* Propósito o sentido de vida, que a su vez es un «combustible», como veremos más adelante.

Recuerdo estar calculando hace años una cimentación circular basándome en un *paper de 1977*... Me dije, «¿después de 40 años seguimos haciendo las cosas igual?». También me he preguntado muchas veces qué pasará con esas estructuras que empiezan a cumplir su vida útil, pero, sobre todo, por aquellas que están siendo azotadas por cargas diferentes o superiores a las de su diseño (al empezar a nevar, dónde no nevaba —carga de nieve—; a que haya terremotos, donde antes no los hubo —carga de sismo—...). El no poder compartir estas cosas en algunos entornos detonó el que decidiera salir de algunos lugares.

Pero con el tiempo he visto que esto sucede también en otras disciplinas. Faltan estructura, criterio, rigor, forma y personas realmente comprometidas.

Es por ello, que intento recordarme a menudo lo que nos dijo Matsuo Bashō: «No sigo el camino de los antiguos; busco lo que ellos buscaron».

Estructura. Forma, abrir luz y línea de fuerza

Una vez tienes claro el entorno en el que estás (suelo, cargas...) y las variables que has de tener en cuenta para tu cimentación, es momento de empezar a pensar en la forma, el esqueleto, los pilares, los muros de carga... y, en definitiva, en la estructura, entendida como una disposición de materiales capaz de soportar la carga de diseño y con el objetivo de cumplir un propósito dado.

Si miras a tu alrededor verás que estás rodeado de estructuras.

El problema es cuando la forma o la estructura no es la correcta para un ambiente dado, o cuando con el paso del tiempo deja de estar en buen estado.

Siempre se ha dicho que no hemos de empezar la casa por el tejado. De hecho, unos buenos pilares y una buena base son la clave de una supervivencia sostenible. Por ello es hora de analizar cómo encajar y amortiguar lo que está por venir, para desde ahí bajar la carga al suelo.

Además, en ocasiones deberemos dotarnos de sistemas de amortiguación adicionales, tomas a tierra o incluso setas de STOP, para ser utilizadas en caso de emergencia.

Pero antes de empezar tienes que pensar qué condiciona tu diseño y cálculo:

- En ocasiones la carga condiciona la forma, y también la selección de los materiales a utilizar.
- Otras veces es un material el que marca la forma de acuerdo a sus características y límites.
- A veces se busca una funcionalidad concreta o una buena estética (dando paso a debates entre ética o estética).

Para ello uno ha de hilar muy fino y comprender muy bien las condiciones de contorno y las cargas, para desde ahí buscar los materiales, la forma y la estructura óptimos. Todo ello dentro de un proceso iterativo.

La estructura no lo es todo, pero sin ella nada es posible. A nivel ingenieril, de sociedad, de equipos y como personas. Un arte y una forma de hacer que considero que nos hacen mucha falta como sociedad y como personas. Si hemos sido capaces de ir a la luna (según se dice), unir Reino Unido con Francia vía túnel o diseñar el canal de Panamá: ¿no podemos utilizar ese intelecto para entender mejor al ser humano?

Bien es cierto que hay otros componentes que suelen llevarse el gran protagonismo, pero ello no está reñido con el papel de la estructura. Pensemos en el ejemplo de una turbina eólica.

- En su parte más elevada tiene la nacelle. En el caso de las turbinas eólicas, la nacelle (y todo lo que se encuentra en su interior) necesita de la torre para poder conseguir una altura desde la cual llevar, junto a las palas, su función.

Aquí surge la necesidad de la torre, que podemos asemejar al cuerpo y esqueleto humano, el cual permite a la cabeza (nacelle) estar en lo alto, albergando un par de ojos que posibilitan una vista desde una posición mucho más elevada. No solo eso, sino que el cráneo (nacelle y nariz/cono) protege al cerebro (sistemas de *pitch* de pala, eje lento y rápido, multiplicadora, generador eléctrico, sistemas de refrigeración y lubricación...), al igual que la estructura de tu coche y el parachoques te protegen a ti. ¿Qué más hace la estructura? Proteger con las costillas, algo tan valioso como el corazón. Además, se encargan de abrir luz (como un arco o una bóveda) para crear espacio a los pulmones. Y, como ya sabes, para que todo lo anterior se sostenga necesita de unos buenos pies (cimentación).

- Dentro de la estructura hay muchas más cosas. Alberga sensores de todo tipo, al igual lo hace que el cuerpo humano: los ojos (vista), los oídos (auditivo), la lengua y las papilas gustativas (gusto) y la nariz (olor). Tienen sistemas de control encargados de adquirir señales y mantener comunicadas las diferentes partes del cuerpo (y de la turbina). El cuerpo humano tiene la capacidad de regenerarse, expulsar desechos, transformar alimentos en energía, curar enfermedades..., a todo lo cual se suma un diseño maravilloso y funcional compuesto de piel, venas, arterias, tendones, músculos, ligamentos, huesos, dentadura. Esos sistemas forman parte de una red mayor encargada del funcionamiento (comportamiento) de la turbina.

Una turbina eólica tiene más en común con el ser humano de lo que podrías pensar. De hecho, creo que el ser humano, más que una obra de ingeniería es una obra de arte.

Pero no son solo los componentes y estructuras, sino cómo se unen entre sí.
- Profundidad. Una cosa es un estudio aislado y riguroso del corazón, en base a sus materiales, elementos o forma de funcionar.
- Amplitud. Otra cosa es entender cómo se relaciona con el resto del cuerpo, el resto de las funciones que desempeña como sistema, su iteración con el intestino y cerebro, o cómo un fallo suyo puede afectar a otros elementos igual de importantes.

De aquí la importancia de seguir cuidando el corazón (y cualquier otro elemento) con mimo, pero sin olvidar cómo conecta con todo lo demás.

Este es uno de los grandes fallos de esta sociedad.

La falta de visión global no permite tomar buenas decisiones. Por ello tal vez se rompan tantas cosas (como la confianza, el bienestar económico y de salud, el sistema de pensiones…), simplemente por no ser conscientes de lo que se tiene entre manos. O aún peor, tal vez se sea consciente y aun así se decida seguir obrando aleatoriamente.

Antes de entrar en el diseño y cálculo reflexiona sobre las diferentes formas de romper. Uno puede romper por:
- Una falla elástica o cargas extremas, como vimos en las gráficas tensión-deformación o en el estudio de la resiliencia.
- Falla de fluencia lenta: cargas mantenidas o altas temperaturas.
- Falla por fractura: cargas extremas en presencia de grietas.
- Falla por fatiga: cargas variables en el tiempo (no necesario extremas).
- Falla por pérdida de estabilidad: carga crítica (pandeo)

- Otras fallas. Degradación electroquímica, ambientes oxidativos, corrosivos, desgaste, saturación, otras combinaciones de carga (por ejemplo, corrosión bajo tensión), temperaturas fuera de régimen de servicio, operación fuera de condiciones de diseño...

Has de tener claro que eres tan fuerte y resistente como tu eslabón más débil (como siempre nos han dicho). Y para ello es clave tener los sensores a punto y medir y escuchar lo que te van diciendo. Aquí el entrenamiento de la atención vuelve a ser muy importante y determinante.

Has de monitorizar constantemente tus estados. Puedes tener la mente y el corazón fuertes, pero si el cuerpo falla, falla el sistema al completo. Fíjate cómo en psicología también se habla de estados; estado depresivo, pánico, ansiedad. Estate atento; puedes romperte de múltiples formas.

Pero no analices solo tus formas de rotura, sino tus maneras de resistir. Cuando vives el tiempo suficiente vas acumulando información valiosa, y desde ahí uno puede crear sistemas que lo protejan frente a algunas cargas.

- Toma a tierra ante rayos o fallas eléctricas (paradas estratégicas)
- Un dique, una trinchera, un cortafuegos... para mantener esa amenaza lejos (no frecuentar ciertas compañías o fuentes de información)
- Un sistema de amortiguación interno que te permita minimizar el impacto de la carga y atenuarla (cuidar tus 4 dimensiones de salud).

Eso sí depende de ti. Mantener a diario tus partes y tus estructuras.

Y, mientras tanto, puedes seguir preparándote con el fin de poder exponerte a entornos más exigentes a futuro.

- Puedes mejorar tu estructura
- Puedes mejorar el material del que está hecha.

Aunque uno no sepa qué está por venir, puede ir fortaleciéndose en varias áreas de su vida. Ya te he hablado de la mente de aprendiz (y la preparación continua) y de la importancia de la curiosidad para ir entendiendo algunos procesos. Ensaya en lugares en los que puedas experimentar con riesgo limitado y sigue creciendo. Sal, observa, haz y aprende, reflexiona, vuelve, mejora, itera.

En todo proceso hay dos fases diferenciadas: el diseño y el cálculo. Profundicemos en ellas.

Diseño

He aquí algunas variables que puedes tener en cuenta.

- Estética. En este caso entendida como belleza exterior (forma, acabado de materiales, colores...). Mi foco ha estado siempre en la ética... pero me he ido dando cuenta de que es hora de recuperar la estética. Un buen ejemplo es el criterio de decisión para elegir un puente o viaducto que está a la entrada de una gran ciudad: ¿damos prioridad a la belleza (puente atirantado) o a el coste (puente de vigas)?[84] La forma exterior y lo visible a veces es tan importante como la seguridad, la eficacia, la resistencia, el coste optimizado... Hemos de buscar un equilibrio entre ellos. De hecho ahora entiendo mejor a algunos de mis comerciales y directores cuando me hablaban de la

---

84   Hace años mi profesor de Estructuras nos habló de esto. Yo por entonces habría elegido sin duda alguna el de vigas (más barato, y hace su función). Hoy soy capaz de apreciar la belleza de un atirantado y entender que, en ocasiones, puede ser la mejor opción.

importancia del traje, los zapatos y el reloj: para que te presten atención, y luego te conozcan, primero han de fijarse en ti de alguna manera.

- La forma, entendida como una aliada para bajar la carga al suelo. También está relacionada con la belleza y lo estético. La forma correcta evita ir a contracorriente o tener un exceso de tensión. Has de conseguir que la fuerza externa vaya por la forma hasta el suelo. La forma es como la malla (o molde) que nos guiará luego para crear la estructura más idónea, de manera que la carga fluya y no se quede estancada en ningún elemento de la estructura y la máquina (aliviando así, la causa de sufrimiento y tensión). Las uniones, como veremos más adelante, son protagonistas también en esto. Y cuando la belleza esté por encima de lo funcional, o cuando el diseño no sea óptimo, te tocará poner grandes masas puntuales (como las gárgolas y otros elementos de las catedrales) para volver a meter la carga en la forma. Esto también te sucede a ti cuando tienes una postura corporal no equilibrada que hace que tengas los centros de gravedad desplazados. Esto obliga a otras partes del cuerpo a coger más carga de lo normal, o incluso a funcionar de una manera para la que no han sido diseñadas. No pierdas la forma.

- Pilares. Muros de carga, columnas... a partir de los cuales crear estructuras que conectan la cimentación con todo lo demás.

- Materiales. Todo ser y material tiene sus límites. En una de las asignaturas de Industriales estudié que «los materiales son las sustancias constituyentes de los distintos componentes y estructuras». Ten muy presentes las propiedades, límites y coeficientes de seguridad de la partida del material utilizado, de tus huesos, piel, músculos...[85]

Aquí puedes profundizar todo lo que quieras. De lo micro a lo macro. E incluso en los enlaces a nivel molecular.

Y recuerda también la posibilidad de encontrar sinergias juntando materiales (equivalente a juntar personas, dentro de un equipo). Puedes utilizar aleaciones metálicas o materiales compuestos para mejorar las propiedades resistentes, de temperatura, etc. Algunas de ellas son el hormigón armado (el acero contribuye a mejorar la respuesta a esfuerzos de tracción, mientras el hormigón se encarga de la compresión), los polímeros y las fibras de vidrio o carbono (palas de aerogenerador) o las cerámicas.

Aquí también está la necesidad del ensayo-error. Muchas de estas propiedades se van conociendo a través de ensayos (algunos intrusivos, otros externos o visuales). Ya te he hablado por ejemplo del ensayo Charpy, pero existen muchos otros, como el ensayo de rotura de probetas de hormigón a diferentes días (7, 15, 20), para ir chequeando su resistencia final.

Además, considera que, al igual que algunas personas o el vino, el hormigón gana propiedades con la edad hasta llegar a un límite o techo máximo. También te darás cuenta de que, al igual que tú, algunos materiales pueden verse mejorados con ciertos tratamientos: granallado, tratamientos térmicos o endurecimiento por deformación.

---

85   Hay otras propiedades a tener en cuenta (Setién, J.; Varona, J.M; 2003): mecánicas globales. Densidad; módulo y amortiguamiento; límite elástico, tensión de rotura, dureza (resistencia a ser rayado por otro material), tenacidad a la fractura; resistencia a la fatiga y resistencia a la fatiga térmica, resistencia a la fluencia. Ductilidad; no mecánicas globales: térmicas; ópticas; magnéticas; eléctricas; de superficie: oxidación y corrosión; fricción, abrasión y desgaste, resistencia al fuego; de producción: facilidad de manufactura; fabricación, unión y acabado; económicas. *Precio y disponibilidad.*

Y esto es muy importante para mí, porque mi tía M.ª Jesús, persona a la que aprecio y admiro mucho, me dijo, cuando conseguí mi primer trabajo: «...Me da pena de que empieces tan pronto, porque el trabajo embrutece». A mí el trabajo me ha ayudado mucho a conocerme y a convertirme en quien soy.

Es una prueba de que embrutecer o endurecer no tiene por qué ser negativo, sino que puede ayudarte a aumentar tu resistencia, adaptarte mejor al medio y aumentar tus probabilidades de supervivencia. Ya dicen que «lo que no te mata, te hace más fuerte». ¿Ves como todo es lo mismo?

Tú también puedes mejorar y cambiar tu diseño, y con ello obtener unas propiedades aún mejores de las que tienes. Todo empieza por conocerse mejor. Pero cuidado con destruirte en tus ensayos y pruebas. Has de cuidar de ti.

Si te rompes de forma irreversible se acabaron el juego y las iteraciones.

Cálculo

Una vez tienes el diseño de partida, la forma, las dimensiones, los materiales definidos, etc., es el momento de empezar a calcular la estructura.

Hasta el momento ya te he hablado de algunas de las revisiones (curvas tensión-deformación y de fatiga) y los cálculos que se han de llevar a cabo[86].

---

86 A continuación observa el proceso del cálculo de una torre eólica, un proceso completo y precioso. Más sencillo con torres de acero que con torres híbridas o de hormigón, pero igualmente retador y bonito:

- Se parte de unas condiciones dadas. Características del suelo, rigidez mínima de cimentación-suelo, diámetro inferior y superior de torre, dinámica del sistema, casos de carga, altura de buje, etc. Desde ahí uno puede empezar a definir espesores de chapa para verificar la integridad estructural (tensiones, fatiga, pandeo...). También se analiza el montaje para verificar cargas procedentes de efectos vortex-shed-

Toda máquina y estructura tiene sus límites. Al igual que tú y que yo. Por eso es muy importante saber hasta dónde puede aguantar uno.

- ¿Cuánto te conoces a nivel mental, físico, emocional y espiritual?
- ¿Cuáles son tus patrones de rotura o modos de fallo?
- ¿Cuál es tu talón de Aquiles o tu cuello de botella?
- ¿Qué entornos y personas son altamente tóxicos para ti?
- ¿Cuáles son tus límites de servicio y extremos?

---

ding. Y como ya te he mencionado, es un cálculo iterativo.
- Distribución de la torre y geometría. Durante ese proceso se tendrán en cuenta la altura de chapa disponible en mercado, el espesor máximo que se puede curvar, la división de la torre en tramos para optimizar el transporte y fabricación...
- Vuelta al proceso de nuevo. Al terminar el diseño y cálculo se envía la geometría y características al departamento de cargas, para que ellos puedan iterar el sistema de nuevo, para entender si, ese nuevo diseño de torre más aterrizado (pesos, dimensiones...etc.) sigue encajando en la dinámica del sistema definida por el departamento de control (que, a su vez, depende del rotor, velocidad de giro, cargas...)
- Cierre del diseño y el cálculo. Llega un momento en el que el proceso converge, podemos dejar de iterar y se procede al cierre del diseño y de la nota de cálculo. En este punto, uno ya sabe todo. Incluso los coeficientes de seguridad teóricos, dónde están los talones de Aquiles y cuellos de botella. A medida que avanzas, puedes ir optimizando de múltiples formas hasta llegar al mejor diseño posible.
- Siguientes pasos. Y muchos profesionales deciden acabar aquí el proceso de cálculo: entregando los planos y la memoria de cálculo. Cuando la fiesta no ha hecho más que comenzar. En algunos casos deberemos crear un prototipo para poder verificar que el modelo teórico coincide con la realidad, antes de lanzar un a producción en serie. Y en ese punto, tocará hacer un seguimiento de la compra de las planchas de acero, su estado, su transporte, su manufactura en virolas, los procesos de soldadura, de tratamiento superficial, de pintado y los controles de calidad oportunos, para más tarde, revisar que el transporte, el montaje y los pares de apriete (de bridas) se lleva a cabo bajo las especificaciones técnicas de aplicación. Y, por último, poner galgas extensiométricas en virolas para corroborar el modelo teórico, con el real, pudiendo conocer el estado tensional. No es solo crearla y montarla, sino mantenerla en el tiempo adecuadamente, y seguir aprendiendo de ella durante toda su vida útil.

- ¿Cuánto margen tienes para cargas adicionales que estén por venir?
- ¿A qué porcentaje de tu límite estás hoy de aprovechamiento total?
- ¿Cuál es tu daño acumulado?

Pero para poder contestar a lo anterior necesitas conocer en cada momento tu estado actual y tus límites (envolvente de carga máxima). Y aquí la ingeniería, como puedes estar comprobando, puede ayudarte[87].

Reflexiona a menudo sobre lo que crees sobre ti. Mi amigo Josu me contó que un profesor de yoga le dijo «No tienes un cuerpo rígido, tienes una mente rígida». Yo también estoy un poco ahí de vez en cuando.

Y aunque nos cueste reconocerlo, a veces ya no queda capacidad de carga. A veces la carga estática y permanente (preocupación actual, estado físico, problemas y retos que ya tienes hoy...) ha agotado todos los recursos y no deja espacio para poder encajar cargas dinámicas que estén por venir. Es decir, una gota más y tu vaso desborda.

Por ello es urgente y prioritario que aprendas a darte cuenta de tu estado tensional momento a momento. El cuerpo y la mente son duros y resistentes, y a veces aguantan lo indecible, pero, como todo, tienen sus límites de funcionamiento y sus puntos de fatiga y rotura.

---

87   Uno de mis libros favoritos dice: «Así como la tensión nos dice con qué intensidad —es decir, con cuanta fuerza—, los átomos de cualquier punto de un sólido son apartados entre sí, la deformación unitaria nos dice cuán lejos han sido apartados. Esto es, en qué proporción los enlaces entre átomos han sido alargados» (Gordon, J.E.; 2004). Y, de nuevo, has de conocerte bien: «la resistencia no es lo mismo que la rigidez. Una galleta es rígida pero débil, el acero es rígido y fuerte, el nailon flexible y fuerte, la gelatina es flexible y débil. Las dos propiedades juntas, describen al sólido casi tan bien como dos gráficos». (Gordon, J.E.; 2004). ¿Tú en este momento qué eres? ¿Una galleta, acero, nailon, gelatina? Date cuenta de que puedes ser una cosa o las cuatro en función del día y el entorno.

O los respetas o romperás de una u otra forma.

Y en tu caso y en el mío, todavía no tenemos manera de alquilar o comprar otro cuerpo u otra mente una vez la hemos roto por completo.

Te ofrezco un ejemplo que me ha pasado esta semana:

- Me ha venido una nueva y gran oportunidad de trabajo. Una parte de mí quería cogerla y asumir el reto, pero al decidir parar y reflexionar, mirar el calendario y los compromisos ya adquiridos... me di cuenta de que mi capacidad estaba al límite (ya no podía coger más carga en régimen elástico, pudiendo poner en riesgo mi salud)

- Podía coger esa nueva carga, pero a costa de dejar de dormir, trabajar 16 horas al día, aprovechar los fines de semanas para apretar... Es un modo de funcionamiento extremo que conozco bien, al haberlo utilizado más veces; por ello sé el precio que se puede llegar a pagar.

- En base a lo anterior decidí que no me compensaba (aunque le doliera a una parte de mí). Por un lado puedo romper yo; por otro, fallar a la otra persona si no doy unos resultados mínimos. Con esto me refiero a que no es siempre posible hacer todo al mismo tiempo.

En otras condiciones habría adquirido ese reto, pero ahora no toca. Estoy con un estado tensional óptimo (de carga y de recursos internos) y necesito un mes de calma para cerrar este manual como se merece.

A modo de resumen, recuerda que si no conoces y no sabes es difícil mejorar, cuidar o cambiar algo. Debes profundizar y acercarte lo suficiente.

Lo mismo aplica a tu persona. Has de aprender a entender y darte cuenta con claridad de en qué estado de tensión estás en cada momento, para poder cuidar de ti y tomar las mejores decisiones posibles.

Hay asuntos como la confianza que tardan años en conseguirse y se pueden destruir en pocos segundos o minutos. Y si no te das cuenta de ello, tal vez a lo largo de tu vida pierdas cosas que son muy importantes para ti.

Volviendo a leer este capítulo me sigue pareciendo paradójico el que seamos especialistas en hojas de cálculo, cálculo diferencial, patentes, balances financieros, inversiones, estructuras, procesos de creación de productos y servicios... y tengamos tan poca idea de cómo funcionamos.

Haciendo alusión a lo que nos dejó el Principito, tal vez debamos poner foco en lo esencial, aunque sea invisible a los ojos[88].

4. SISTEMAS DE CONTROL. FUNCIÓN DE TRASFERENCIA Y UNIONES INTANGIBLES

Es momento de resaltar que las uniones son claves en todo proceso, ya sea la estructura de una turbina o una programación informática.

No son solo las piezas o los bloques de programación; es también cómo se conectan entre sí y cómo permiten que las cargas, o la información, fluyan de un punto a otro de forma acertada y en el tiempo adecuado.

Entonces, ¿qué buscan los sistemas de control?

Aspiran a que las señales de salida puedan ser gobernadas por las directrices marcadas por las señales de entrada con independencia de las perturbaciones.

---

88   «Lo esencial, es invisible a los ojos». Antoine de St. Exupéry.

Si eres capaz de controlar las variables de un proceso, las condiciones de operación del mismo se mantendrán. Esto ofrecerá estabilidad al conjunto.

Algunas estructuras, como algunos puentes, lo tienen más fácil dado que tienden a tener un comportamiento estático. Si entra A, sale P, y todos contentos, al suceder siempre esto en el tiempo.

En otras máquinas o estructuras, la realidad es más compleja:

• Entes dinámicos con ciclos transitorios y permanentes (máquinas rotatorias, como una turbina eólica).

• Estructuras cuyo comportamiento venga muy afectado de manera dinámica, como uniones muy solicitadas por ciclos de carga dinámicos, como por ejemplo la unión de un seguidor solar de su pilar y la parrilla de paneles solares.

Imagínate lo que sucede dentro del cuerpo humano.

En todo elemento dinámico has de tener en cuenta variables adicionales a las estáticas, como el combustible (o entrada de energía), la transformación de energía en otras formas, los sistemas de control, las piezas sometidas a fatiga y desgaste diario, el mantenimiento preventivo y predictivo...

Piensa por unos instantes en el cuerpo humano.

¿Cómo es capaz de regularse y equilibrarse dinámicamente?

Piensa en el funcionamiento y mantenimiento de arterias, venas, válvulas de no retorno, sistemas hidráulicos, esqueleto, ligamentos, músculos, tendones, articulaciones, actuadores de acción lente y rápida, presión sanguínea, ritmo cardíaco, ritmo respiratorio, transmisión de información en tiempo real, mantenimiento de valores de referencia, pensamientos, emociones, sentimientos, sensaciones, entrada constante de estímulos, codificación, procesado, interpretación, integración de señales, sistemas preventivos y predictivos...

Estos últimos años he valorado aún más a las personas que desde diferentes profesiones están al cuidado de la salud de las personas. Y a aquellos que, sin saber en profundidad cómo funciona el ser humano (ni ellos, ni nadie), con sus tangibles e intangibles, son capaces de dar un paso adelante y ayudar en todo lo que está en su mano.

Y aún más a aquellos que deciden seguir con mente de aprendiz y mucha curiosidad para seguir estudiando y profundizando en el misterio humano.

¡Confirmado! Se pueden hacer cosas útiles e intervenir en un sistema sin conocer al completo su ecuación, función de trasferencia o sistema de control.

La vida está en constante movimiento, es dinámica. Nosotros también estamos en movimiento. Por ello tiene sentido poner foco en los sistemas encargados del control y la regulación, y en cómo estos adquieren información para poder ir regulándose o mandando órdenes a los actuadores.

Ahora te ofreceré unas pinceladas sobre sensores y sistemas de control.

Por un lado tienes los sensores

Puedes refrescar lo que vimos en el modelo de percepción (modelo 3). Te invito a reflexionar acerca de cuáles son los sensores que tienes a tu disposición.

- Algunos son más comunes, como los cinco sentidos, la intuición, las corazonadas o las tripas... Estos parecen operar en una capa superior.

- Pero te invito a reflexionar sobre la posibilidad de tener sensores trabajando en capas inferiores, que tal vez pasan desapercibidos pero que son clave en tu supervivencia: sensores de temperatura, de sudoración, de salivación, de generación de ácidos en el estómago, de segregación de hormonas, de regeneración, de detección de virus o bacterias...

Los sensores están constantemente registrando información de todo lo que te rodea, activando el proceso de percepción. Desde ahí, como sabes, se obvia lo que no supone peligro y se pone foco en las amenazas, lo que falta y lo que falla para después prepararnos para actuar de una u otra forma.

¿Es primero la sensación, la emoción o el pensamiento en la detonación de una de las alarmas internas? Este manual no puede abordar esto, pero te invito a reflexionar sobre ello. Algo parece estar claro: tu sistema quiere que sobrevivas.

En una turbina, por ejemplo, tenemos los siguientes sensores: veletas (dirección del viento), anemómetros (velocidad de viento), sistemas Lidar, sensores de orientación de rotor, sondas de temperatura, sensores de vibración, sistemas de detección de anomalías (sobre aceleración, sobre velocidad, fallos de ejecución, desequilibrios...), galgas extensiométricas, sismógrafos, sistemas de detección de enrollamiento de cable, estado del ascensor, detector de humo, medidores de humedad, contador de partículas y estado de aceite en sistemas de lubricación, pares de apriete de ciertas uniones o pernos, orientación de pitch, posición de palas... etc.

El problema es que no nos paramos a escuchar y analizar esa información (cambios de estado, alteraciones de conducta, dolores, pensamientos, intuiciones...); o aún peor, hacemos puentes o desconectamos sensores (mediante fármacos, drogas, alcohol, infiltraciones o exceso de actividad) para ir tirando. Entonces, ¿de qué sirve tener sensores si no utilizamos la información que nos proporcionan?

Esto les pasa también a varias empresas multinacionales: miden pero no analizan, por lo que sus decisiones no pueden estar basadas en datos y rigor. Una pena, la verdad, sabiendo la inversión millonaria que hay detrás de algún proyecto.

Por ello decide poner atención y aprovechar al máximo tus sensores. Además, no te olvides de realizar un mantenimiento rutinario para darte cuenta de si están midiendo bien. Cada máquina ha de medir las variables clave en su funcionamiento. Tu cuerpo está haciendo todo esto en este preciso momento.

¿Qué hacer con esa información recogida?

En el caso de las turbinas, toda esa información la gestionamos a través de un sistema SCADA (sistema de supervisión, control y adquisición de datos). De esta forma tenemos *feedback* en tiempo real de cada turbina y del parque, pudiendo tomar decisiones a nivel de control del parque completo.

También se va acumulando un histórico muy necesario para ir conociendo la fiabilidad de la turbina. De eso sabe mucho el sector del automóvil, el cual ha ido acumulando muchísima información durante decenas de años sobre los problemas y fallas de sus productos.

El SCADA, junto con el resto del sistema, es como nuestro proceso de percepción. Se capta el dato, se analiza y, si supera límites normales, en función de la señal y su intensidad se pueden detonar alarmas, se activan actuadores, se inhabilitan sistemas, se cambian modos de funcionamiento o incluso se detiene la operación.

Esto también sucede en el cuerpo humano. Si tus sensores se dan cuenta de que puedes dañar un órgano vital se desconectan. Esto lo he presenciado en varias ocasiones.

¿Y qué hacer con la información recogida? Ya te he explicado en los párrafos anteriores parte de ello, pero quiero ofrecerte el siguiente caso real que encontré buscando en Internet, cuya autoría desconozco:

Durante la Segunda Guerra Mundial, los aliados mapearon los agujeros de bala en aviones que fueron alcanzados por fuego nazi. Buscaban fortalecer a los aviones y reforzar áreas fuertemente golpeadas por artillería enemiga para poder resistir aún más esos embates. Su pensamiento inmediato fue reconstruir y reforzar las áreas del avión que tenían más puntos rojos (o que recibían más balas). En teoría era una deducción lógica. Después de todo esas habían sido las áreas más afectadas. Pero Abraham Wald, matemático, llegó a una conclusión diferente: los puntos rojos solo representaban el daño en los aviones que llegaron a casa. Las áreas que realmente deberían reforzar eran los lugares donde no había puntos, porque esos eran los lugares donde el avión no sobrevivía al ser golpeado.

Tras investigar el caso anterior encontré que muchos autores llaman a ese fenómeno sesgo de supervivencia: miramos las cosas que sobrevivieron cuando en realidad deberíamos centrarnos en las que no lo hicieron. El proceso inverso ha sucedido con la medicina y la psicología durante años (estudian la enfermedad pero no cómo o por qué otras personas siguen sanas o sobreviven).

Piensa que es importante saber qué medir, cómo medirlo y luego cómo procesarlo e interpretarlo. De nuevo necesitas personas que sepan lo que hacen.

Volvamos al sistema de control

El sistema de control regula todo lo anterior y tiene a todos los «jugadores» en cuenta. De hecho, en uno de los equipos de ingeniería en los que estuve, el departamento de control era uno de los más valorados dentro de la compañía. El resto debíamos cumplir con nuestra parte (con más o menos acierto), pero si ellos se equivocaban en su trabajo, la turbina tenía los días contados.

- Puedes tener la cimentación, estructura, maquinaria interna y uniones en perfecto estado (pies, esqueleto, órganos y articulaciones), pero si tu sistema de control falla, el hecho de que el resto de los componentes estén bien da un poco igual. De igual forma, el sistema de control puede funcionar, pero si falla un órgano o función vital, igualmente habrá un problema.
- Piénsalo como un sistema de transporte eléctrico. Podemos tener todo: el sistema de generación, las subestaciones y las redes de trasmisión en perfecto estado. Pero si un evento externo rompe la línea de trasmisión en algún punto, no será posible el transporte energía.

Por supuesto esto es mucho más complejo.

Es por ello que cuando perdemos el control (de nosotros mismos, o de algo importante para nosotros) todo se complica. En ese estado es difícil sentir certidumbre y calma. Para regularse de nuevo, uno ha de poner foco en:

- Eliminar o controlar la influencia de variables externas.
- Asegurar la estabilidad del proceso.
- Optimizar el proceso (funcional, económico...)

Para regularte, además puedes utilizar estas dos estrategias:

- *Top-down.* Del cerebro al cuerpo. Reflexionar acerca del problema
- *Bottom-up.* Del cuerpo al cerebro. Provocar un cambio corporal, lo que cambia el estado mental o emocional.

Reflexiona sobre tu lazo de control más superficial: cognición-emoción-sensación. Pero también sobre cada proceso interno que, momento a momento, se produce de manera imperceptible y silenciosa, pero cuya suma regula tu biología, química, conducta, reparación molecular, regeneración... Ahí existe un campo muy interesante de experimentación.

Ahora permíteme mostrarte un ejemplo de control sencillo (todo/nada o 0/1).

1. Objetivos de control y variables de medida:
    - Mantener la temperatura del agua a 15°C (sensor 1; punto de control 1).
    - Mantener el nivel de agua a 20 cm (sensor 2; punto de control 2).

2. Perturbaciones exteriores. Aquellas que puedan desviar la temperatura o el nivel del agua de la marca deseada (temperatura ambiente, lluvias en caso de estar el tanque a la intemperie...).

3. Variables manipulables. A través del incremento del caudal (regulador de caudal-motor con diferencias potencias) o la subida o bajada de temperatura (con un regulador de temperatura, resistencia o similar). Reguladores.

4. Seleccionar configuración, tipo y forma de control. Asegurar que mide lo que buscamos y envía la señal en el tiempo necesario. Pueden incluirse alarmas.

¿No es esto lo visto en hábitos en el modelo 5? Por supuesto que un control todo-nada es muy ilustrativo, pero se queda corto. Es posible que dentro de nosotros tengamos multitud de controles más finos, diferenciales, integrativos...

Al final todo se resume en entender la ecuación, o la función de trasferencia, que describe cada uno de tus procesos. Te invito a mirar ahora los modelos que te presenté en el siguiente capítulo con esta nueva aproximación.

¿Te das cuenta de la importancia de conocer los procesos de esos modelos? Yo cada vez pongo más énfasis en entender mi sistema de control, y con ello aspirar a no perder el norte, o al menos a no hacerlo a menudo. A partir de ahí aspiro a entender mejor mis comportamientos, lo que hacen detonar ciertas personas y entornos en mí, y con ello vivir una vida mucho más sana y equilibrada.

Y hemos de entender que este es un estudio persona a persona, y turbina a turbina. Cada emplazamiento y turbina son únicos entre sí. Por ejemplo, el tamaño de cada rotor, altura y tipo de torre, suelo y cimentación ofrece un diagrama de Campbell diferente (relaciona la velocidad de rotor con las frecuencias naturales de los elementos clave del sistema), lo que nos obliga a diseñar un tipo de control en función de un comportamiento particular.

Compañeros que os dedicáis a la gestión de personas, ¿seguís intentando seguir políticas de café para todos y haciendo que una pieza circular encaje en un hueco rectangular de menores dimensiones?

Los que hemos tenido la suerte de diseñar y calcular entes dinámicos sabemos que eso no es posible. Al igual que el otro extremo de crear un café por persona tal vez no sea del todo factible y funcional en el corto plazo. Pero hay puntos intermedios.

Condiciones transversales y constantes, y otras variables y de libre elección. Pero para dar con la función de trasferencia que define ese modelo, uno ha de ser más riguroso, y para ello ha de poder entender, abordar y medir bien el asunto.

Y tal vez no sea tan importante conocer lo tangible como lo intangible.

- En la empresa: adherencia, sentido de pertenencia, motivación, salario emocional, flexibilidad, conciliación, bienestar...
- En la persona: plenitud, sentido vital, compromiso, pasión, voluntad, perseverancia, conexión.

Poniendo mucha atención a las uniones visibles e invisibles, tangibles e intangibles.

5. UNIONES MECÁNICAS. INTEGRIDAD Y TRANSICIÓN DE CARGA

Las uniones mecánicas se pueden ver y tocar. No como esos entes como son la electricidad, la electrónica, el magnetismo, el alma o la consciencia.

No es solo la carga (estímulo), sino cómo se transfiere la misma a lo largo de la estructura hasta acabar en el suelo. Las uniones son tan importantes como cualquier otra parte de la máquina o la estructura. Dan unión, cohesión y equilibrio al conjunto de partes. Y, si ellas fallan, es posible que la estructura acabe fallando también.

En una turbina eólica hay muchas uniones de comportamiento mecánico.

Paradójicamente, en el mundo ingenieril muchas veces las uniones son las grandes olvidadas. Son muy atractivos el cálculo global, la selección de materiales, el divagar sobre la forma o los colores... pero a la hora de unir todo lo anterior no se dedica tanto cariño y detalle a entender cómo se pasa la carga de un lado al otro.

¿Dónde está el problema? Si lo analizamos desde un punto de vista de costes, vemos en varias fuentes cómo el 15-25 % del costo total de fabricación (electrodomésticos, automóviles, camiones, máquinas-herramienta, aviones...) pertenece a las uniones.

Desde un punto de vista de la integridad y la seguridad estructural sabemos que muchas estructuras han colapsado por culpa de las uniones. Algunos ejemplos son:

- Uniones mal diseñadas. No se tienen en cuenta todas las cargas que llegan, ni todas las condiciones de contorno. Un ejemplo es no incluir en uniones de cables destinados al remolque de barcos o coches los suficientes grados de libertad como para absorber irregularidades del mar o las carreteras (rótulas). He visto varias roturas de este tipo.
- Uniones mal calculadas. Se utilizan cálculos destinados a uniones estáticas en uniones solicitadas por cargas dinámicas. O se utilizan soluciones de obra civil (juntas de mortero) en uniones en el mar, que son claramente de carácter dinámico. Otro caso es no calcular uniones correctamente frente a solicitación sísmica (Chile).
- Uniones mal ejecutadas. Se diseña y se calcula bien la unión, pero se instala mal. Hay problemas con las soldaduras (esto lo viví en Sudáfrica) con los pares de apriete en otras (lo viví en un prototipo eólico), o con la carga de post-tensado en estructuras de hormigón armado.

No toda unión sirve para todo entorno o solución.

A veces, algunas uniones son las grandes protagonistas en construcciones singulares. Sin ellas esa estructura o máquina no habría sido posible (aviones, tuberías, ollas a presión, barcos, puentes, rascacielos, la torre Eiffel, etc.).

Hay uniones que, además de unir, amortiguan cierta carga o vibración.

Ahora piensa en tu caso personal y analiza Tu Mundo Profesional (TMP), Tu Mundo familiar (TMF) y Tu Mundo Interior (TMI). ¿Qué uniones tienes? ¿Qué función juegan?

Imagina tener uniones capaces de absorber picos de estrés agudos y que te ayuden a salir del estrés crónico. Inspírate en la amortiguación de vehículos. Ten elementos elásticos y viscosos para que amortigüen cargas rápidas y cargas más lentas. Y con ello que te permitan ganar tiempo y preservar tu salud más estable.

Para finalizar, hablemos de un caso que me encanta.

Hay uniones y sistemas que dan un estado de tensión inicial al sistema, que, bien entendido, nos han permitido construir obras magníficas (permiten mejorar la resistencia de ciertos elementos, asegurar unión, encontrar sinergias, evitar esfuerzos de cortadura y flexión en pernos, o de tracción en hormigón).

Uno de los problemas de las estructuras de hormigón armado es que, si fisuran, el agua entra a la armadura, produciendo oxidación y corrosión, e inhabilitando el sistema resistente y de transmisión de carga. No iban a ser todo ventajas. En estos casos, una buena ejecución y un buen mantenimiento son clave.

Ahora piensa sobre un mínimo pretensado (un poco de tensión de salida). ¿Tendrá esto que ver con ese estado de estrés mínimo que necesitamos para existir? Busca en el modelo 4 la gráfica Yerkes-Dodson. Creo que, consciente o inconscientemente, está hablando también de uniones pretensadas.

Ahora analiza tu caso: ¿estás «pretensado» ahora de alguna manera?

¿Ves? De nuevo la ingeniería nos permite profundizar en la importancia de entender y cuidar las uniones, y las relaciones entre mundos y personas.

A veces los ingenieros no lo entienden y la estructura falla. En ocasiones las personas no lo entienden, no cuidan de esas uniones y su modelo falla. Por ello es necesario dedicar a las uniones el tiempo y espacio de reflexión adecuados.

Puede ser que tus TMI, TMP y TMF estén bien por sí solos pero que no haya buena comunicación e integración entre ellos (cargas de relación, roces y fricciones entre las personas de los diferentes entornos, no compatibilidad simultánea...).

En el plano de la salud nos ha sucedido lo mismo. En un momento dado el ser humano se dividió y especializó por órganos o partes... pero se ha olvidado de volver a unir, para tener la relación entre las partes y, con ello, comprender el ente al completo. De ahí tal vez el que estos años se esté investigando tanto la interrelación entre el eje cerebro-intestino y la teoría de los tres cerebros. ¿Buena señal? Creo que sí. Aunque aún queda mucho por hacer.

6. FABRICACIÓN, TRANSPORTE, MONTAJE Y PUESTA EN MARCHA

Demos por hecho que ya tenemos todo lo necesario para poder vender turbinas eólicas. En este punto, una vez cerrado un contrato con un cliente (tras un largo periodo de negociación, revisión de puntos críticos, planificación y tras el ok corporativo), tocaría ocuparse de asuntos relacionados con:

- El aprovisionamiento de materiales. Contratos con proveedores, lanzamiento de pedidos y análisis de *stock*.

- Fabricación y ensamblaje parcial. A medida que recibamos *sets* de piezas, iremos ensamblando la nacelle y fabricando las palas y las torres.
- Transporte. Cuando estén finalizadas las piezas anteriores tocará empezar a enviarlas a su ubicación final.
- Montaje en parque. Mientras sucedía lo anterior habremos ido adecuando el parque eólico (obra civil y eléctrica) y construyendo las cimentaciones en cada posición. A medida que se reciben tramos de torre se comienza su montaje sobre su cimentación asignada. Luego la nacelle, y por último las palas (jugando con diferentes configuraciones en función de modelo, pesos, distribuciones y grúas disponibles). Y los cientos de tareas y procesos intermedios necesarios (eléctricos, civiles y de fibra óptica).
- Puesta en marcha y funcionamiento. A partir de ahí iremos poniendo en marcha las turbinas (de manera individual, por grupos o todo el parque al final, en función de contrato). Probaremos que todo funciona, bien con diferentes pruebas de salida (sensores, sistemas de control actuadores, sistemas de regulación) y daremos el ok a la entrega del parque. Este se pondrá a generar electricidad y por el camino tocará evaluar si las curvas de potencia garantizadas (y otras como la de reactiva, de ruido, etc.) pasan la revisión del certificador y cumplen con el rendimiento y la producción garantizados en contrato.

Todo lo anterior para decirte que todo eso ya lo tienes dentro de ti. ¿Nuestra parte del juego? Entender nuestro manual de instrucciones y mantenerte en «marcha y en funcionamiento. Aprender a funcionar de manera eficaz, eficiente y óptima, aspirando a un alto rendimiento que tenga en cuenta la salud y se oriente a un aprovechamiento sabio de nuestro tiempo de vida.

Para finalizar este punto permíteme ofrecerte unas pinceladas relacionadas con el funcionamiento y el rendimiento de una máquina y de ti mismo.

En el caso de las turbinas se pueden hacer muchas cosas en función del modelo de negocio, el conocimiento y la fiabilidad que tenga la máquina:

- A veces es necesario recuperar dinero los cinco primeros años para no pagar tantos intereses de financiación o para aprovecharse de otras ventajas fiscales o de tarifa eléctrica. Normalmente se ofrecía una vida útil de 20 años (el componente principal que menos vida útil tenía era de 20 años), aunque algunos clientes ya pedían extensión de vida de 25 o 30 años. Tras estudios finos, uno puede «forzar» la turbina a operar por encima de ciertos límites, sabiendo que no dañará su integridad de forma permanente y cómo esos ciclos adicionales reducirán su vida a fatiga, por ejemplo, de 20 a 16 años. Aquí también hay estrategias de cambio de los componentes limitantes.

- En otras ocasiones, uno se da cuenta en el año 3 de que el recurso eólico no es tan agresivo como se esperaba (intensidad de turbulencia, velocidad media, máxima, *shear,* sombras de otras turbinas, etc.), de forma que puedes mejorar tu estrategia de sectores de viento y de límites de velocidad, aumentando tus horas de producción anuales.

¿Te imaginas poder llegar a conocernos tanto y poder hacer cosas similares?

- Imagina que eres capaz de saber que puedes estar tres noches sin dormir, sin que eso le pase factura a alguno de tus componentes principales. Y lo único que tienes que hacer luego es una buena cura de sueño de dos ciclos de 14 horas y tomar «x» vitaminas y complementos. Podrías apretar en un proyecto con la seguridad de que tu salud no se vería dañada.

• Esto está relacionado con lo que hemos hablado del sistema de control. Imagina conocer tu función de trasferencia o ecuación de funcionamiento como para poder hacer cosas similares a lo que hacemos con las máquinas que diseñamos.

De nuevo es una cuestión de autoconocimiento.

El segundo punto de reflexión es recordarte la importancia de tu combustible y su efecto en tu funcionamiento, rendimiento y vitalidad.

Sobre el combustible, aunque ya hemos hablado, has de recordar que es un factor clave. Tanto en cuanto al tipo –gasolina o diésel– que le echas a tu coche como al alimento que utilizas en tu día a día para nutrir tu cuerpo, mente, corazón y tu parte más espiritual. La vitalidad, la salud y el rendimiento están muy relacionados con esto.

Necesitas un mínimo que te permita sostener el desgaste diario. Pero no es solo lo que ingieres, sino cómo se procesa, aprovecha y dosifica (investiga sobre *mindful-eating)*. Has de velar por adquirir energía y por dosificarla en el tiempo.

El rendimiento es la gran clave. Es decir, dado un recurso de viento, el porcentaje de aprovechamiento de esa energía por nuestro modelo (y por ende la producción eléctrica final que alimenta el modelo de negocio)

No es solo la calidad y la cantidad de tiempo, sino tu productividad, eficiencia y eficacia.

Por ello, si consigues un modelo integral que funcione y sea sostenible, te darás de cuenta de que en tres años habrás vivido lo que otras personas en quince años.

7. VIDA ÚTIL, FECHA DE CADUCIDAD Y MANTENIMIENTO

«Un problema de nuestra época es que la gente no quiere ser útil, sino importante».

Winston Churchill

Cuando uno pone una estructura o una máquina a funcionar cree haber terminado. Pero no es así. Ahí comienza otra etapa igual de importante. Tienes que hacer lo que esté en tu mano con el buen uso del manual de instrucciones y el mantenimiento para que la vida útil teórica coincida con la real.

Cuando pensamos en el tiempo remanente, la fecha de caducidad o vida útil, hay varias palabras que me vienen a la cabeza: durabilidad, fiabilidad, seguridad, mantenimiento y proceso de envejecimiento.

Creo que hemos llegado a un punto en el que es indiscutible que una cosa es la «teoría» y otra muy diferente es la «realidad». Esto lo hemos visto con diferentes variables como:

- El entorno, el ambiente y las cargas. Uno puede seguir la normativa, caracterizar bien el suelo y las condiciones del ambiente, incluso medir durante años el recurso eólico y otras variables para predecir la carga a las que nuestra máquina o estructura esté expuesta y aun así llevarse sorpresas.

- Cimentación. Puede haber fallos humanos en el diseño, el cálculo y la ejecución en obra. O que el *set* de cargas de diseño sea erróneo.
- Estructuras o máquina. Puede tener los mismos fallos humanos que la cimentación, a lo que se suma su carácter dinámico si es una máquina, o si, aun siendo una estructura, las cargas dinámicas tienen una importancia de primer orden.
- Uniones tangibles e intangibles. Puede haber fallos humanos y otros técnicos de modelización o fallos de operación y caída de sistema.
- Fabricación, transporte, montaje y puesta en marcha. Lo mismo que los casos anteriores, a lo que se suma la inclemencia del tiempo, fallos de grúas, potenciales golpes del material... y fallos humanos.

Por eso solemos referirnos a la probabilidad de fallo.

Y desde ahí se intenta reducir la incertidumbre con coeficientes de seguridad de material, de mayoración de cargas, protocolos, guías de seguridad, sistemas duplicados... y otros elementos de protección.

Aun así, nadie te puede asegurar *a priori* un tiempo de vida real. Por ello, ¿tiene sentido hablar de durabilidad y fiabilidad? Piensa en lo que hemos hablado sobre impermanencia, fecha de caducidad no anunciada, etc.

Y fíjate que el ser humano busca certidumbre. Y esto se ve en los contratos y negociaciones. Solicita certificaciones, auditorías o incluso seguros de cobertura. Se pedía certificar y ensayar curvas de potencia, ruido y reactiva en parque; se exigía garantizar un porcentaje elevado de disponibilidad de máquina (garantía temporal o energética), o incluso garantizar una producción anual mínima.

Pero finalmente es el tiempo el que acaba diciéndonos si esos veinte años certificados son finalmente cinco, cuando se produce, por ejemplo:

- Una sobre-aceleración del rotor, que provoca una flexión superior a la de seguridad en punta de pala, provocando un impacto de la pala en la torre y haciendo colapsar el aerogenerador.
- Una mala ejecución en el concepto de la unión torre-cimentación, que provoca una rotura no prevista del anillo utilizado. Esto cambia las frecuencias del diagrama de Campbell, y por lo tanto del sistema de control, con riesgo de sufrir fenómenos de resonancia.

En el caso del ser humano aplica todo lo anterior, pero me gustaría hacer hincapié en la importancia del mantenimiento y los controles de calidad.

Son muy necesarios, pero en ocasiones tampoco es suficiente. Puedes tener revisiones periódicas, tus necesidades cubiertas y cierta seguridad, un buen mantenimiento de tus cuatro dimensiones de salud, comer sano, hacer ejercicio, alimentar tu cerebro, tener una buena gestión emocional, un buen descanso, rodearte de personas que te aprecian y quieren, tener dinero para poder pagar tus gastos... y, de repente, un día:

- Tu vida útil (esperanza de vida) pasa de 80 a 26 años tras serte detectada una enfermedad grave.
- Te rompes una articulación, músculo, tendón, ligamento o hueso, y tu disponibilidad y capacidad se reducen un 80 % durante semanas o meses.

Por ello uno ha de hacer lo que depende de él, pero aceptar que hay otras variables que no están bajo su control. Estos años hubo ejemplos de esto:

- Covid-19, confinamientos, fallecimientos y otras pérdidas. Nos ha puesto a prueba con unas condiciones no esperadas en nuestro modelo.
- Eventos naturales (como Filomena, sismos como el de Albacete 2017), cambios de clima o temperatura en muchos lugares.

Sobre qué hacer al respecto para mantener una vida útil adecuada te he ido dando pistas en los modelos de bienestar, estilo de vida y las cuatro dimensiones de salud. Si tuviera que utilizar analogías ingenieriles, te diría lo siguiente:

- Verificación continua. Con foco en el autoconocimiento y en preservar tu salud y vitalidad. Verificar a menudo el cálculo/comportamiento teórico versus cálculo/comportamiento real. ¿Cómo creo que soy, y qué soy en verdad? ¿Cuánto creo que puedo, y cuánto puedo en verdad?

- Mantenimiento adecuado y control de calidad. Seguir el manual de mantenimiento preventivo y predictivo, aprovechando los sistemas de medida, control, alarmas, datos almacenados y algoritmos de aprendizaje. Involucrar a todos los profesionales oportunos: inspección, reparación, control de calidad… Llevar a cabo diagnósticos y paradas periódicas al igual que ciertas centrales (historial médico, antecedentes familiares, analíticas…). Darte cuenta de tus estados internos y solicitar ayuda cuando lo necesites. Y no superar tu régimen seguro de funcionamiento.

- Reparar, cambiar, ajustar y regenerar cuando sea necesario. Hemos de anticiparnos a males mayores. Anticiparnos cuando sea posible es clave. No esperes a que a aparezcan y se propaguen patologías en las estructuras y creemos algoritmos de vigilancia y análisis de fallos; así podremos ir asegurando la fiabilidad, disponibilidad y mejorando aquello que sea necesario. Atentos a desgastes, pérdidas (efecto joule y ladrones de energía), ineficiencias y otros fenómenos que puedan acortar la vida.

- Análisis de vida y durabilidad en el tiempo. Ir midiendo y proyectando la vida útil y la durabilidad de cada componente en función de las cargas sufridas (en los cuatro niveles de salud). Ir trabajando el modelo y la distribución de probabilidad (Weibull, normal, logNormal...), intervalos de confianza... y analizando la relación del tiempo de vida ante las cargas y estresores que estás viviendo hoy. Ten en cuenta también todo lo relacionado con tu alimento y lo que consumes a través de tus cinco sentidos.

- Informes periódicos. Ten en cuenta antecedentes, comprobaciones y revisiones de los cálculos originales de la estructura, estudio del origen y causa de los daños, evaluación de la capacidad resistente frente a estados límites últimos, evaluación de la variación de situación frente a estados límite de servicio, evaluación de las condiciones de durabilidad... Y desde ahí, ir sacando conclusiones y recomendaciones de mejora.

- Mejora constante. Esto son procesos *lean* y *kaizen*. Adicionalmente recuerda que a veces sobrevivir no solo consiste en crecer y expandirse, sino en consolidar, regenerar y sanar lo que ya tienes. Y, utilicemos el sentido común, que, aunque dicen que es el menos común de los sentidos, se puede cultivar y en ocasiones ayuda mucho. Y de paso ir aceptando la incertidumbre, la impermanencia y aprender a llevarte bien con la fecha de caducidad no anunciada.

Por ello me gustaría preguntarte:
- ¿Cuánto y cómo te cuidas y mantienes?
- ¿Vives a ELU (a Estado Límite Último, como si no hubiera mañana) o a ELS (Estado Límite de Servicio, de forma más conservadora)?

Esto sí depende de ti.

Hace años, allá por 2010, cuando salíamos a cenar y a tomar algo hablaba y bromeaba con mis amigos Juan y Gaye sobre el (ELU y ELS). ¿Cómo decides vivir: al máximo de tus límites o de forma conservadora? Incluso cuando estábamos muy estresados, en la oficina decíamos «pitchea», que significaba llevar a bandera las palas (posición de protección), apalancándonos en una canción que se hizo famosa por entonces. Recuerdo con cierta añoranza esos años en los que nuestro trabajo ya era mucho más que eso; era una forma de ser y estar en la vida.

Pero la verdad, mirando hacia atrás he conocido a personas que han vivido a ELS y ya no están con nosotros, y otras que han superado con creces su ELU varias veces y siguen vivitos y coleando. Por ello siento no poder darte la receta mágica, más que nada porque no soy capaz de encontrarla ni siquiera para mí.

De aquí que sea muy valioso el perfil de la persona a cargo de todos los procesos que hemos ido analizando.

¿Mi punto de vista? Que el mejor profesional es el que tiene la capacidad de entender el problema al completo, entendiendo cómo engranan cada una de sus partes y ser experto en una parte de él.

Con esto me refiero a personas con mente racional y corazón humanista. Una gran ventaja que tuve en su día –sin saberlo por aquel entonces–, es que me apasionaban tanto la técnica como las personas. De ahí el que estuviera casi seis años con un puesto que unía el departamento de ingeniería con el de ventas, expansión internacional, desarrollo de negocio y cliente final.

Ahora, haciendo lo que hago, creo tener la misma ventaja.

Cuando no tienes a las personas adecuadas, te puedes topar con:

- Ingenieros que prueban turbinas de avión con pollos congelados.
- Submarinos que se hunden el primer día.
- Aviones que nunca terminan volando.
- Toneles de barco (con alimentos y bebida) y botones de chaquetas del ejército que se desintegran a ciertas temperaturas.

Hemos de ser cautos con nosotros y con las cosas que creamos dado que en la mayoría de los casos estamos hablando de vidas humanas.

Y aquí, cuidado con la soberbia o con el «no sé que no sé». Pregunta al que fabrica, al que transporta, al que monta, al que diseña, al de operaciones y mantenimiento. Todos tienen información muy valiosa y una mirada diferente y nutritiva muy necesarias para entender la foto completa.

Esto aplica a la ingeniería, la medicina... y al resto de materias. ¿Somos responsables con nuestra profesión? Y, ¿es algo que nos apasiona? Porque sigo sin entender cómo se puede investigar algo que no conoces, ni tienes interés en conocer. Ya está bien de no ser responsables.

Necesitamos a los mejores en su campo y buenos directores de orquesta que los coordinen y unan. Además, cuidado con los ingenieros del botón, los modelos disfuncionales y las normativas no actualizadas.

Las entradas al sistema (inputs)

En el apartado anterior hemos dado un buen repaso a la «caja negra» que tú y yo ya somos. Ahora tan solo nos queda seguir profundizando, reflexionando y refinando el modelo durante el resto de nuestra vida.

Es el momento de analizar brevemente las entradas al sistema y los pasos que es recomendable tener en cuenta.

En diferentes puntos del manual te he comentado que no es solo la carga, sino cómo se encuentra la estructura, máquina o persona en el momento en que recibe la carga. El mismo estímulo o carga en diferentes días impacta de forma distinta en ti. Por ello, cada mañana, antes de dar oportunidad a la vida de que te traiga nuevas cargas, te invito a parar y darte cuenta de cómo te encuentras.

* Estado previo a la entrada. El proceso de percepción es altamente dependiente de tu estado, tu nivel de desgaste y cansancio acumulados. Por ello dedícate un tiempo de introspección para entender tu estado físico, mental, espiritual y emocional. Recuerda que no depende de ti el que te insulten, pero sí cómo percibir y manejar ese insulto. Y pregúntate varias veces al día: ¿cómo de cargado está mi vaso?, o ¿cómo de estirada está mi goma?, ¿cuánta tensión tengo acumulada?

* Puesta a punto y revisión de sensores. Varias veces al día analiza si estás atendiendo con tus cinco sentidos. Las prácticas de *mindfulness* (ver anexos) pueden ser de mucha utilidad. Realiza un mantenimiento de tus sistemas de amortiguación y protección (meditación, descanso, ejercicio, buena alimentación, buenas relaciones, entornos favorables...) para que estén disponibles y a punto cuando los necesites.

Lo anterior es independiente de la carga o el estímulo. Es un mantenimiento constante y diario que te permitirá ir regulándote momento a momento evitando así reventar o colapsar como única opción.

Cuando mejor esté mantenido algo, mejor respuesta tendrá cuando necesites tirar de ello. Esto lo aplicamos muy bien a la ITV, frenos, presión de neumáticos... y es lo mismo, pero aplicado a ti. Si tú estás mal, ¿de qué sirve el coche?

Por otro lado hemos hablado mucho sobre los estresores que percibes hoy en tu vida y la combinación de carga a la que estás expuesto. Por te invito a revisarlos momento a momento para darte cuenta de lo que está sucediendo fuera y dentro.

- Pueden ser internos o externos (provenientes de entornos que habitas).
- Son personales (persona a persona), y no siempre tienen fácil solución.
- Están muy relacionados con tu percepción y con cómo los manejas.
- Pueden ser imaginados o muy reales.
- Pueden ser puntuales o estar agrupados en combinaciones de carga.

Recuerda que, puestos a elegir, mejor ocupar que preocupar, a lo que se suma el hecho de que la evitación es una gran fuente de sufrimiento.

Las salidas del sistema (outputs)

Tras la «caja negra» y un repaso a las entradas les llega el turno a las salidas. También hemos hablado de ellas en el proceso de percepción, estrés y hábitos, y en otros puntos del manual. Están muy relacionadas también con el último paso de la herramienta STOP (proseguir). Y como hemos expuesto, uno puede decidir hacer algo, o no hacer nada, con un matiz:

• Podemos reaccionar. En muchos casos tiende a ser una conducta automática e involuntaria. Y es maravilloso, dado que nos ha salvado en muchos momentos (de atropellos, de ciertas agresiones o de que se rompa algo contra el suelo, al cogerlo al vuelo). El problema reside en cuando ese comportamiento automático (recuerda al reptiliano y a la redo por defecto) controla toda nuestra vida, haciéndonos adquirir un estado de reacción constante. Eso desgasta, no es adaptativo, y nos daña tanto a nosotros como a nuestros entornos. Ahí, como sabes, solo podrás huir, luchar o quedarte congelado o paralizado (siendo la red por defecto y el cerebro reptiliano los que llevan la nave).

• Podemos responder. Gracias a la práctica del *mindfulness* sabemos que podemos entrenar la atención, nuestros sistemas de conducta y ganar un espacio. Esta es la clave. No tiene que ver con ser bueno, no decir nada o mordernos la lengua. Tan solo nos permite ganar un tiempo para elegir nuestra respuesta con mayor claridad siendo conscientes de algunas de sus consecuencias. Ah, y no hay por qué hacer nada. Actúa, o no.

Como en las entradas, anoto a continuación algunas prácticas interesantes a tener en cuenta, por si consideras que pueden aportarte valor.

• Estado previo a la salida. Al igual que antes de recibir la entrada, es bueno estar lo más regulado posible antes de responder o reaccionar. Cuidado con hacerlo desde el cansancio, la ira o la tristeza. Por ello, el parar varias veces al día, el hacer prácticas formales de *mindfulness* (ver anexos) o practicar *mindfulness* en la vida cotidiana (informales) te ayudará a ir teniendo un estado previo a salida más regulado.

- Puesta a punto y revisión de actuadores. Al igual que antes de recibir la entrada, revisa si tus sistemas de amortiguación están engrasados y si están a punto tus sistemas de protección frente a ataques inesperados.

- Análisis de pros y contras. Toda acción tiene su consecuencia. En ti y en tus entornos. Una vez ganado un espacio puedes reflexionar sobre las opciones que tienes disponibles. Seguir, parar o abandonar. Y toda acción es acertada en función de la ocasión. Incluso esa retirada, que muchas tachan de debilidad, yo la veo como la oportunidad de vivir otro día para combatir o prepararse. Recuerda: hay estresores que en ocasiones serán mucho más grandes que tu capacidad de enfrentarte a ellos. Ahí es sabio permitir al reptiliano huir.

Después de la respuesta hay un bucle de *feedback* y aprendizaje. Aprende.

8. PONTE A PUNTO. OBSERVA, ANALIZA Y PLANIFICA

«Triunfan aquellos que saben cuándo luchar y cuándo no».

SUN TZU

Llega el momento de observar y analizar profundamente lo visto hasta ahora, y desde ahí decidir planificar siguientes pasos (sin olvidarnos de poner a punto antes de accionar).

Ahora es el momento de decidir ponerse a punto. De hecho, te invito a hacer varias paradas estratégicas al año para ponerte al día contigo, o para coger aire e integrar nuevos aprendizajes.

Hay personas que se cogen un día para ellas, un fin de semana o incluso una semana. Aprovechan para ir a la naturaleza, a retiros de silencio, a lugares que llevan tiempo esperando a modo de regalo... Y no es raro. Muchos de los CEOs y figuras públicas a las que tal vez admiras también lo hacen. Aunque no todos lo cuentan.

Tu planificación y estrategia deberían tener en cuenta no solo lo teórico y profesional, sino:

- Tu estado y tono. Cómo te encuentras a nivel mental, físico, emocional y espiritual. Evaluar tus procesos (internos y externos) abiertos simultáneamente (su importancia y magnitud).
- El estado de tus entornos. Las urgencias y prioridades que percibes y las cargas y estresores con los que estás conviviendo en ese momento. El estado de la relación con tus seres queridos y con otras personas con las que convives. Ya sabes el impacto del entorno en ti.

A medida que te investigues, intenta crear una curva de caracterización tuya para poder ir analizando cuándo te encuentras en régimen elástico, en régimen plástico (si eres capaz de deformarte plásticamente antes de rotura), o cuándo estás a punto de romperte o colapsar. Por ejemplo, puedes reflexionar sobre lo siguiente:

- ¿Qué cargas y estresores tengo o percibo ahora?

- ¿Qué tensiones, deformaciones o fatiga me están provocando?
- ¿Estoy dentro del «rango elástico»?
- ¿He plastificado ya en algún área?
- ¿Me he roto o estoy a punto de romperme por algún lado?

Y, en base a lo anterior, realizar un:
- Análisis de daños y una estimación de vida remanente en base a la magnitud de la tensión o deformación que puedes encajar antes de romperte; y durante cuánto más tiempo puedes aguantar sin dañar una parte de ti.
- Reflexionar sobre lo que depende de ti. ¿Qué depende de ti hacer o mejorar para bajar tu estado de tensión, fatiga o deformación?
- Plan de recuperación, regulación y mantenimiento, en base a lo anterior y de lo que vas conociendo de ti y tus necesidades.
- Encontrar un nuevo punto de equilibrio.

Aquí quiero hablarte de un concepto que me ha venido muy bien conocer: el *Kintsugi*.
- Aunque te rompas de alguna manera, existe la posibilidad de seguir viviendo una vida plena.
- Y no solo eso, sino que esa marca, herida o cicatriz, además de ser tu maestra, será fuente de inspiración y orgullo.

Uno ha de honrar sus heridas y cicatrices como se merecen. Rumi dice que es por las heridas por donde entra la luz, y nos anima a mirar esa zona vendada.

Esta es parte de la historia de mi vida. He escuchado que durante un tiempo de la infancia y adolescencia uno quiere ser normal y reconocido en la tribu o en el grupo. Al parecer eso no es fácil cuando destacas por arriba o por abajo, y en ese proceso negamos partes importantes de nosotros. Asuntos que realmente nos hacen diferentes y que en muchas ocasiones son dones y talentos que, lejos de ser comprendidos por los demás, son fuente de insultos y rechazo. Al parecer, al ser humano:

- Le da miedo lo diferente. Necesita certeza.
- Tiene la tendencia de atacar aquello que le detona inseguridad, aunque eso a lo que ataque no tenga culpa alguna de sus emociones o sentimientos.

Y eso crea heridas, en ocasiones muy profundas. A veces el tamaño de grieta es tan avanzado y crítico que pueden hundirte en el fondo del mar, poniéndote difícil la opción de volver a la superficie.

En este punto tan solo te invito a pensar si:

- ¿Hace falta reparar?
- ¿Es posible reparar?

Porque con el tiempo uno va dándose cuenta de que hay heridas que se cierran y otras que siguen abiertas de por vida. Hay daños temporales y otros permanentes. Existen diferentes formas de dañar y ser dañado.

Detente y observa con cariño esto. Y sobre esto solo puedes saberlo tú.

El objetivo, de haber herida, es cerrarla o aprender a relacionarte con ella. Si no hay herida también está bien.

Lo que ya se sabe es que algunas heridas es necesario atenderlas, para no hacer daño, como nos lo hicieron a nosotros, a otras personas. Has de convertirte, parafraseando a Stephen Covey, en un «cambiador de heridas» (*paradigm shifter*), para no seguir trasfiriendo eso, de una u otra forma, a otras personas.

Y sí, la realidad en muchas ocasiones es que uno tiene que pasar a la acción tal y como está. Esto es lo que me dijo un mentor en una ocasión: «Tienes dos opciones. Trabajarte ese miedo hasta que desaparezca, o decidir dar el primer paso con un poco de miedo. Depende de lo que estés buscando y de la urgencia que sientas».

En esa etapa, una vez te pongas a punto contigo (en mayor o menor profundidad en función del tiempo disponible), decide dedicar tiempo a estos tres puntos:

- Observa. ¿Qué es urgente e importante? ¿Qué me acerca más rápido y directo a mi meta? ¿Dónde, en qué tema y cómo quieres profundizar?
- Analiza. ¿Se puede hacer todo? Tal vez no todo a la vez.
- Planifica. Ordena, prioriza, pon foco y crea una planificación y estrategia. Aquí te ayudará el anexo de *coaching* y metas SMART.

Gracias y enhorabuena por haber llegado hasta aquí.

9. ACCIONA Y MIDE. EL PRIMER PASO DEL MAPA AL TERRITORIO

«La acción es la clave fundamental de todo éxito».

PABLO PICASSO

El conocimiento y las ideas son importantes y necesarias, pero no suficientes. Este ha sido uno de mis grandes aprendizajes durante estos últimos tres años.

Había llegado a creer que estudiar, acumular conocimiento y reflexionar lo era todo. Que la idea, el modelo de utilidad o la patente eran lo importante. De hecho me pagaban muy bien por ello. Pero cuando uno emprende se da cuenta de que hace falta mucho más:

- La idea es importante y necesaria, pero aún lo es más el saber cómo ejecutarla y demostrar que tiene validez en el mercado.
- El conocimiento ayuda, pero ese conocimiento, si quieres venderlo, has de aprender a paquetizarlo en servicios y productos.
- Y que, aunque hagas lo anterior, si no hay personas interesadas, si no vendes, si no sabes vender o no sales a vender, vale para poco.

Ahora entiendo mejor esa frase de «acción masiva imperfecta». Es clave sobre todo para personas muy perfeccionistas, estructuradas y que en el fondo tienen miedo a no estar a la altura o a fallar a alguien, y por ende, aplazan todo.

Por ello, en esta etapa, te invito a:

- Realizar una última revisión y ajustes finales a tu modelo, proceso o proyecto. Profundiza, medita, date cuenta, ingenia, crea un plan y pasa a la acción. Vaya, lo que llevas haciendo toda la vida.
- Ponerlo en marcha. Todo comienza con el primer paso. Empieza desde donde estás, vence ese primer rozamiento estático, entra en rozamiento dinámico y comienza a crear inercia. Recuerda que el conocimiento, las ideas y la teoría sin acción se quedan en nada.
- No te olvides de arrancar la medida. Recuerda, lo que no se mide no se puede mejorar. Accionar y no medir sirve para poco si vivimos el tiempo suficiente. La jugada es que en la siguiente etapa del modelo, en base a esas medidas, vayas ajustando tu estrategia y forma de proceder.

- Y en paralelo sigue cuidando de lo importante. Recuerda la importancia del mantenimiento constante (preventivo y predictivo)

Si vamos a términos eléctricos o térmicos nos encontramos también con conceptos importantes como la resistencia o la fuga de energía (efecto *joule).*

Piensa ahora qué resistencias (miedos, creencias, patrones...) tienes para no dar ese primer paso y qué ladrones de vitalidad te rodean. Necesitas aligerar la mochila y toda la energía disponible para dar este primer paso.

10. RECOPILA, ANALIZA Y APRENDE. RECÁLCULO Y REVISIÓN

«Ve tan lejos como puedas ver; cuando llegues allí serás capaz de mirar más lejos».

J. P. Morgan

En todo proceso uno ha de seleccionar los indicadores y las variables clave a ser medidas. Estas te irán ofreciendo claridad sobre el proceso, el progreso y lo que está ocurriendo una vez pasas a la acción. ¿Algunos ejemplos?

- Un pulsómetro o los dispositivos capaces de registrar ciclos de sueño.
- La centralita de un coche (revoluciones, gasolina, temperatura...)

Tú necesitas lo mismo para ti y tus proyectos: un conjunto de variables de referencia y un dispositivo capaz de medirlas y almacenarlas. Una vez hayas acabado esa parte de medición, te tocará hacer lo siguiente.

- Recopila toda la información. En ocasiones ya está centralizada; en otras deberás reunirla a partir de diferentes dispositivos o fuentes, y ordenarla.
- Analiza esas métricas. Utiliza un *dashboard* para ver la foto global. Cada vez más empresas tienen acceso a información clave en tiempo real y así poder ir adaptándose y tomar decisiones dinámicamente.
- Reflexiona, contrasta y saca conclusiones. Es clave tomarte un tiempo de reflexión e interiorizar lo sucedido en base a las variables clave, el impacto de cada una, los aprendizajes y las áreas de mejora.

Tal vez suene frío, pero lo anterior lo puedes aplicar a cualquier área de tu vida.

- Inversión en una casa. No todas las personas son conscientes de que esa será la mayor inversión de su vida, y una fuente de alegría y dolor. De esto hablaba hace poco con un cliente. Si das el paso estará contigo 25 o 30 años, en función de tu hipoteca. Por ello, decide dedicarle foco, reflexión y tiempo en cantidad y calidad. Tu salud, y mucho más, está en juego.
- Elección de tus entornos. Ya sabes la importancia, no solo de tu genética, sino de tus entornos. Es clave, no solo atender a tu corazón, sino a tu parte más racional. Aunque duela, uno a veces ha de tomar decisiones al respecto: alejarse de algunos y acercarse a otros.

Reflexionar, pensar, analizar... no es contrario a sentir. Por ello te invito a poner en la mesa de negociación y reflexión tu cerebro, corazón y tripas, para poder obtener aprendizaje, no solo de lo numérico, sino también de los asuntos que siguen siendo intangibles.

En base a la reflexión anterior te será más sencillo revisar el estado de tu modelo y poder recalcularlo cuando lo consideres necesario. Aprende, recalcula y busca un nuevo equilibro a partir del cual seguir expandiéndote.

11. CELEBRA, CONTINÚA, PERSEVERA Y NO TIRES LA TOALLA

«No gires la cabeza. Sigue buscando en el lugar vendado.
Ahí es por donde entra en ti la luz».

RUMI

Esta etapa solemos pasarla por alto, pero es muy importante. Decide invertir tiempo en celebrar, y con ello sentirte merecedor y exitoso. Por ello te invito a calendarizar esta etapa siempre.

- No aplaces demasiado este hito y no te lo saltes. En muchas formaciones utilizamos ese día de éxito futuro en forma de visualización, para sentir en el cuerpo y el corazón ese momento que está por llegar, y cómo y con quién lo vamos a compartir. Es un motor de motivación y arranque muy interesante a investigar. Además, cuidado con prometerte la zanahoria y, al ir a cogerla, quitártela una vez más.
- Aprender a celebrar las cosas pequeñas, medianas y grandes; es una habilidad maravillosa. Verás como cada día hay mucho que celebrar.

Después de celebrar toca decidir el siguiente paso (muchas personas se quedan en el paso anterior (recopilar) para no hacer nada con eso).

La última sigla del STOP nos invita a proseguir, pero proseguir puede significar:
- Decidir parar un tiempo y coger aire y perspectiva (eso ya es hacer algo).
- Decidir seguir iterando, cambiar el foco o abandonar ese camino.

Todo lo anterior, como te adelanté, bebe de procesos *lean* y de *lean start-up*. Y, decidas lo que decidas, recuerda la importancia de:
- Prepararte constantemente y probar ese aprendizaje en el terreno. Aprende a vivir como un aprendiz, pero no olvides pasar a la acción.
- Seguir profundizando, perseverando y decidir no abandonar antes de tiempo. Aquí la paciencia, altas dosis de curiosidad y una perspectiva amplia son buenos compañeros de viaje. Dale tiempo al tiempo.
- Recuerda que todo puede ser mejorado. Pon foco en la iteración, la mejora continua, el mantenimiento y la regeneración. Paso a paso, escuchando tus intuiciones, corazonadas y tripas. Sobrevive el que mejor se adapta.
- Prioriza, pon límites y gestiona el no. A cada no dices a algo que sí. Y no siempre se puede hacer todo a la vez. Ten claros tus no negociables.
- Mantente alocado, hambriento y sonríe. Esto ya nos lo dijo Steve Jobs, y remes donde remes, decide hacerlo con alegría. Y recuerda que a veces es necesario perderse para poder encontrarse.

Enhorabuena por haber llegado hasta aquí. Te mereces celebrarlo. Pero cuando lo hagas no olvides volver a este manual. Aún te queda por leer.

TU MODELO. HA LLEGADO EL MOMENTO DE DARTE UN PAPEL PROTAGONISTA

«Dentro de veinte años lamentarás más las cosas que no hiciste que las que hiciste. Así que suelta amarras y abandona el puerto seguro. Atrapa los vientos en tus velas. Explora. Sueña. Descubre».

MARK TWAIN

Ahora te ha llegado la oportunidad de parar y reflexionar sobre lo que ha ido sucediendo. Te invito a seguir preguntándote:

- ¿De dónde vienes? El pasado nos ha moldeado, pero no somos únicamente nuestro pasado.
- ¿Dónde estás? El presente, el único lugar donde puedes actuar.
- ¿Hacia dónde te diriges? Vigila y gestiona tus expectativas[89].

---

89   En realidad lo que me interesa de ti va en línea con lo que Danah Zohar, en su libro *Inteligencia emocional espiritual*, nos regala: «No me interesa quién eres ni cómo llegaste aquí./No me interesa qué, con quién o dónde has estudiado./Quiero saber qué te sostiene por dentro cuando se derrumba todo lo demás./O si has tocado el corazón de tu propio dolor, si te han abierto las traiciones de la vida o si te has contraído y cerrado de miedo a más dolor./Quiero saber si te puedes sentar con el dolor, el mío o el tuyo sin moverte para esconderlo o apagarlo o conciliarlo./Quiero saber si puedes estar con alegría, mía o tuya; si puedes bailar con desenfreno y dejar que el éxtasis te llegue a la yema de los dedos sin precaverte a ser cuidadoso, realista o a recordar las limitaciones del ser humano».

Es el momento de que apliques lo aprendido y que decidas recordarlo a menudo.

En primer lugar, apunta lo que te llevas (o recopila las notas que has ido tomando a lo largo de la lectura):

- ¿De qué te has dado cuenta?
- ¿Qué aprendizajes te llevas?
- ¿Qué preguntas siguen y cuáles nuevas han surgido?
- ¿Sobre qué vas a decidir poner foco y profundizar?
- ¿Qué vas a decidir hacer con todo eso de lo que te has dado cuenta?

Después te invito a repasar los siete modelos que te he mostrado y leer los anexos que he preparado por si tienen alguna pista para ti.

- ¿Cuál es tu modelo de vida? ¿Cuál es tu manual de instrucciones?
- ¿Qué has añadido, priorizado o cambiado?
- ¿Cómo vas a decidir entrenar tu atención plena (*mindfulness*) y cuidar de tus cuatro dimensiones de salud?

Y también puedes apoyarte en el resto de los modelos y conceptos que te he ido ofreciendo a lo largo de este recorrido y los que te esperan en los anexos.

Por si te sirve de ayuda, cuando yo intento aspirar a comprender un modelo nuevo hago lo siguiente conmigo mismo:

1. Reflexiono, localizo y comprendo mi modelo actual relacionado con el caso de estudio (u otros similares ya integrados).
2. Desde ese modelo conocido y experimentado me es más fácil entender otro y abrirme a una nueva realidad o pregunta. Me sirve de guía para entrar y aproximarme en una primera iteración.

3. En algunos casos me doy cuenta de que he de abandonar mi modelo de partida por no aportarme más en la profundización del nuevo modelo. Toca descargar la mochila para poder ir más ligero de equipaje. O incluso cambiar de mochila. Toca cambiar las gafas con las que mirar el mundo y lo que te rodea, y en algunos casos incluso dejar algunas creencias o patrones a un lado.

Y para mí este es un ciclo que no tiene fin.

Por ello es importante que aprendas a integrar qué es un proceso de vida sin que eso afecte a tu salud.

En ese proceso ha sido clave para mí aprender a ser «firme pero amable», y abrazar esa cita de Gandhi que nos dice que «hemos de vivir como si fuéramos a morir mañana, y aprender como si fuéramos a vivir para siempre». Al igual que el resto de los recursos y modelos que te he ofrecido. Todos, y cada uno de ellos, me han ayudado a llegar hoy aquí.

Además, recuerda que a veces una nueva y buena pregunta es más interesante y potente que una respuesta[90].

Todo cambia tan rápido, que revisar tu modelo de vida a menudo es muy necesario. En ese proceso has de comprobar:

- Si esa forma de mirar (hacia adentro y hacia afuera) sigue garantizándote la supervivencia, cubriendo tus necesidades y si te está llevando adonde quieres llegar.

---

90   Cuando me enfrento a preguntas para las cuales no soy capaz de encontrar respuesta recuerdo el siguiente texto de Rainer Maria Rilke: «Sé paciente con todo aquello que está sin resolver en tu corazón y trata de querer a las preguntas en sí mismas como si fueran habitaciones cerradas y como a libros que están escritos en una lengua muy extraña. No busques las respuestas ahora, ellas no pueden serte dadas porque no podrías vivirlas. Y el punto es, vivirlo todo. Vive ahora las preguntas».

- Si es compatible y abraza los modelos y formas de entender la vida de las personas que te rodean y de tus entornos.

Enhorabuena y gracias una vez más por haber llegado hasta aquí. Se requiere de mucho coraje y voluntad para decidir profundizar en estos asuntos. Y al igual que con la explicación del proceso de estrés, tal vez te hayas visto reflejado en varias partes de este libro. Creo que no somos tan diferentes[91].

____

91   Si en algún momento necesitas motivación y guía, tal vez este poema atribuido a Pablo Neruda, que se titula «No te impidas ser feliz», pueda ser útil: «Muere lentamente quien no viaja,/quien no lee,/quien no oye música,/quien no encuentra gracia en sí mismo./Muere lentamente/quien destruye su amor propio,/quien no se deja ayudar./Muere lentamente/quien se transforma en esclavo del hábito/repitiendo todos los días los mismos/trayectos,/quien no cambia de marca,/no se atreve a cambiar el color de su vestimenta/o bien no conversa con quien no conoce./Muere lentamente/quien evita una pasión y su remolino de emociones,/justamente estas que regresan el brillo/a los ojos y restauran los corazones destrozados./Muere lentamente/quien no gira el volante cuando esta infeliz/con su trabajo, o su amor,/quien no arriesga lo cierto ni lo incierto para ir detrás de un sueño/quien no se permite, ni siquiera una vez en su vida,/huir de los consejos sensatos.../¡Vive hoy!/¡Arriesga hoy!/¡Hazlo hoy!/¡No te dejes morir lentamente!/¡NO TE IMPIDAS SER FELIZ!».

ALGUNOS RETOS DE ESTE SIGLO QUE REQUIEREN DE INGENIO

«No trates de salvar el mundo entero o hacer algo grandioso. En su lugar, crea un claro en el bosque denso de tu vida y espera allí pacientemente. Hasta que la canción que es tu vida caiga en tus propias manos ahuecadas y reconocerla y saludarla. Solo entonces sabrás cómo entregarte a este mundo tan merecedor de rescate».

MARTHA POSTLEWAITE

No tengo la bola de cristal. Y tampoco tengo claro que alguien la tenga.

Otra cosa es que personas con cierto poder y capacidad económica sigan aplicando esta cita de Peter Drucker: «La mejor manera de predecir el futuro es creándolo»[92].

Tal vez sientas que aún no eres una de esas personas capaces de mover el mundo y marcar hitos de cambio a nivel mundial. Si es así, te equivocas[93].

Y, como has visto, sí hay cosas que dependen de ti: profundizar en ti, conocerte más y mejor, y con ello aspirar a una probabilidad mayor de supervivencia y bienestar.

---

92   Esto también lo compartía Anatole France: «El futuro está oculto detrás de los hombres que lo hacen».

93   Eduardo Galeano nos decía que «mucha gente pequeña, en lugares pequeños, haciendo cosas pequeñas, puede cambiar el mundo».

Es difícil describir y abordar todos los retos a los que nos estamos enfrentando como sociedad y como seres humanos. Pero a continuación te ofrezco tres que a mí me ayudan a reflexionar, conocerme mejor y coger perspectiva cuando todo ahí afuera parece incierto y confuso.

Recuerda la importancia de poder volver a ti, regularte y equilibrarte, para desde ahí, decidir de nuevo avanzar.

Este es el primer reto: que toda persona se conozca mejor y vaya en busca de los entornos óptimos donde poder ser y en los que desarrollar todo su potencial.

De ahí el que te haya ofrecido modelos para que te conozcas mucho mejor.

- Sobre tus bases, propiedades, pilares y rangos de funcionamiento y cómo mantenerlos y mejorarlos. Pon el foco en tu salud y vitalidad.
- Sobre tus estructuras y mapas mentales, emocionales, físicos y espirituales actuales. Pon foco en el sentido vital y el propósito.
- Sobre tu mirada, tu proceso de percepción y selección (foco), procesamiento de información y las historias que te estás contando.
- Sobre tus necesidades y anhelos y tu relación con el estrés, hábitos, entornos y personas que los habitan.

Para desde ahí ir en busca de entornos aún más óptimos para ti.

Una vez cada persona haya asumido su responsabilidad sobre su vida, bienestar, salud (en las cuatro dimensiones) y felicidad podrá empezar a mejorar en cómo se relaciona ahí fuera en el teatro de la vida.

Algunas personas, por no haber librado aún algunas batallas dentro, llevan toda esa proyección a guerras que buscan y luchan fuera. Ahí se comenten muchas injusticias y agresiones no justificadas.

Esta al parecer es la historia de la humanidad. Pero en el fondo no agredes o insultas a la otra persona, sino que te agredes e insultas a ti a través suyo. Tendemos a agredir lo que no entendemos, lo que nos inquieta, lo que nos da miedo... o aquello que vemos fuera y no queremos ver dentro.

A veces somos los agresores. Otras veces los agredidos.

Y ahí el autoconocimiento es clave. Pero mientras decidimos profundizar como individuos y sociedad, tal vez necesitemos también entes externos que velen y aseguren un estado de justicia y cierta equidad. Esto también es importante. Líderes que pongan en práctica su palabra y estén realmente comprometidos.

Este es el segundo reto: que podamos convivir con cierto entendimiento, calma y paz entre personas y en las organizaciones y países.

Este reto necesita de buenos líderes. Personas trabajadas interiormente, con criterio, preparadas profesionalmente y a la altura de las circunstancias.

La película *Tears of the sun* acababa con una frase atribuida a Edmund Burke que se grabó en mi mente: «Lo único que se necesita para que el mal triunfe es que los hombres buenos no hagan nada».

Esto me recuerda que uno no ha de tirar la toalla en lo que cree correcto.

Pero, ¿qué depende de uno mismo realmente? Aquí reside la bidireccionalidad entre líder y votante. En una democracia, *a priori*, es el pueblo el que elige a esos líderes. Esto llama de nuevo al reto 1. Cada persona voluntariamente ha de decidir conocerse, profundizar y reflexionar con criterio.

Como ves, estos dos retos forman un sistema retroalimentado, con variables dependientes e independientes, y no lineal. Otra vez un problema complejo.

Este segundo reto está muy relacionado con los entornos que habitas. Como sabes, la familia, la empresa y el país, tienen un rol muy importante en esta sociedad. Son lugares en los que nos agrupamos, que tienen una alta influencia en nosotros y donde cubrimos muchas de nuestras necesidades.

- La familia, los valores, la ética, la estética, el sentido vital... son la clave. Es muy difícil tener un modelo de partida que no has podido ver en tu núcleo familiar. Pero una vez te das cuenta de ello sí puedes aprenderlo. Es posible que hoy estés viviendo conforme a lo que aprendiste y a lo que te ha permitido sobrevivir hasta la fecha.

- En cuanto a las empresas, además de solucionar un problema o reto de este siglo y cobrar por ello, son entornos que dan empleo y en los que cada persona puede, además de ganar un salario, aprender y aumentar su consciencia. Las empresas son altavoces y un terreno fértil donde se pueden sembrar también semillas muy necesarias hoy en día. Es un entorno donde pasarás muchas horas, y donde has de encontrar tu propio equilibrio entre lo personal, familiar y profesional. Se necesitan personas íntegras y profesionales; al igual que las personas necesitan empresas íntegras y profesionales. Es una relación bidireccional en la que cada uno ha de cumplir con su responsabilidad y parte del pastel.

- Sobre el país, no olvides que también es un entorno algo más macro. Hay que poner el foco en que las personas quieran estar en él y lo consideren un lugar óptimo para vivir. Un lugar donde puedan cubrir sus necesidades de forma más o menos justa y equitativa. En sí, este ente ha de ser sostenible y tener en cuenta el reto generacional, el sistema de pensiones, de seguridad social, I+D+i, ciencia, recursos propios, cadena alimenticia... Ahí nos espe-

ran grandes retos en España. Y con ello el prepararnos
más y mejor para poder competir a nivel mundial.

No olvidemos que los entornos, los equipos y los países
están formados por personas.

Es momento de poner, de verdad, a la persona en el centro. Pero, al igual que vimos en el reto 1, esas personas han
de ser responsables e íntegras, y ganarse ese puesto en el
centro.

Ese liderazgo grupal ha de ser primero individual. Cuidado con buscar equipos de alto rendimiento con personas
que no quieren, o no pueden, tener integrada esta forma de
ser y estar.

Cada uno de nosotros ya tiene un universo dentro de él.
Y es maravilloso profundizar en cómo esos universos (mente
y corazón) interactúan unos con otros y se sincronizan para
crear un universo común.

Y tal vez no haya una receta única, ni un enfoque má-
gico.

Una vez abordados los dos primeros retos, integrados, y
sin olvidar consolidarlos y mantenerlos en el tiempo, el resto
de los asuntos entiendo que deberían venir de la mano.

Figura 27. Tononi y su idea de la consciencia[94].

Tras la toma de conciencia anterior, algunos básicos como cuidar nuestro hogar (el planeta Tierra), el respeto y cuidado de toda forma de vida… ya no será necesario tenerlos en una agenda, por su obviedad e integración en cada uno de nosotros y en cada entorno en el que vivimos.

No obstante, tal vez pienses que lo anterior está bañado de una buena mano de pintura idílica y utópica. Es posible, quién sabe. Pero lo que tengo claro es que en cierto modo

---

94   Ya no recuerdo si lo que vi en la ponencia de Tononi fue la imagen superior o algo diferente. Han pasado casi tres años pero me pareció maravilloso que después de hablarnos sobre la Teoría de la información integrada de la conciencia y de algoritmos matemáticos acabáramos volviendo a un modelo tan sencillo de dibujar y entender, pero tan complejo para profundizar y parametrizar todo lo que sucede en la relación entre dos personas o entre dos sistemas.

hay cosas que dependen de nosotros como individuos y como sociedad. Que una persona pueda cambiar todo lo anterior es complejo, pero no lo es tanto cuando se alcance una masa crítica suficiente como para empezar a crear la inercia que se necesita.

No obstante, tu vida, tu supervivencia y tu felicidad no pueden depender de que esa masa crítica se alcance o no. Esto ha ocurrido siempre a lo largo de la historia.

Por ello, el último reto, que ha de ir en paralelo a los anteriores, sería darse cuenta de que, ante lo que uno no puede controlar o cambiar, solo queda poner foco en lo realmente importante, aceptar, preparase o salirse del problema. Incluso aprender a dejar ir.

En mi caso hoy no contemplo salirme del problema, por lo que me quedo con prepararme masivamente en lo que sí depende de mí, y simultáneamente ir trabajando la aceptación y el dejar ir en aquello que no.

Por lo que asumo, el tercer reto sería prepararse en lo que depende de uno para cualquier escenario y trabajar la aceptación y el dejar ir en aquello que nunca dependió de ti.

Una vez que te conoces mejor y vas entendiendo y encontrando los entornos óptimo es momento de llegar a un acuerdo contigo acerca de lo que depende de ti y los pasos futuros que vas a dar.

- Encuentra entornos óptimos para ti. Ha de permitirte ser tú y sacar todo tu potencial. Además, han de ser lo suficientemente retadores como para hacerte avanzar y crecer, y no tan duros como para que te rompas de manera indefinida. Analiza el entorno y las personas que lo habitan.
- Forma parte de equipos de alto rendimiento. Para estar en esos equipos, o crearlos de cero, has de haber trabajado muy bien los puntos anteriores. De esto te he hablado a lo largo del manual. Conviértete

en una persona de alto rendimiento y forma equipo con otras que tengan una mirada, valores, propósito y una forma similar de ver la vida.

Aquí hay muchos retos que afrontar como individuos y como sociedad:

- Aprender que la expansión constante es necesaria para todo ser vivo, pero que hay matices. Puede ser hacia afuera (limitaciones de propiedades, espacio y territorio), pero también hacia adentro (entendida como autoconocimiento, y sin olvidar que «no es más rico el que más tiene, sino el que menos necesita»).

- Ante esta limitación de espacio externo surgen nuevas opciones, cada una con sus problemas. La creación de un metaverso o una cruzada por el espacio para encontrar más planetas que habitar. Es curioso cómo el ser humano tiende a llenar todo el espacio disponible, y cuando lo hace o crea nuevo espacio va en busca de más.

- Ante el sistema actual han surgido, y surgirán, nuevas vías de actuación. Observa por ejemplo los Bitcoin, Uber, Cabify, Airbnb… Solo el tiempo dirá si esas vías se mantienen o se quedan en un intento de cambio.

- A su vez, lo anterior traerá nuevos retos a una población que no ha aprendido aún a gestionarse en redes sociales y en una realidad más tangible, y a la que ahora se le ofrecen múltiples realidades. ¿Estamos preparados para gestionar esto y mantener la salud en este entorno? ¿Dónde acaba mi libertad y empieza la del otro?

- Descentralización de las ciudades. Hemos visto ya algunos movimientos. ¿Precio del alquiler? ¿Contaminación? ¿Tiempo de desplazamiento? ¿Conexión con la naturaleza? ¿Teletrabajo? ¿Movilidad?

- Fuentes de energía alternativas. Creo que es necesario profundizar en ello, analizar las opciones disponibles en profundidad y poner como no negociable el no dañar a la naturaleza y al planeta.

- Gestión sostenible de alimentos y recursos. Entre ellos el agua, la parte agrícola española y la buena gestión del resto de recursos alimenticios.

Y muchos otros que seguro tienes en mente.

Como me dijeron cuando decidí salir de la empresa multinacional: «Lo que estás haciendo no es un cambio de trabajo, es un cambio de vida». Esto es lo que siento que estamos viviendo. Un cambio de paradigma que afecta a todas las dimensiones de nuestra vida. Yo al menos en su día lo elegí y lo que ha venido estos dos años ha sido nuevo e inesperado.

Ahora tan solo te queda decidir a qué retos y problemas vas a dedicar tu tiempo de vida. Como me decía a menudo mi mentor y profesor de Estructuras: «Hemos de entender lo que es importante en nuestro tiempo. Por ejemplo, hoy ya no es importante la esgrima. Y la esgrima puede encantarte pero has de ser lo suficientemente sabio y realista de entender que será difícil ganarte la vida con ello».

Entiende dónde y cómo estás buscando hoy cubrir tus necesidades y reflexiona si ahí puedes encontrarlas y cubrirlas. Y, poco a poco, ve adquiriendo la maestría de darte cuenta de cómo se relaciona todo con todo.

Como sabes, no hay mayor frustración en ocasiones que nadar para morir en la orilla. Pero lo que está claro es que uno ha de nadar. Por lo que, si te es posible prepárate para poder nadar en diferentes aguas, e incluso adquiere la habilidad de salir del agua, cuando te sea posible y necesario.

Como ya has recordado, tal vez ni eres un pez, ni estás preparado para nadar o vivir con el resto de los seres acuáticos. Por ello, entiende tus dones y talentos, prepárate masivamente y elige, cuando sea posible, los entornos en los que vivir.

Eso, pase lo que pase, sí depende de ti y está muy relacionado con tu supervivencia, bienestar y felicidad.

Como hoy me ha dicho un amigo: ¿quieres una vida fácil o una buena vida?

Para mí es una pregunta trampa por muchos motivos. Uno de ellos es que no existen vidas fáciles, y para optar a una buena vida uno ha de ir superando retos y problemas constantemente. Y, como ves, en esencia los retos de este siglo tal vez no sean tan diferentes a las asignaturas pendientes que llevamos arrastrando de siglos atrás.

ANEXOS PARA QUE PROFUNDICES Y ENTRENES A TU RITMO

«Establécete en el aquí y ahora.
Baja hasta el centro, dónde el mundo no da vueltas y bebe
esta paz sagrada.
Siente el alivio fluyendo hacia cada célula.
Nada que hacer. Nada que ser sino lo que ya eres.
Nada que recibir, sino lo que fluye sin esfuerzo del misterio
hasta la forma.
Nada de lo que huir, ni nada hacía lo que correr.
Solo esta respiración. La consciencia que se conoce a sí
misma en un cuerpo.
Solo esta respiración. La consciencia despertando a la
verdad».

Dana Faulds

A lo largo del manual te he ido ofreciendo conceptos, modelos y ejemplos sobre el protocolo MBSR y otros muchos asuntos de interés.

Pero aun así no he podido contarte todo lo que quería, ni tampoco con la profundidad que en ocasiones requiere. Por ello he creado este apartado.

Quiero ofrecerte pinceladas de más modelos y recursos para que puedas profundizar a tu ritmo, cuando lo creas oportuno.

En los próximos capítulos encontrarás:
- Anexo A. Más información sobre el protocolo MBSR por si en algún momento te apetece profundizar en él.
- Anexo B. Una introducción al entrenamiento de la atención, con asuntos clave que debes conocer y una descripción de algunas prácticas. El estrés no se reduce aprendiendo del estrés, sino poniendo en práctica lo aprendido y conectando más y mejor con tu cuerpo, corazón y tu parte más espiritual.
- Anexo C. Algunos modelos adicionales orientados a tu reflexión y que pueden ser buenos compañeros para alcanzar tu fórmula de alto rendimiento.

Recuerda las cuatro dimensiones de salud y no te limites a alimentar tu parte racional. Una de las grandes claves de todo aprendizaje es ponerlo en práctica, involucrar al corazón y al cuerpo en esa acción y así no limitarnos a «pensar» sino también a «sentir» y aprender de una forma más completa.

Espero te sean de mucha utilidad.

ANEXO A. MBSR. PROTOCOLO DE REDUCCIÓN DE ESTRÉS BASADO EN MINDFULNESS

«Cuando los conflictos más intensos se superan dejan una sensación de seguridad y tranquilidad que no se perturba fácilmente. Son solo estos intensos conflictos y su conflagración lo que se necesita para producir resultados valiosos y duraderos».

CARL GUSTAV JUNG

Para mí este protocolo ha sido clave. No solo para entenderme mejor y regularme, sino para integrar una forma diferente de ser y estar. Me ha ofrecido un espacio en el que seguir mirando y profundizando toda una vida.

El protocolo MBSR está muy bien tejido. Cada sesión, cada práctica, tiene su intención y sentido. Para mí es posiblemente la mejor formación que he recibido.

A continuación te ofrezco unas pinceladas adicionales que puedes descargarte con ayuda de este código QR:

ANEXO B. INTRODUCCIÓN AL ENTRENAMIENTO DE ATENCIÓN

«Con tanto trabajo que hacer en el mundo, lo primero que hay que aprender es lo que aprendió Buda, a calmar la mente. Luego no hay que lanzarse a la acción; la acción se lanza a ti».

TICH NAHT HANH

Recuerda el poema anterior a menudo.
* ¿Qué te llama la atención?
* ¿Qué te hace sentir al leerlo?
* ¿Crees que puede ser de utilidad en tu día a día?

A mí me es de mucha utilidad cuando me doy cuenta de mis expectativas y cómo me relaciono con la meta, el resultado, la insuficiencia y la perfección. Uno ha de encontrar su propio equilibrio entre lo firme y rígido, y lo amable y flexible.

Uno ha de pasar del mapa al territorio, y de la teoría a la acción. Pero es conveniente tener unas nociones de lo que pueda encontrarse. Por ello, en este apartado quiero hablarte de algunas importantes para mí.

También encontrarás recursos adicionales en la siguiente web y QR.

https://altorendimiento.academy/mpi/

ASUNTOS CLAVE DE SALIDA

«No son las cosas que nos pasan las que nos hacen sufrir, sino lo que nosotros nos decimos sobre esas cosas».

Epicteto

Ahora me gustaría ofrecerte unos asuntos que considero importante conocer antes de comenzar con tu práctica.

Tu seguridad, lo primero y lo más importante. Riesgos y autocuidado

Ya te he hablado de algunos de los beneficios de la práctica, pero también uno ha de ser cauto y cuidar sus límites. El autocuidado ha de ser la prioridad número 1. Como si firmaras contigo un código deontológico de no dañarte, de cuidarte y ser responsable de tu propia experiencia (*ethos*). Sí, te invito a que te conviertas no solo en el CEO de tu vida, sino en tu ministro de salud.

Ya sea que medites, escales en un rocódromo, juegues al pádel, prepares una maratón, cocines, empieces a bucear, aprendas a disparar un arma olímpica… has de tener ciertas precauciones para no lesionarte o dañar alguna parte de ti. La meditación, la práctica y la introspección para mí necesitan de lo mismo. Has de entender dónde te estás metiendo.

Dado que esto solo es un manual estático y que no hay acompañamiento de un profesional en directo, es muy importante que seas responsable de tu experiencia. Antes de empezar a practicar te invito a leer el documento «Meditando con seguridad estudiantes» que te he dejado en la página web a las que puedes acceder en el anterior código QR.

Como primera opción, mi invitación es que des los primeros pasos en un entorno seguro y de la mano de un profesional acreditado en MBSR. Si no te es posible, o decides no hacerlo, al menos ten en cuenta lo siguiente:

* No fuerces ni rebases tus límites.
* Sé firme contigo si quieres, pero también amable.
* No es una competición, ni con otros, ni contigo.
* No caigas en el error de querer cambiar lo que percibes o sientes.
* Y no pongas el foco tan solo en lo negativo y en las veces que «te caigas». Decide no «romper la cadena» o «perder la práctica».

Escúchate, ve con cautela y determina si ahora te hace bien. Ante la duda, pregunta a un profesional y no olvides la importancia de cuidar de ti.

El ancla

Muchas de las prácticas irán en torno a definir y sostener la atención en tu ancla. La respiración es una de las claves de la práctica y uno de los grandes recursos de los que disponemos para entender cómo estamos, y regularnos.

En ocasiones denominamos a la respiración «ancla». Es el lugar al que volvemos a llevar la atención cuando algo divide o captura la atención. ¿Qué ha de cumplir un «ancla», entendido como lugar al que volver a llevar la atención cuando tu atención es dividida o capturada?

* Que sea fácil, estable (que te ayude a estabilizar), accesible (disponible siempre), simple (no complejo), tono neutro.

En mi caso, llevo la atención a ese espacio situado entre las fosas nasales y el labio superior. El elegir un foco específico no quiere decir que todos los demás fenómenos hayan de ser bloqueados o ignorados, sino que son integrados con una actitud de apertura y no evitación.

Si has tenido episodios o estados de ansiedad consulta con tu médico, psicólogo o psiquiatra. En algunos casos el ancla puede ser una parte del cuerpo, si la respiración no es el lugar adecuado para ti en este momento.

La respiración lenta

Un resultado que aparece en ocasiones al practicar es que la respiración se ralentiza. Hay muchos estudios que demuestran que al regular la respiración estás regulando la actividad del cerebro, el ritmo cardíaco o la presión arterial, mejorando el tratamiento del estrés, de la ansiedad o los trastornos de atención.

Piénsalo por un instante.

Si llevas una mano al vientre y otra al pecho podrás darte cuenta de forma más sutil del lugar desde el cual estás respirando.

- Una respiración desde la parte alta del pecho está relacionada con un ratio respiratorio mayor, un ratio cardíaco mayor y mayor actividad.
- Una respiración desde el abdomen (notas como se hincha y deshincha el vientre) está relacionada con cierta sensación de calma y seguridad.

Es posible que, si tienes un león delante, como les pasaba a las cebras de Sapolsky, no puedas respirar desde al abdomen fácilmente. Por ello, al adquirir la capacidad de darte cuenta del estado de tu respiración podrás aliarte con ella para mejorar tu estado o incluso cambiarlo.

Si decides profundizar en la práctica, encontrarás dos tipos de práctica:

- Te invitan a no cambiar la respiración.
- Te invitan a forzar un cambio de ritmo.

Y, pase lo que pase, no olvides que llevas respirando toda la vida, así que ya lo haces muy bien. Pero, por supuesto, hay margen de mejora.

La postura, la vista, el material y el lugar

A continuación te ofrezco información sobre otras variables para mi importantes.

- Postura. Ha de ser cómoda y estable. Has de poner foco en tu autocuidado e investigar tus límites cuando lo consideres oportuno. Pero recuerda, esto no va de esforzarse o forzar.
- Lugar para meditar. Busca, en la medida de lo posible, un lugar tranquilo, e intenta, siempre que puedas, que sea el mismo. También puedes meditar en el autobús, en el metro, en un hotel o en el aeropuerto, si estás fuera por viaje de trabajo u ocio. Es una de las grandes ventajas del entrenamiento de atención: el lugar a veces es lo de menos.
- Vestimenta. A ser posible utiliza ropa cómoda y ten algo de abrigo cerca. En ocasiones, a mayor relajación menor temperatura corporal.
- Sentido de la vista. Puedes meditar con los ojos abiertos, pero te invito a probarlo también con los ojos cerrados, sabiendo que en cualquier momento puedes abrirlos de nuevo. A través de la vista per-

cibimos muchos estímulos y llega mucha información, por lo que en estos primeros compases suele venir muy bien cerrarlos.
- Material. Sobre el material no necesitas muchas cosas. En el mejor de los casos, ayuda tener una esterilla para los ejercicios tumbados, una silla (para meditación sentada) o un *zafú* o un banco de meditación si quieres explorar otras posturas.

Ya tan solo has de apagar el móvil o ponerlo en modo avión y disfrutar de este tiempo de entrenamiento para ti.

Sobre el proceso

Ya te he hablado del proceso de percepción. A continuación te ofrezco unas pinceladas complementarias por si te aportan valor.
- Paso 1. Pones atención, intención y una buena actitud.
- Paso 2. Adoptas una postura estable y cómoda para ti.
- Paso 3. Llevas la atención a tu ancla, al cuerpo o a la respiración (u otro estímulo en función de la práctica elegida: sensaciones, estímulos externos, pensamientos...), o sigues el audio de práctica.
- Paso 4. Sostienes la atención de forma autónoma o apoyándote en el audio correspondiente (con un set de instrucciones). Al sostener la atención se activa red de alerta atencional.

Durante la práctica, puedes caer en los siguientes bucles:

- ENTRADA al bucle 1. Te distraes o surge una distracción que te hace distraerte (interna o externa: emoción, pensamientos, sensación… preocupaciones, asuntos pendientes). Se activa la red por defecto, o es la red por defecto la que te hace poner atención a otro estímulo.
- SALIDA del bucle 1. Te das cuenta de que te has distraído (gracias a la red de saliencia atencional), te desenganchas (con la red ejecutiva), decides volver a la respiración o al ejercicio (red de orientación) y vuelves a sostener la atención. Una y otra vez.

Este ganar un espacio, darse cuenta de cuándo la atención es dividida y decidir volver es parte del entrenamiento.

Algunos obstáculos que pueden surgir en la práctica

En líneas generales, durante el entrenamiento suelen aparecer ciertos mecanismos y patrones.

En mi caso, cuando empecé a meditar normalmente surgían tres cosas: hambre, sueño y movimiento. Esa era mi forma de relacionarme con la vida: todo lo que no fuera eso para mí era perder el tiempo. Cuando decidía parar aparecían mis patrones de comportamiento más comunes.

Quiero adelantarte que, si te sucede esto, es algo normal. Pero cada vez tu capacidad de concentración mejore y te darás cuenta más rápido y más sutilmente de estos mecanismos.

También podrán aparecer dudas, preocupaciones, anhelos, desinterés, aburrimiento, evitación, incremento de actividad mental, aceleración del ritmo cardiaco y respiratorio… Y en ocasiones incluso tentaciones de tirar la toalla.

Dependiendo de tu estado actual (preocupaciones, pensamientos...), estos pueden reducirse o amplificarse cuando decides «parar» y «practicar».

No es sencillo, pero esto ya lo sabes. John Kabat Zinn ya nos decía que «estar en el momento presente, conscientemente de todo cuanto ocurre, es la cosa más difícil del mundo».

Por ello, todos los días agendo un tiempo conmigo para practicar de manera formal. Además, intento llevar una práctica informal a lo largo de todo el día (ordenar, cepillarme los dientes, caminar, conversar...).

Esto me permite regularme varias veces al día y darme cuenta de cómo estoy en cada momento.

Ahora me gustaría hablarte sobre otros asuntos que a mí me ha venido muy bien entender.

Sobre la meditación

Te invito a preguntarte qué definición le has asignado a la palabra «meditación».[95]

Por esto te comentaba que llevas meditando toda una vida, al menos con la práctica informal. Por ello, si tienes un prejuicio o juicio sobre la meditación y el resto de las prácticas de atención que te voy a ofrecer, te invito a aplazarlo.

---

95   La RAE (Real Academia Española) define meditar como «pensar atenta y detenidamente sobre algo». Si consultamos Wikipedia, pedes encontrar: «La meditación es la práctica budista por excelencia. El significado del término meditación o *bhavana* significa «cultivo, desarrollo, producción». Es por tanto una actividad que supone determinada predisposición para que el practicante se sitúe en la realidad y así aumentar su comprensión y sabiduría, que son esenciales para la erradicación del «dukkha». «Hay muchas y variadas técnicas de meditación budista dependiendo de cada tradición y escuela, por ejemplo, en la Theravāda Visuddhimagga se enumeran hasta cuarenta métodos meditativos. Si bien, todas se basan en dos componentes llamados *Samatha* (calma mental, tranquilidad) y *Vipassana* (conocimiento directo, intuición)».

En mi caso, he ido integrando que el descanso «sí es hacer algo» y que meditar «es hacer todo».

Hablándolo con otros compañeros de formación, sin saberlo, de 2017 a inicios de 2020 de inmersión total nos habíamos ido preparando para la situación que hemos vivido en la pandemia y el confinamiento.

Con retiros de silencio, con entrenamiento de atención, con una relación más profunda con nosotros mismos... que, sin duda alguna nos han sido muy útiles estos últimos dos años. Aun así yo también he tocado fondo en varias ocasiones en ese periodo y no he podido relacionarme todo lo bien que me hubiese gustado con algunos eventos externos y comportamientos. ¡Imagínate si no hubiera entrenado! De aquí el que te haya dicho que este entrenamiento no vale para todo, pero sí para muchas cosas. Entre ellas aprender a regularte, y con ello ser capaz de relacionarte mejor con lo que está por venir.

El entrenamiento de la atención es algo que no puedes pasar por alto. Bajo mi punto de vista es una de las bases sobre la que se construye todo. Para mí es de lo más importante a lo que has dedicar tiempo en un mundo repleto de estímulos y alta rapidez del cambio.

Te invito a reflexionar todo lo anterior; aunque tal vez esto no sea novedad para ti.

Las prácticas que ahora están bajo el paraguas del *mindfulness* han sido utilizadas desde hace miles de años por otras personas a través de las religiones y otros grupos laicos.

Los retiros, los mantras, el rezo, la escucha activa en una misa, las convivencias, las prácticas contemplativas, la parada estratégica y habitual para el rezo... llevan con nosotros en Occidente muchos años, al igual que el yoga y la meditación llevan miles de años en Oriente.

Sea como sea, y vivas la espiritualidad como hayas elegido, creo que todo lo que *mindfulness* y el MBSR nos ofrece es totalmente complementario.

La importancia de investigar lo agradable y lo desagradable

Cuando uno decide pararse, se da cuenta de lo que hay. Y esto puede ser algo agradable para ti, o desagradable.

Al comenzar la práctica uno tiende a juzgar la experiencia:

- Si te has sentido disperso, sentirás no haberlo hecho bien.
- Si no te relajas, pensarás que hay algo mal.
- Si sientes dolor, intentarás aliviarlo.

Pero como hemos ido comentando, la práctica tiene más que ver con aprender a estar con lo que se presenta, sin tener una inercia de cambiar todo, o de alejarme de lo que no me gusta.

En vez de huir o cerrarme frente a lo desagradable, la práctica propone generar una apertura abierta, desde una actitud de curiosidad y aceptación. ¿Cuál es la resistencia psicológica que se presenta ante lo desagradable?

Ha sido investigado cómo esta forma de proceder tiene un papel muy importante para aliviar el sufrimiento psicológico y reforzar una resiliencia óptima. No se utiliza solo en *mindfulness*, sino en otras prácticas y entornos como las terapias de tercera generación de la psicología cognitivo-conductual.

Es por ello que mi propuesta es que tengas un diario en el que vayas anotando lo que va sucediendo a lo largo del día:

- Acontecimientos agradables y aquello que te hace sentir bien.
- Acontecimientos desagradables, o lo que no te gusta.
- Estresores que tienes en tu vida (entornos, personas...)
- Conversaciones difíciles y otros eventos que te alteren.
- Sensaciones del cuerpo, emociones que surgen, pensamientos que se presentan...

Además del potencial de escribir, y bajar de la cabeza al papel, te darás cuenta de que es una fuente de aprendizaje constante.

- ¿Cómo te relacionas con lo que te rodea y contigo?
- ¿Qué necesidades intentas cubrir y cómo lo haces?
- ¿Qué te preocupa y quita el sueño?
- ¿Qué te energiza y te saca una sonrisa?

Y con todo lo anterior, y contestando a las preguntas que te estoy ofreciendo, estarás escribiendo y recordando tu historia. No solo lo que te falta o en lo que fallaste, sino todo lo que has conseguido y todo lo que ya tienes. De esta manera aprenderás a relacionarte mejor con tu mente, entendiendo que está preparada para detectar amenazas y ayudarte a sobrevivir.

¿Cuándo y cuánto practicar?

Hay algo que me han mostrado varios profesores muy interesantes: no tiene que ser una vez al día de 40 minutos; es igual de importante hacer varias paradas de menor duración. Como dice uno de mis maestros: «No busques tiempo para practicar, practica en el tiempo. Posee el tiempo».

Hay algunas premisas que es bueno tener en cuenta:

- Has de comprometerte contigo y con la práctica. Para ello necesitarás liberar ciertos espacios para poder dar cabida a esta nueva acción. Recuerda que todo entrenamiento requiere constancia y dedicación. Establece una práctica estable y diaria de *mindfulness*.

- Ha de ser realista y posible para ti. Tanto en duración como en exigencia.

- Una duración que sea suficiente para ti. Has de investigar sobre esto, dado que algunas personas con 5-10 minutos de práctica ya perciben mejoras en concentración, más calma y menos reactividad mientras otros necesitan más tiempo.

- Sigue profundizando en las diferentes alternativas de práctica y crea tu plan de trabajo. La práctica formal la puedes llevar a cabo a una hora del día que te encaje mejor (tras despertar, antes de comer y antes de dormir, por ejemplo). La rutina y la repetición de horario serán aliados para consolidar la práctica. La práctica formal e informal son importantes ambas.

- No olvides que puedes incorporar paradas (práctica informal) no programadas cuando sientas que lo necesitas. (Cuando notes acumulación de estrés excesivo, antes de una reunión importante, de una conferencia, cuando notes cansancio o cuando quieras tomarte un respiro, o cuando tengas que concentrarte y te notes disperso).

- Entrena la paciencia, la perseverancia, la curiosidad y la mente de aprendiz. Es un entrenamiento que dura una vida.

Y recuerda no esperar a estar muy cansado o muy estresado para practicar. Cuando nos sentimos bien, paramos la práctica en ocasiones, para volver a empezar cuando empezamos a tener problemas. Por ello te invito a regularte momento a momento. Y finalmente decide empezar desde donde estás ahora y desde lo que ya eres. A veces nos preparamos tanto que se nos olvida pasar a la acción. Por ello te propongo dar el primer paso desde lo que ya eres y ya sabes.

Hoy es el mejor momento para empezar.

Entrenamiento y prácticas formales e informales

> *«Si no practico un día, lo noto yo.*
> *Si no practico un segundo día, lo nota la orquesta.*
> *Si no practico un tercer día, lo nota el mundo».*

> Ignacy Jan Paderewski

Las siguientes prácticas que te voy a describir brevemente en este apartado son técnicas básicas del MBSR que desarrollan la atención plena.

Todas ellas están orientadas al entrenamiento de la atención, y no solo eso, sino a mejorar también otras capacidades que he ido compartiendo contigo.

Recuerda que *mindfulness* no es ir lento; se puede ir rápido y ser muy consciente a la vez.

Ten en cuenta que lo más importante es que la práctica que realices, sea cual sea, tiene que ser útil para ti. Y la idea no es integrarlas todas durante los días que dura esta lectura, sino que la práctica y el entrenamiento durarán toda una vida.

Puedes descargarte todas estas prácticas con ayuda de este código QR:

ANEXO C. OTROS MODELOS ORIENTADOS A ALCANZAR UN ALTO RENDIMIENTO

«Toda verdad pasa a través de tres fases: primero es ridiculizada; segundo, se le opone violentamente; y tercero, es aceptada como evidente».

ARTHUR SCHOPENHAUER

Uno necesita motivación, pero también perseverancia. Y yo encuentro ambos en el estudio y la práctica de modelos. Eso sí, con una mente abierta y con la capacidad de que alguno de ellos me sorprenda de nuevo.

A continuación te dejo unas pinceladas de asuntos que creo que pueden ayudarte mucho para ir construyendo tu modelo y forma de mirar.

O, si ya lo tienes claro y creado, para darle una vuelta y complementarlo.

Por supuesto no está todo, ni están todos, pero estos yo los sigo investigando y profundizando día a día.

Puedes descargártelos con ayuda de este código QR:

LO MÁS IMPORTANTE HA DE OCUPAR UN LUGAR PRINCIPAL. GRACIAS

«Siempre hay que encontrar el tiempo para agradecer a las personas que hacen una diferencia en nuestras vidas».

JOHN F. KENNEDY

Desde hace miles de años se nos ha invitado a reflexionar sobre «qué es lo más importante». Ser consciente de ello, en tiempo y forma, te permite invertir tu vida sabiamente en las hazañas acertadas y con las personas adecuadas.

Y esto te ofrece la oportunidad de sentirte profundamente agradecido.

En algunos momentos de claridad uno se da cuenta de la importancia que han tenido ciertas personas a lo largo de su vida. Todas, en cierto modo, han sido grandes maestras. Por ello permíteme que cierre este manual haciendo lo que para mí es lo más importante: agradecer a aquellas personas que tuvieron un papel clave en este nuevo proyecto que ahora tienes entre tus manos.

- En primer lugar se lo dedico a Imelda, Luis, Guiller y Carla. Mis maestros, mi familia, mis motores de vida. Os estaré eternamente agradecido.
- En segundo lugar a todas las personas que contribuyeron a cultivar mi mente ingenieril y mi corazón humanista. Han sido muchas.

- En tercer lugar, a las personas que han hecho posible publicar con Kolima. A mi mentor, Enrique Salas, y a Marta Prieto, directora de la editorial. Gracias a los dos por su tiempo, su cariño y por creer en mí.
- En cuarto lugar, a ti, querido lector, por confiar en mí a través de este manual y permitirme vivir de mis propósitos y pasiones.
- Por último, y no por ello menos importante, gracias a la Vida, a la Naturaleza, a Dios... y a todo lo que ya está ahí pero no soy capaz de comprender. Gracias por tan bellas casualidades (o causalidades), los encuentros y los desencuentros; gracias por indicarme el camino a seguir, por ayudarme a levantarme tras los golpes y caídas, y ofrecerme de nuevo pistas en los momentos en lo que todo pierde el sentido.

Te invito a que no esperes a que sea demasiado tarde para dar las gracias a quien realmente se lo merece. Es justo y necesario que esas personas sepan lo valiosas que son y todo lo que han contribuido a algunos de tus éxitos y proyectos.

También te invito a invertir tiempo en cantidad y de calidad a descubrir lo que es realmente importante para ti, agradecerte todo el camino recorrido y aspirar a pensar, sentir, decir y hacer lo mismo. Esa sensación de coherencia e integridad traerá momentos de cierta calma y paz interior, que en el fondo tal vez sean el mayor regalo que uno pueda recibir.

¡GRACIAS Y ENHORABUENA POR HABER LLEGADO HASTA AQUÍ!

Este libro ha sido escrito con la colaboración de las marcas registradas:

Porciones de Vida©

Academia Alto Rendimiento©

Mindfulness para ingenier@s©

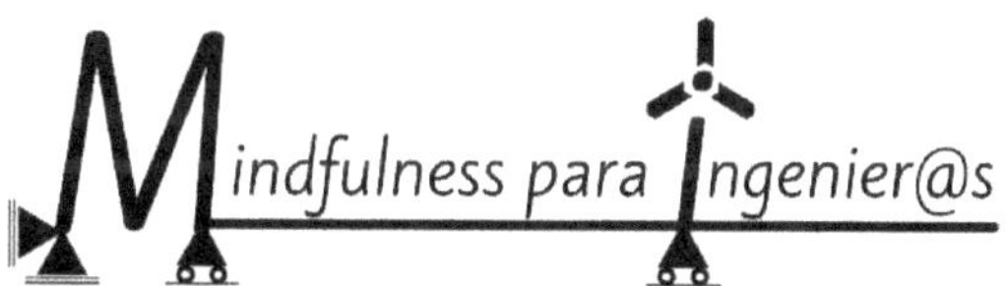

BIBLIOGRAFÍA.
A HOMBROS DE GIGANTES

«El problema es que crees que tienes tiempo».

BUDA

A continuación te dejo referencias sobre las que profundizar. He seleccionado unos cuantos, y no ha sido fácil, dado que tengo varios cientos de libros muy interesantes en mis estanterías.

Los libros para mí son una fuente de conocimiento. En ocasiones nos ayudan a reflexionar, nos dan nuevos puntos de vista o nos hacen sentir mejor.

Pero para mí el mejor libro es aquel que se pone en práctica.

Por ello, elige los gigantes que consideres oportunos, aprende de ellos y aplica todo en tu vida.

Sobre mindfulness

- Kabat-Zinn, J. (2012) *Mindfulness para principiantes.* Kairós.
- Thich Nhat Hanh (2019) *El milagro del mindfulness.* Zenit.
- Kabat-Zinn, J. (2016) *Vivir con plenitud las crisis.* Kairós.
- Santorelli, S. (2017) *Sánate tú mismo: mindfulness en medicina.* Kairós.

- Brewer, J. (2017) *The Craving Mind.* Yale University Press.
- D'Ors, P. (2019). *Biografía del silencio.* Biblioteca de ensayo Siruela.
- Diez, G. G., & Castellanos, N. (2022). *Investigación de mindfulness en neurociencia cognitiva.* Revista de neurología, 74(5), 163–169. https://doi.org/10.33588/rn.7405.2021014
- Killingsworth, M. A., & Gilbert, D. T. (2010). *A Wandering Mind is an Unhappy Mind.* Science (New York, N.Y.), 330(6006), 932. https://doi.org/10.1126/science.1192439
- Poynton, R.; (2019). *Do/pause. You are not a To Do list·.* The Do Book Company,

Sobre el estrés y la resiliencia

- Sapolsky, R. (2008).*¿Por qué las cebras no tienen úlcera?: La guía del Estrés.* Alianza editorial.
- Ovans, A.; (2015). *What Resilience Means, and Why it Matters.* Harvard Business Review.
- Santini, C. *Kintsugi, el arte de la resiliencia.* (2019). Editorial Planeta. Libros cúpula.
- Craig, A. D. B; (2009).*How do you feel-now? The Anterior Insula and hHuman Awareness.* DOI: 10.1038/nrn2555.
- Frankl, V.; (2015) *El hombre en busca de sentido.* Herder.
- Damasio, A.; (2018). *El extraño orden de las cosas.* Booket
- Castellanos, N.; (2021). *El espejo del cerebro.* La Huerta Grande.

Un poco de historia y algunos autores para profundizar

• Walter B. Cannon (1871-1945): definición de homeostasis, reacción lucha o huida,
• Hans Selye (1907-1982): el primero en popularizar el término estrés, eustrés, distrés y estresor.
• Richard Lazarus y Suzanne Folkman (años 80). Hablan de la relación que desempeña, en la reacción del estrés, la valoración que la persona hace de la situación y sus propios recursos.
• Aaron Antonovsky (1923-1994) la importancia de estar comprometidos y poseer cierto control, para desaprender la impotencia y la desesperación.
• McEwen. Concepto de alostasis –permanecer estable cambiando– como evolución de homeostasis, y el desgaste biológico del cuerpo acumulado ante el abuso de situaciones estresantes.

Sobre otros asuntos de mucho interés. Algunos de mis libros

• *Guardianes de Luz*. Mi primer libro. Disponible en Amazon.
• *FLM. Freelance Manager*. Mi segundo libro, escrito con mi amigo Josu Sanz Uriz, de empresa y emprendimiento. Disponible en Amazon.
• *Escribe y autopublica tu primer libro, guía o manual*. Mi tercer libro, en el que recopilo lo aprendido sobre ese tema. Disponible en Amazon.
• RESETEA. El mundo ha cambiado. Tus entornos han cambiado. Tú has cambiado. Es urgente e importante que REvises tu proyecto de vida, REcalibres tu brújula interior y REconectes con tu sentido vital. Mi cuarto li-

bro, sobre el modelo que ya te he explicado. Disponible en Amazon.

- *Descubre tu viaje de la heroína y del héroe: Si eres emprendedora o emprendedor, es URGENTE e IMPORTANTE que leas este manual lo antes posible.* Mi quinto libro une el viaje del héroe de Joseph Campbell con el viaje del emprendedor. Disponible en Amazon.

Otros libros muy interesantes

- Armstrong, K. (2020) *Doce pasos hacia una vida compasiva.* Paidós.
- Herrigel, E. (2016) *Zen en el arte del tiro con arco.* Gaia Perenne.
- Kolk, B.; (2017). *El cuerpo lleva la cuenta. Cerebro, mente y cuerpo en la superación del trauma.* Editorial Eleftheria.
- Morin E. *Introducción al pensamiento complejo* (1990). Gedisa editorial.
- Walker, M. (2019). *Por qué dormimos, la Nueva Ciencia del Sueño.* Capitán Swing.
- Csikszentmihalyi, M. (2011). *Fluir (Flow): Una psicología de la felicidad.* Kairós.
- Kahneman, D. (2015). *Pensar rápido, pensar despacio.* Debolsillo.
- Seligman, M.; (2011) *La auténtica felicidad.* Debolsillo.
- Berne, E.; (2014). *Más allá de juegos y guiones.* Eder.
- Maslow, A.; (1991). *Motivación y personalidad.* Díaz de Santos S.A.
- Tononi, G.; (2012).Phi. *A Voyage from the Brain to the Soul.* Pantheon.
- Kübler-Ross, E.; (2006). *La rueda de la vida.* Ediciones b.

- Sapolsky, R.; (2017). *Behave*. Penguin Random House.
- Pigliucci, M.; (2018) *Cómo ser un estoico*. Ariel.
- Holiday, R.; (2015) i. *The Obstacle is the Way*. CPI group.
- Descartes, R.; (2017). *Tratado de las pasiones del alma*. Austral básicos. Planeta.
- Rilke, R.M.; () *Cartas a un joven poeta*. Ediciones Obelisco.
- Kiyosaki, R.; (2016) *Padre rico, padre pobre*. Debolsillo.
- Grupo Humannova. (2022). *Mas allá de la Inteligencia Emocional*. [online] Disponible en: <https://humannova.com/inteligencia-emocional-2/> [Acceso 22 abril 2022].
- López, I. L. (2019). *Donde rayan ciencia y filosofía*. El País. [online] Disponible en: https://elpais.com/sociedad/2012/10/29/actualidad/1351539334_337587.html [Acceso 24 abril 2022].

Algunos recursos técnicos e ingenieriles

- Babor,J.; Ibarz, J. (1973). *Química general moderna*. Editorial Marín.
- Goldenhórn, S. (1973). *Calculista de estructuras. Hormigón, hierro, madera* H.F. Martinez de Murgia.
- Avilés, R. (1995). *Fatiga de materiales en el diseño y análisis mecánico*. Escuela técnica superior de ingenieros industriales y de ingenieros de telecomunicación de Bilbao.
- Avilés, R.; Goizalde.M.B.; (1995). *Análisis dinámico mediante elementos finitos*. Escuela técnica superior de ingenieros industriales y de ingenieros de telecomunicación de Bilbao.
- Jiménez, P.; García, A.; Morán, F.; (1976) *Hormigón armado*. Editorial gustavo Gili.

- Calvo, M.D.; Ferriols, S.;Rehues, M.C.; Sabio, M.L.; (2006). *Seguridad y salud en el trabajo*. Edebé.
- Setién, J.; Varona, J.M;(2003). *Apuntes de fundamentos de ciencia y tecnología de materiales*. Departamento de ciencia e ingeniería del terreo y de los materiales. Universidad de Cantabria.
- Llata, J.R.; Gonzales, E.; Fernández, P.; (2001). *Problemas de Ingeniería de sistemas: sistemas continuos. Reguladores y no lineales*. Ediciones T.G.D. Universidad de Cantabria.
- Larburu.N; (1990). *Máquinas. Prontuario. Técnicas. Maquinas. Herramientas*. Paraninfo.
- Fernández, P.; (2005). *Mecánica de fluidos*. Apuntes. Departamento de ingeniería eléctrica y energética. Universidad de Cantabria.
- Frechilla, P.; (1993). *Pretensado de uniones atornilladas. Aplicaciones*. Apuntes de estudio.
- Calavera, J.; (2005). *Patología de estructuras de hormigón armado y pretensado*. Intemac.
- Gordon, J.E.; (2004). *Estructuras o por qué las cosas no se caen*. Calamar ediciones.

Nirakara

- Una de mis intenciones es contribuir a que cada vez más personas conozcan Nirakara. Me ha dado tanto que no puedo hacer otra cosa que invitarte a formarte con sus profesores, visitar su canal de YouTube y sus páginas web:

  https://nirakara.org
  https://www.nirakara.com/
  https://e.nirakara.org/

«Suficiente. Basta con esa palabra. y, en el caso de que no baste, basta con esta respiración. Suficiente. y si tampoco ésta es suficiente, baste con estar sentado, y con abrirnos a la vida, a la que, hasta ahora, nos hemos negado una y otra vez. Justo hasta ahora».

David Whyte, *Where Many Rivers Meet*